「一帯一路」を検証する

国際開発援助体制への中国のインパクト

稲田十一［著］

明石書店

はじめに

1. 本書の背景

本書は、過去10数年間に急拡大してきた中国の対外経済協力が国際開発体制にどのような影響を与えてきたのかについて、その現状を整理し、課題を再検討するものである。しかし、中国の海外での援助・融資事業は、伝統的な援助供与国の援助事業と異なり不透明な部分が多く、この作業は決して容易ではない。また、私は研究分野として、もともと中国の対外援助を専門にしてきたわけでは必ずしもない。長年、日本のODA（政府開発援助）の政治過程に焦点を当てながら学問的な研究を進めるかたわら、実務的なODA案件の形成のための事前評価や実施済みの案件の事後評価に関わったり、あるいは、外務省の特定の国への国別ODA評価の政策評価に関わったりしてきた。途中、世界銀行の政策調査部や業務政策部で、とくに開発と政治が絡む分野や地域・国を中心に、ガバナンス研究や脆弱国家の調査を行ってきた。

こうした調査研究を進める上で、現場でのフィールド調査は不可欠であり、結果として、過去10数年間に、カンボジアや東ティモールなどの新たな国づくりをしてきた国々、ミャンマーやスリランカなどの国内に不安定な問題を抱えた国々、アンゴラやルワンダなどのかつて内戦を経験した国々に深く関わってきた。本書では取り上げなかったが、アフガニスタンやパキスタン、パレスチナといった紛争関連国・地域での調査にもたびたび関わった。

こうした国々の現場を調査していくうちに、これらの国々では中国関連の案件が数多くある現実に気づかされた。過去10数年間にそうした中国の経済協力事業が急拡大し、多くの国で日本のODA額を上回るようになった。中国が相手国の開発に与える影響は無視できないようになり、さらに国際開発を考える際の中心的なテーマとなってきた。

しかし、中国自身は、OECD/DAC（経済協力開発機構／開発援助委員会）の加盟国ではないため、これらの中国の支援事業の詳細は必ずしも公開されておらず、その実態についての研究は遅れている。近年、米国ではかなりの研究調査予算を投じて、こうした中国の開発途上国での案件の実態調査に力を入れるようになり、このテーマに関心を持つ研究者にとって、中国以外の情報ソースからの具体的なデータを入手しやすくはなったが、現場での中国案件の視察などは引き続き容易ではない。

そうした中で、上記の国々の現場でのフィールド調査に際して、数多くの中国案件を自分の目で見ることができ、それら中国による支援事業の経済社会的影響について、良い面も悪い面も見聞きする機会が増えた。そのため、いつかはこうした中国の途上国での開発事業が途上国の経済・社会あるいは国内政治過程にどのような影響を及ぼしているかについて、まとまって整理してみたいと思うようになった。本書は、そうした過去およそ10数年にわたる、中国の対途上国経済協力の実態についての、筆者の関連研究や途上国でのフィールド調査をとりまとめたものである。

中国自身の急速な経済的台頭とその経済発展の成功により、少なくない数の途上国が中国の経済的成功を一つの成功モデルとしてとらえ、「中国式発展モデル」として模倣する動きも顕著になっている。また、中国自身が、欧米中心に議論されてきた開発論や国際開発援助体制への「挑戦」を意識し、伝統的ドナーと違った政策を意図的に推し進めてきた面がある。2013年に表明された「一帯一路構想（Belt and Road Initiative: BRI）」や、2015年に中国が中核となって設立した国際開発機関のAIIB（アジアインフラ投資銀行）などは、そうした中国独自の動きを象徴するものともいえよう。こうした国際的潮流の中での「中国式発展モデル」の拡散を、これまで大きな影響力を持ってきた世界銀行・IMF（国際通貨基金）などのブレトンウッズ機関が主導してきた「ワシントン・コンセンサス」に取って代わる、「北京コンセンサス」の世界的な広まりととらえる見方も出てきた。

この10年ほどの間の中国の急速な台頭は、世界の伝統的な「覇権国」としての米国の警戒感を刺激し、欧米中心の国際開発援助体制に対する「秩序破壊者」とみなす見方が急速に高まってきているのが近年の状況である。

ただし、ここのところ中国経済の急速な成長にも陰りが生じてきており、中国自身の途上国に対する融資の規模も2017年頃から縮小傾向にある。欧米との政治・外交的な対立や、伝統的ドナーが主導してきた開発援助をめぐる「国際規範」との衝突を経て、近年は中国自身の政策変化の兆候が見えないこともない。

こうした近年の中国の「国際協調」を志向する新たな動きについては、まだどちらの方向に行くのか予断を許さない状況であり、したがって学問的な研究もまだ少ない。本書は、過去10数年間の、中国のドナーとしての急速な台頭が「国際開発援助体制」にどのような形でどのような影響を与えてきたのかについて、いくつかの具体的な国々の事例を取り上げながら分析・整理しようとするものである。取り上げる具体的な事例国としては、先に述べたように、筆者がこれまでたびたびフィールド調査を行ってきた、カンボジア、スリランカ、ミャンマー、アンゴラ、ルワンダなどの国々が中心である。

2. 本書の分析の視角：「国際開発援助体制」の変容

このように、本書は、具体的な国々の現地調査に基づく具体的な事実をもとにした論考だが、分析の視角、大まかな枠組みとしては、国際関係論、とくに国際経済の枠組みや動態・メカニズムを政治学的な手法で分析しようとする国際政治経済学の分析の一環である。

国際政治経済学の進展は顕著であるものの、開発援助の国際的枠組みや開発援助の潮流を国際政治経済学の視角から分析対象としたものは多いとはいえない。しかし、開発援助を「国際公共財」としてとらえる見方や、開発援助をめぐる国際援助協調の進展を「グローバル・ガバナンス」の一側面ととらえる見方は、近年の国際関係論や国際政治経済学の主要なテーマでもある。2000年代以降に進展してきた国際援助協調や非DACドナーとしての中国の台頭などを踏まえた「国際開発援助レジーム」についての研究などは、近年の新しいテーマである。

「グローバル・ガバナンス」に関する近年の研究は、地球環境、軍備管理、民主化など、分野ごとに進展している国際規範の強化・変容を受けて、多くの関連研究がなされ関連業績が蓄積されてきた。他方、国際開発援助の枠組みやその変容に焦点を当てた分析は必ずしも体系的な形でなされておらず、数としても意外なほど少ない。国際開発援助体制についての日本における研究の例としては、筆者による『国際協力のレジーム分析』や小川による『国際開発協力の政治過程』などがある（小川, 2011; 稲田, 2013）。

「国際開発援助体制」とは「主要なドナーを中心とする、ある特定の開発思想とアプローチが他のドナーにも影響を与え、そこに共通の規範とルールに基づく枠組みが形成されて、他のドナーもその規範とルールにのっとって開発途上国に支援を行うような制度」と定義される（稲田, 2013: 9）。また、国際開発援助における国際的枠組みは、「ある問題領域における秩序および規範やルールの体系」という意味で、国際関係論で定義される「レジーム」ととらえられる。

「国際開発援助体制」という国際開発援助に関するレジームの変化に関しては、冷戦が終了した1990年代から今日までの約30年間の変化を見ると、世界銀行や国連開発機関、欧米の伝統的ドナーを中心とする国際協調体制が広がる一方で、その後、中国をはじめインドやタイなどの新興国・非伝統的ドナーの開発分野での影響力の拡大、それに伴う伝統的ドナーの間で共有されてきた「規範」の浸食、2015年のSDGs（持続可能な開発目標）の合意による新たな規範意識の強化、などの変化が指摘されている。国際社会には複数の開発援助に関するレジームが存在しており、国際関係論ではこの状況を「レジーム・コンプレックス」の状況ととらえ、その相互関係を「オーケストレーション」と呼称する議論もある（西谷, 2017）。他方、開発途上国の国内のガバナンスに目を向けると、こうした国際レベルでの開発援助の潮流の影響を受けながら、多くの開発途上国で民主化の退潮、政治社会体制の権威主義化の進行、経済・社会インフラなどの急速な改善や開発の進展に伴う社会変化、などの現象が指摘されている。

こうした分析の視角から見た場合、第一に、国際開発援助体制は、とくに21世紀に入ってどのように変容してきたのだろうか。この観点からは、たとえば、世界銀行を中心に形成されたPRS（貧困削減戦略）体制の盛衰、中国をはじめとする新興国の台頭とそのインパクト、中国の急速な台頭が既存の国際開発体制や国際金融制度に与える影響、SDGsの成立による開発に関する国際規範の意義と重み、OECD/DACの伝統的な国際規範形成への影響力の低下、などの現象が見受けられる。整理すると、①（欧米などの）伝統的ドナーと（中国などの）新興ドナーの競争・協調、②多国間主義の林立（伝統ドナーが形成したものと中国などが形成したもの）、③途上国でのインフラ建設や拡大する債務再編をめぐる国際開発援助規範の変容、などが研究課題となる。

また、こうした国際開発援助体制の変容が、開発途上国のナショナル・ガバナンス（とくに民主化や権威主義化）にどのようなインパクトを与えているのだろうか。たとえば、①多くの途上国において指摘される民主主義の後退や権威主義化には共通の要素があるのか、②国際開発援助体制の変化（とりわけ中国のドナーとしての急速な台頭と影響力の拡大）がその要因なのか、③「中国モデル」「北京コンセンサス」といわれるような、伝統的なドナーが主導してきた開発モデル・規範とは異なる開発モデルが途上国で広まりつつあるのか、④それはアフリカの途上国とアジアの途上国とでは異なるのか、⑤国際的要因（援助といった外的な介入等）と国内的要因のそれぞれの影響力や両者の間の相互作用としてどのようなパターンが見出せるか、などが研究されるべき問いとなる。

とくに、本書の各章では、開発政策の国内過程や主要な援助国の政策調整過程に着目する。そうした政策決定のプロセスは、情報入手が容易ではないことが多いが、公開情報や関係者あるいは住民などへのヒアリングなどによって情報を補完するという手法をとっていることを、あらかじめお断りしておきたい。

3. 本書の構成

以下の章は、三つの部に分かれる。

第1部は、中国のドナーとしての台頭が、国際開発援助体制のグローバルな潮流である国際援助協調の枠組みにどのような影響を与えてきたか、また世界的な民主主義の後退といわれる近年の傾向にどのような影響を与えているのか、あるいは主要な要因とはいえないのかについて、とくに中国の近年の経済的プレゼンスの拡大が顕著なカンボジアを事例に取り上げる。第1章で、国際援助協調の盛衰について、第2章で世界的な民主主義の後退との関係について、いずれもカンボジアを具体的事例として検証する。

第2部は、アジアにおけるインフラ整備支援に関する問題を取り上げる。第2部は三つの章に分かれ、第3章では、アジアのインフラ整備をめぐる中国と日本の競合状況について、鉄道、港湾、道路・橋などのいくつかの分野について、フィリピンや東ティモールなどの具体的な国を対象に、インフラ整備支援をめぐる国際的原則やルールについて取り上げる。第4章では、スリランカにおける中国案件、とくにハンバントタ港など「債務の罠」として国際的な非難の的となった事例に言及しながら、日本の対抗戦略やスリランカの債務再編の国際的取り組みについて述べる。第5章では、ミャンマー北部の中国支援の巨大水力発電ダム事業であるミッソンダムを取り上げ、それが住民移転や環境問題で中断された経緯について現地調査をもとに説明するとともに、この頃から中国側も社会的影響・環境問題などを考慮せざるを得なくなってきた変化の兆候について分析する。

第3部は、アフリカ開発において急速にその存在を高めた中国の関与の事例を取り上げる。第6章では、アフリカはもとより世界で最も多くの中国の経済支援を受けてきたアンゴラの事例を取り上げ、その実態を紹介する。次いで第7章では、アンゴラと対照的に、欧米や国際機関の全面的な支援を受けながら、内戦後の新たな国づくりを進めてきたルワンダを取り上げ、両国の内戦後の復興開発と国づくりのプロセスを比較することによって、中国や欧米の国際的な関与の効果やインパクトについて分析する。

最後に終章では、国際開発金融体制全般において、中国の台頭がどのような構造的な変化をもたらしつつあるのか、中国による過去10数年の巨額の融資がもたらした途上国の債務問題の解決に向けた国際的枠組みの将来について検討する。

関心のあるテーマに応じて、第1部、第2部、第3部のどこから読んでいただいてもかまわないが、それぞれの部は一つのまとまりを意識して書かれているので、それぞれの部の章はまとめて目を通していただいた方がわかりやすいかと思う。それぞれのテーマに関する研究はそれぞれに奥深く、関連する個別のテーマや事例研究としてなされるべきことはまだまだ山のようにある。本書は、筆者のこれまでのおよそ10年間の研究成果をとりまとめたものであるが、今後もさらに引き続き研究を進めていきたい。本書が、関心のある研究者にとって、今後の研究のために何らかの参考になるようであれば、この上ない喜びである。

参考文献

稲田十一（2013）『国際協力のレジーム分析――制度・規範の生成とその過程』有信堂。

小川裕子（2011）『国際開発協力の政治過程――国際規範の制度化とアメリカ対外援助政策の変容』東信堂。

西谷真規子（2017）『国際規範はどう実現されるか――複合化するグローバル・ガバナンスの動態』ミネルヴァ書房。

［目次］

序章

中国の台頭と国際開発援助体制への影響

1. 中国の経済的台頭

近年の中国の世界経済の中での存在感の拡大は著しい。それを端的に示す指標は、中国のGDP（国内総生産）の拡大である。中国は2010年には日本のGDPを抜いて世界第2位の経済大国となり、2022年には日本のおよそ4倍の規模にまで拡大した。世界全体のGDPに占める比率も、2020年の統計で、日本が約6%であるのに対して、中国の比率は約17%であり、米国の約25%に次ぐ経済大国である。2000年には、米国31%、日本15%に対し、中国は4%にすぎなかったことを考えると、この20年間の中国の急速な経済的台頭のスピードには驚くばかりである。

また、中国のGDPとその世界に占める比率の拡大は、国際機関の中での存在感の拡大をもたらしており、たとえば国連分担金の比率のシェアの急拡大も見られる。分担の割合は、各国の支払い能力、国民所得、および人口に基づいて決定、3年ごとに見直し、主要国の国連PKO（平和維持活動）予算分担率

表1　主要国の名目GDPとその世界に占める比率

	2000年			2010年			2020年		
	国名	10億ドル	%	国名	10億ドル	%	国名	10億ドル	%
1	米国	10,285	31	米国	14,964	23	米国	20,894	25
2	日本	4,888	15	中国	6,066	9	中国	14,688	17
3	ドイツ	1,950	6	日本	5,700	9	日本	5,040	6
4	英国	1,648	5	ドイツ	3,423	5	ドイツ	3,846	5
5	フランス	1,368	4	フランス	2,652	4	英国	2,757	3
6	中国	1,211	4	英国	2,444	4	インド	2,668	3
7	イタリア	1,142	3	ブラジル	2,208	3	フランス	2,630	3

（出所）IMF, *World Economic Outlook* より作成。
（注）米ドル建て。

表2　主要国の通常予算分担比率の推移

年	米国	英国	フランス	ロシア	中国	日本	ドイツ
2000〜03	22.0	5.5	6.4	1.2	1.5	20.6	9.8
2004〜06	22.0	6.1	6.0	1.1	2.1	19.5	8.7
2007〜09	22.0	6.6	6.3	1.2	2.7	16.6	8.6
2010〜12	22.0	6.6	6.1	1.6	3.2	12.5	8.0
2013〜15	22.0	5.2	5.6	2.4	5.2	10.8	7.1
2016〜18	22.0	4.5	4.9	3.1	7.9	9.7	6.4
2019〜21	22.0	4.6	4.4	2.4	12.0	8.6	6.1
2022〜24	22.0	4.4	4.3	1.9	15.3	8.0	6.1

（出所）国連資料より筆者作成。
（注）単位：%。

表3　主要国の国連PKO予算分担比率

年	米国	英国	フランス	ロシア	中国	日本	ドイツ
2013〜15	28.4	6.7	7.2	3.1	6.6	10.8	7.1
2016〜18	28.4	5.8	6.3	4.0	10.2	9.7	6.4
2019〜21	27.9	5.8	5.6	3.0	15.2	8.6	6.1
2022〜24	26.9	5.4	5.3	2.3	18.7	8.0	6.1

（注）単位：%。国連安全保障理事会常任理事国は、国際の平和と安全に特別の責任を有する国として、通常予算分担率から割り増しされ、逆に途上国はその所得水準に応じて割り引かれている。

も、基本的には通常予算分担率に基づき計算される。さらに、国連関係機関における自発的拠出の拡大の傾向も顕著である。表2は国連分担金、表3は国連PKO予算分担金の、いずれも主要国の比率の長期的な推移をまとめた表である。

また、中国の輸出額や海外投資額も2000年あたりから急拡大し、その国際収支の黒字額も拡大しており、その結果、中国の外貨準備高も2011年には3兆ドルを超え、以来ずっと3兆ドルを超える規模で世界一の金額となっている（2022年時点で、日本は約1.2超ドルで世界第2位）（図1および図2）。

中国の対外経済協力は援助ばかりでなく融資（商務省所管の無利子借款、中国輸出入銀行の優遇借款や中国開発銀行の融資）が急拡大しているが、企業進出・投資の拡大も顕著である。通常、援助と貿易・投資が同時並行で拡大することを「三位一体」の海外進出として取り上げることが多い。しかし、中国の場合、これに加えて中国企業と中国人労働者の進出を伴った経済関係の強化が進展しており、これを「四位一体」の海外進出と称することもある（稲田, 2013）。

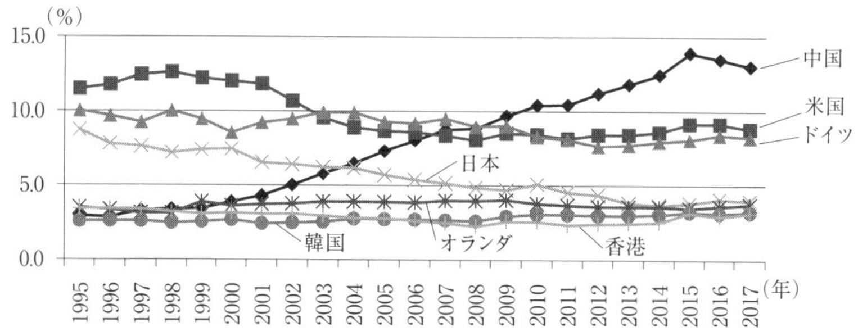

図1　主要国の世界輸出に占める割合

（出所）2017年時点の対世界輸出額上位7カ国・地域を抽出。経済産業省データより筆者作成。

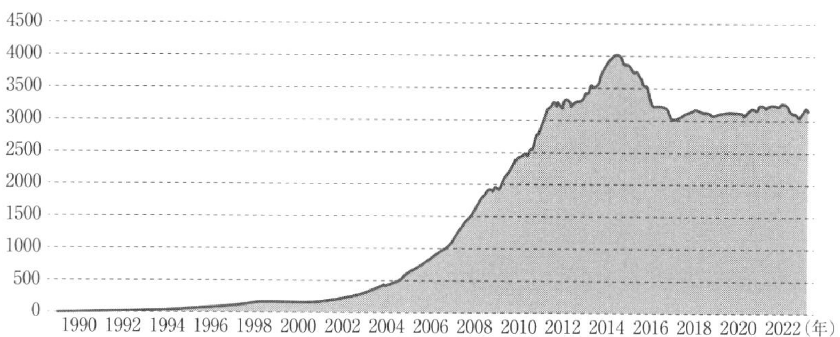

図2　中国の外貨準備高の推移（1990〜2020年）

（出所）World Trend Plus, *Global Economic Monitor Table: Foreign Exchange Reserves* より。
（注）単位：10億米ドル。

中国の経済的台頭は、とくに2000年代後半以降に顕著であり、たとえば、末廣昭の研究によれば、「2001年を基準にすると2009年までの9年間に中国の輸出額は4.5倍、中国からの直接投資は11.4倍、対外援助支出は3.4倍、対外経済合作契約金額は6.9倍と、2000年代に入って急拡大している」と整理している（末廣ほか, 2011: 55）。

2. 中国の国際開発援助体制の中での台頭

世界経済の中での中国の重要性についてはあらためて述べるまでもないが、開発協力（経済協力）の分野における中国の比重も急速に高まっている。

中国はOECD（経済協力開発機構）加盟国でないこともあって、中国の開発協力に関する統計は整備されておらず、国際社会にとって、あるいは中国研究者にとっても、中国の対外援助の実態（どの地域で、どのような具体的活動を、どのような規模で行っているか）を正確に把握することは決して容易でない。このような状況のもとで、国際社会では十分なデータに裏づけられない挿話的情報に頼った論議が広がる傾向にあり、中国の経済協力事業に対する疑念や警戒心を増幅している面がある。そのためか、中国自身も次第に情報公開に努めつつあり、2011年4月および2014年7月に「中国の対外援助」と題する文書が中国国務院から公表されたが、国別・地域別の供与情報や供与条件など詳細なデータは含まれておらず、情報量としては依然として十分とはいえない（中华人民共和国国务院新闻办公室, 2011; 2014）。

しかし、近年は、米国William & Mary's Global Research InstituteのAid Dataや、ボストン大学のChina Research Initiative、あるいは日本の北野尚宏の研究などにより、中国の対外経済協力の統計が整備されてきた。それぞれの推計値は多少異なるが、そのいくつかの例をあげておこう。

図3は、北野による収集データに基づく、2001年から2020年の20年間の中国の対外援助の推計額、およびODAの範疇に入らない中国輸出入銀行の優遇借款を含めた金額の急増を示した図である。

また、近年は、中国の経済支援の多くがODAのカテゴリーではなく、ODAほど譲許的な資金ではないOOF（Other Official Flows：その他政府資金）に該当する資金であることから、両者を合算したODF（Official Development Finance：政府開発資金）という言葉でまとめた統計が作成されている[1]。

図4は、ボストン大学のChina Research Initiativeによる中国のODF額の2008年から2021年の金額の推移を整理したものである。この図からわかることは、中国のODF額はODA換算の金額の10倍くらいの規模であること、また、その金額が2016年までは拡大していたが、2017年以降は減少傾向にあることである。2017年以降の中国のODFの減少の原因については、第4章や第5章で述べるように、近年、中国が途上国で拡大してきた巨大事業のうち、事業として採算がとれないとか相手国の政変や政権交代によって事業が中断・停止するなどの事態に直面する事業が少なからずあり、やみくもに対外融資を拡大

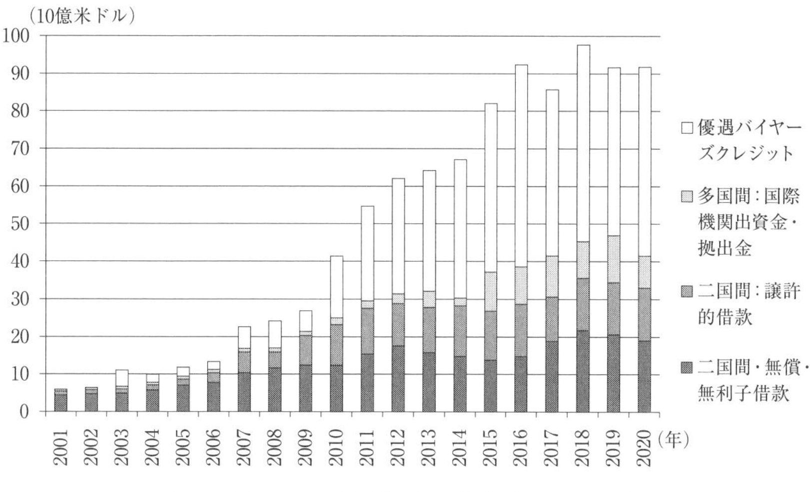

図3　中国のODF額（内訳）の推移（2001〜20年）

（出所）Kitano & Miyabayashi（2020）のデータより筆者作成。

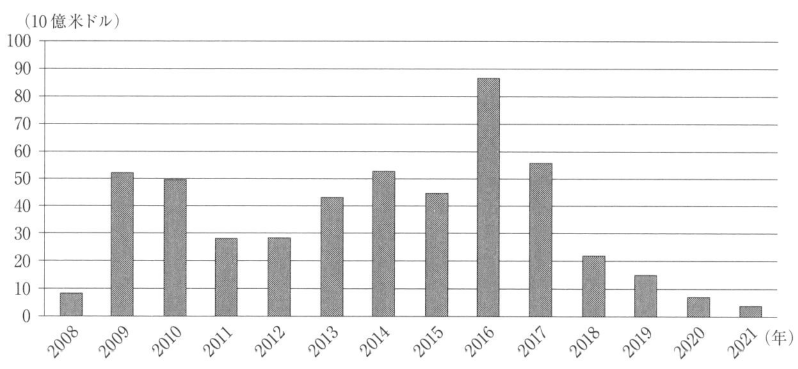

図4　中国のODF総額の推移（2008〜21年）

（出所）Gallagher et al.（2023: 10）より。

することに中国政府もより慎重になってきたことが背景にあると考えられる。

3. 中国の経済支援の拡大に対する警戒論

このような、2000年代以降、過去約20年間の中国の開発途上国への援助や融資・投資の拡大とともに、とくにアフリカの資源国への援助やミャンマー、スーダン、アンゴラなど紛争関連国での中国の関与が大きいこともあって、国際社会に中国の経済支援に対するさまざまな疑念や警戒心を生んできたことも否定できない。

中国の対外援助については、中国人（金熙徳、馬成三など）、日本人（渡辺紫乃、小林誉明など）の研究者・専門家による研究成果がある程度蓄積されてきている[(2)]。これらの業績を包括的にとりまとめた下村恭民・大橋英夫らによる文献も刊行された（下村ほか, 2013）。東南アジアでの中国事業の事例研究をとりまとめた廣野美和編の文献も刊行された（廣野, 2021）。近年はとくにアフリカにおける中国の経済的プレゼンスが国際的議論の焦点となり、それに伴って欧米でも数多くの文献が登場している。たとえば、具体的な中国の経済的活動の実態を描いたものとしてミッシェルとブーレによるものがあり（Michel et Beuret, 2008）、またブローティガムのようなアフリカにおける中国の経済協力に焦点を当てた詳細な学問的分析が次々と出ている[(3)]。

その一方で、拡大する中国の援助に対する評価はさまざまである[(4)]。中国の途上国への経済協力に対する批判的な議論がある一方で、それを肯定的に見る議論もある。その概要は以下のようなものである。

(1)「悪玉論」

「中国の経済協力は、自国に必要な資源獲得のためであり、資源の収奪により経済構造をゆがめ、時に環境破壊を引き起こしている」との批判は強い。こうした議論は新聞報道などでも頻繁に取り上げられ、論壇でもしばしば見られる（たとえば、朝日新聞取材班, 2019）。実際、援助の目的の観点からは、天然資源保有国への援助が目立ち、また中国政府もそういった分野への投資を促しており、資源獲得という要素が色濃く見える。さらに必ずしも経済水準が低い貧困国に援助・融資をしているわけではなく、DAC（開発援助委員会）諸国の援助方針やガイドラインを共有しているわけでもない。

中国国内の外交論議の中でも、1990年代から「経済安全保障」という概念が登場し、中国の経済発展に必要不可欠なエネルギー資源などを確保するために援助や投資を促進すべきであるとの議論が、公式的にも言及されるようになった。また、資源獲得などのための支援の拡大や、貿易や投資と一体になった形での経済関与の拡大は、1994年に始まる中国輸出入銀行による優遇借款の拡大によって顕著になってきた。優遇借款とは、開発途上国・地域に対する中国政府からの公的支援の性質を有する中長期の有償資金協力である。

また、資源確保のための援助という批判と並行して、「中国の援助や低利融資は中国企業の受注を条件とした、いわゆるタイド（紐付き）援助であり、相手国の開発を目的にしたものというよりは中国自身の経済利益のためである」という批判も根強い。実際、中国の援助・融資とともに中国企業が進出し、多くの中国人労働者が相手国で働くといった請負契約と労務提供方式は、中国の経済利益にはつながるが、現地の雇用や技術移転にはつながらないという指摘も少なくない。

また、中国の習近平国家首席が2013年に打ち出し、2017年に中国政府の公式の政策としても打ち上げられた「一帯一路構想（Belt and Road Initiative: BRI）」の、東南アジアや南アジア諸国への経済的インパクトは大きい。その一方、ミャンマーのみならず、スリランカ、パキスタンやマレーシアなどでの関連事業やその過大な債務負担に起因する課題は「債務の罠（debt trap）」として国際的にも大きな議論となっている。

中国の「一帯一路」に関連する事業のために中国から多額の融資を借り入れ、将来的に返済困難に陥るリスクを問題視する報告書や報道が、近年相次いで出された。なかでも、2018年に出された二つの報告書が有名である。一つはハーバード大学ケネディスクールの調査報告書「借金外交（Debtbook Diplomacy）」であり（Parker & Chefitz, 2018）、もう一つはワシントンのグローバル開発センター（CGD）が出した報告書である（Hurley et al., 2018）。米国では、こうした中国の経済協力の急拡大を「略奪的」な行動として非難する議論も高まっている[5]。

他方で、中国は援助供与に際して内政への不干渉を唱えており、援助にあたって相手国の意思決定プロセスの透明性や腐敗のないことや民主的な手続きを求める欧米の姿勢とは一線を画している。中国の援助の拡大が、こうした内政不干渉の方針のもとに進められることで、援助を梃子にした欧米の「民主化圧力」の効果は低下していると見ることもできる。OECD/DACや世界銀行を中心に進んできた援助ルールの共通化や効率化に向けた協調の枠組みに中国が入るか入らないかは、他の先進国の援助のあり方や、途上国の政策改善圧力を左右する可能性がある。

また、中国の無償援助の多くが重要な政府関連庁舎建設に向けられており、それは相手国政府との政治的関係の強化を目的としていることは明らかである。こうした支援は相手国政府の基盤強化にもつながることは事実であり、また、中国との外交関係の強化にもつながっていることも事実として否定できない。その一方で、相手国政府・支配層との間で不透明な形で支援が決定され、それは腐敗を温存ないし助長する側面があることも否めず、これは中国がとっている「内政への不介入」方針の負の側面といえよう。

中国の支援が拡大している多くの国で、その過剰なプレゼンスへの警戒感が徐々に強まっているということも指摘されている[6]。すなわち、資源開発や中国への資源輸出の拡大、中国の物資や労働者の流入を通じた中国との経済関係強化が目に見えて進展している一方で、民衆レベルでの対中意識はアンビバレントな面もあり、過剰なプレゼンスへの警戒感にもつながっている。

こうした状況は、1960～70年代に東南アジアに対する日本の経済援助が拡大し、その経済的プレゼンスの拡大とともに日本と東南アジアの関係が緊張した時代とも似ている。

(2)「善玉論」

貿易・投資と一体となった借款の供与は、1970年代に中国が外国借款を導入し、外国企業の投資を受け入れ輸出を拡大していった、中国自身の「改革・開放」開発モデルの輸出でもある。中国は、途上国との経済貿易関係、経済技術協力・交流を強化し、他方で、対外進出戦略と資源戦略とのリンクによって中国自身の「経済安全保障」を確保するという形での経済関係の強化・拡大を、「Win-Winの原則」に基づくものと位置づけ、双方に利益をもたらすものであるとしている（Li, 2008等）。たとえば、2010年に公表された政府白書「中国とアフリカの経済貿易協力」では、「中国とアフリカは、平等な関係、実行の追求、互恵共栄、共同発展の原則に基づき、Win-Winの実現に尽力している」（中華人民共和国国務院新聞弁公室, 2010）と述べられている。

欧米の専門家の中にも、援助・借款の供与と貿易・投資の拡大とが一体（三位一体）となった開発モデルを肯定的にとらえる論者もいる。これは、中国の援助を、人道支援や社会開発を重視する西側先進国の開発援助モデルを離れて、途上国の工業化の視点から評価しようとするものであるともいえる。たとえば、もともと中国研究者であったブローティガムはその代表的な論者であり、近年の中国の援助や経済協力は、相手国への投資の促進や製造業の振興や雇用の創出という点できわめて肯定的な効果をもたらしていると見ている（Brautigam, 2009）。また、モヨは、アフリカ開発に焦点を当て、援助だけでは成長は達成できず、途上国にとっての貿易（輸出）の拡大や（現地への）直接投資の拡大はアフリカの経済発展にとって不可欠である、と論じている（Moyo, 2009）。

実際、受け手国の視点から援助と開発の実像を見れば、中国事業は支援対象国のインフラ建設や物資の流入を促進し、人々の生活改善に直結し、しかも足の早い目に見える成果を上げているとの評価もある。また、相手国政府の基盤強化を通じた政治的効果もあり、中国との外交関係の強化にもつながっている。また、資源開発や中国への輸出の拡大、中国の物資や労働者の流入を通じた中国との経済関係強化も目に見えて進展している。中国の近年の援助や経済協力は「フルセット型支援」方式をとり、中国タイドで工事建設のため中国人労働者が送られることが多いことから現地の雇用につながっていないという批判もある一方で、中・長期的にはそれは中国との貿易取引の拡大や中国企業の投資拡大につながり、製造業や雇用の創出という点で、肯定的な効果をもたらしているとの見方もある。中国はこうした肯定的な成果を、近年は積極的に公表する姿勢も見せており、2023年10月に北京で開催した「一帯一路・国際協力フォーラム」では、協力事業リストや成果文書を公表して広報に努めていた[(7)]。

(3)「中国式発展モデル」

中国の台頭とともに「中国式発展モデル」という言葉が出てきたが、それが何であるかについては、いくつかの使い分けがある。

「中国式発展モデル」の定義はさまざまであるが、一つの見方として「内在する資源（天然資源・人的資源等）を活用し、経済的自立を達成していく」という、ある種の「自力更生」モデルを指すことも以前はあった。

また、「改革・開放政策（FDI〈海外直接投資〉の受け入れ、輸出志向の工業化）」や「投資、貿易、融資・援助の三位一体の経済協力」を取り上げる人もいる。貿易・投資と一体となった借款の供与は、1970年代に中国が外国借款を導入し、外国企業の投資を受け入れ、輸出を拡大していった、「改革・開放」開発モデルの輸出でもある。中国は、途上国との経済貿易関係、経済技術協力・交流を強化し、他方で、対外進出戦略と資源戦略とのリンクによって中国自身の「経済安全保障」を確保するという形での経済関係の強化・拡大を、「Win-Winの原則」に基づくものと位置づけ、双方に利益をもたらすものであるとしている。

中国の開発経験は、政府の強力な経済介入のもとで外国からの融資や投資を受け入れることが経済的成功の源であることを強調し、貿易と投資による経済関係の拡大を通じて工業化を促進しようとするアプローチを「中国式発展モデル」と呼ぶ議論もある。実際、かつて1970～80年代の日本や韓国の経済協力は経済インフラの建設を重視しており、教育や保健衛生分野等への援助を重視する欧米と対比することができ、当時から、経済開発支援の異なるモデルという形で対比されることもあった。先に述べたブローティガムやモヨはその代表的な論者である（Brautigam, 2009; Moyo, 2009）。

しかし、中国自身は、中国の発展の経験は中国独自のものであり、個々の開発途上国にはそれぞれの発展モデルがあると公言している[(8)]。その一方、中国の急速な経済発展は、多くの途上国で、中国の開発の経験を「中国式発展モデル」としてそれに倣う動きも拡大してきたように見える。

近年の中国の公式の対外援助関連の文書・発言を追ってみると、以下のようなものがある。

中国は長らく、中国の対外援助についての情報公開をしてこなかったが、2011年4月および2014年7月に、国務院新聞弁公室が「中国の対外援助」という政府白書を公表した。ただし、そこでは個々の支援対象国の詳細なデータは載せておらず、地域ごとあるいは分野ごとの中国の援助の概要を説明したものである。また、援助の「理念」としては、「中国は世界最大の開発途上国として他の途上国を援助」していると説明しており、いわゆる「南南協力」としての意義を強調していた。

2017年10月の中国共産党第19回全国人民代表大会（全人代）活動報告では、「中国が世界最大の開発途上国であるという国際的地位に変わりはない」としていた。その一方で、「中国の特色ある社会主義が他の途上国に発展モデルを提供する」側面にも言及している。

2013年には、いわゆる「一帯一路構想（BRI）」を打ち出し、2017年には公式の戦略として「一帯一路」を通じた国際協力をいっそう強化する方針を示した。2020年8月の外交部広報発言として「我々はいわゆる中国モデルを他の国に輸出するつもりはない」と表明する一方、2022年頃からは「Global Development Initiative」という用語を使って、グローバルな課題としての開発推進や貧困削減などに焦点を当て「Global South」との連携を強調するようにもなっている(9)。

(4)「ワシントン・コンセンサス」対「北京コンセンサス」

一方、第二次世界大戦の終了後の世界の開発に大きな役割を果たしてきた世界銀行は、「ワシントン・コンセンサス（Washington Consensus）」と呼ばれる自由化・規制緩和・民営化の政策に基づく自由主義的な経済運営によって経済成長を実現すべきであると主張してきた。中国の急速な経済発展に伴って、その経験に基づく開発モデルが世界的に広まってきている現象をとらえて、「ワシントン・コンセンサス」に取って代わる「北京コンセンサス（Beijing

Consensus)」の台頭を指摘する議論もある。

「ワシントン・コンセンサス」は自由化・規制緩和・民営化といった自由主義的な経済運営による経済成長を主張するのに対し、「北京コンセンサス」は（内政干渉をせず）外国借款や投資を受け入れ、貿易投資の拡大など経済関係強化を通じて工業化を推進しようとする開発モデルでもある。近年は、政府の介入と指導のもとでの工業化の有効性を強調する「新構造主義経済学（New Structural Economics)」を論じる者もいる（Lin, 2016）。

政治学や国際関係の分野では、国家の経済発展と権威主義的な性格を持つ「強い政府」との相関に着目しつつ、権威主義的な政府のもとでの国家主導の開発体制といった開発モデルの是非を議論することが多い。このような観点から、中国の経済的台頭とその発展モデルが国際関係の文脈で途上国に与える影響に関して警鐘を鳴らした代表的な文献として、ハルパーの『北京コンセンサス（*The Beijing Consensus*)』がある（Halper, 2010）

ハルパーは、中国モデルをアフリカ、中東、ラテンアメリカの新興国を席巻している「権威主義的市場経済モデル」と見ており、国家資本主義的市場経済と権威主義的政治体制が合体した中国モデル（北京コンセンサス）が、「市場経済・民主体制という西洋モデル」（ワシントン・コンセンサス）に取って代わりつつあるとして、「中国モデル」が21世紀の国際秩序に影響を与え続けていることを強調し警告した。

一方、中国の最近の台頭が国際的なルールの範囲内にあることを考慮し、過剰に警戒する必要はないとする対照的な見解もある（Ikenberry, 2008）。

要するに、「北京コンセンサス」や「中国モデル」という言葉は近年よく見かけるが、経済学者がそれを政府主導型の開発モデルとして議論するのに対して、政治学・国際関係論では、それを権威主義的な政治体制下の開発体制として議論することが多く、いまだ定まった定義はない状況である。その議論の行方は、かつての「日本モデル」と同様、中国の経済発展と政治体制の行方（開発途上国の成功モデルとなりうるか）にも左右されるように思われる。

4. 国際援助コミュニティとの協調の行方

いずれにせよ、中国の援助の拡大は、世界経済における経済的影響力の高まりと並行して生じているものである。他方で、中国自身が共産党の一党支配のもとで政治的自由を制約しながら経済発展を遂げてきていること、その対外援助に際して内政不干渉の原則を掲げていることにより、結果として中国の援助の拡大は、これまで世界銀行や欧米援助国が主導してきた市民社会や民主的社会を前提とする自由主義モデルである「ワシントン・コンセンサス」を掘り崩し、専制的な国家のもとでの経済発展という開発モデルを世界に広め、途上国における民主化を逆行させるものであるとの論調も登場している[(10)]。

実際、中国の援助国としての台頭が、国際援助協調の枠組みに与える潜在的な影響は決して小さくない。従来、国際援助社会の中心的アクターであるOECDや国際機関（とくに世界銀行）では西欧諸国の影響が強かったが、日本に続いて韓国のDAC加盟が実現し、中国の援助が拡大するなど、非西欧援助アクターの比重の増加が認められる。国際援助社会のこのような変化は、国際援助潮流にも変化をもたらす可能性がある。

とくに、DACや世界銀行を中心に進んできた援助ルールの共通化や効率化に向けた協調の枠組みに中国が入るか入らないかは、他の先進国の援助のあり方や途上国の政策改善圧力を左右する。その一方、非伝統的ドナーとして台頭してきた中国に対する最低限の要求として、援助に関する情報の公開やルールの共通化やその遵守を求める圧力は高まっている。

また、世界銀行のチーフ・エコノミストに中国人（林毅夫/Justin Lin）が採用されたが（2008～12年）、これは中国を世界銀行の進める国際援助協調の枠に引き込むための一つのステップであると見ることもできる。実際、中国はすでにDACとさまざまなチャネルを通して参加しており[(11)]、かつて日本が1964年にOECDに加盟する前に、東南アジアに対する最大の援助国として1961年にDACに加盟したように、中国もOECDには加盟しなくとも援助協調に加わる可能性がないわけではない。

中国自身は、非欧米ドナーとしての新しい協調のあり方を追求するのであろうか。あるいは日本自身が非西欧ドナーでありながら国際援助協調を重視する方向に変化してきたのと同様に、中国もそのように変化していくのだろうか。あるいは独自の方向を進むのであろうか。

中国の援助の進め方や考え方は、かつて（1970～80年代）の日本の援助と似ている面もあり、また、日本自身が中国との間での非西欧ドナーとしての協力関係の構築を模索する動きもある。後発援助国であった日本の経験を視野に入れて、中国の経済成長が途上国の持続的発展や貧困緩和にどのように貢献しうるか、国際社会との間でどのような問題に直面するかを検討することは、新たな大きな研究課題であるといえよう。

注記

(1) いまだ公式の和訳語はないが「政府開発資金」と訳すことができよう。

(2) 金熙徳（2003）「戦後中国の援助政策」『東亜』第438号、12月。馬成三（2007）「変貌する中国の対外援助」『中国経済』第498号、7月。小林誉明（2007）「中国の援助政策——対外援助政策の展開」『開発金融研究所報』第35号、10月。渡辺紫乃（2009）「中国の対外援助政策——その変遷、現状と問題」『中国研究論叢』第9号、10月、等。

(3) 次のような文献がある。Robert I. Rotberg (ed.) (2008), *China into Africa: Trade, Aid, and Influence*, Brookings Instititionn. Ian Taylor (2009), *China's New Role in Africa*, Rienner. Deborah Brautingam (2009), *The Dragon's Gift: The Real Story of China in Africa*, Oxford University Press. Lowell Dittmer and George T. Yu (eds.) (2010), *China, the Developing World, and the New Global Dynamics*, Rienner.

(4) 次の文献でアンゴラを事例として取り上げ、中国の援助をより詳細に評価した。稲田十一（2013）「中国の四位一体型の援助——アンゴラ・モデルの事例」、下村ほか（2013）第6章。

(5) たとえば、2020年5月にトランプ政権が連邦議会宛に送った「米国の中国に対する戦略的アプローチ（United States Strategic Approach to The People's Republic of China）」と題する公式文書の中でも、中国の「略奪的な経済慣行（predatory economic practices）」に歯止めをかけることが謳われている。

(6) 前掲ミッシェル＆ブーレ（2009）等。また、アンゴラなどにおいてもこうしたことが指摘されている（本書第6章参照）。

(7) 中国外交部による「一帯一路・国際協力フォーラム・多国間協力成果文書（多边合作成果文件）」「実務協力プロジェクト一覧（坛务实合作项目清单）」など。
(8) たとえば、次の文献を参照。Li（2008: 377-431）。著者は中国輸出入銀行の理事や総裁を努めた人物である。
(9) 汪牧耘は、中国における国際開発研究の受容と展開に着目し，代表的な中国人研究者の研究活動を整理している（汪, 2023）。
(10) たとえば、前掲Halper（2010）。
(11) 2007年よりChina-DAC Study Groupという対話の場が持たれている。

参考文献

朝日新聞取材班（2019）『チャイナスタンダード――世界を席巻する中国式』朝日新聞出版。

稲田十一（2013）『国際協力のレジーム分析――制度・規範の生成とその過程』有信堂。

榎本俊一（2017）「中国の一帯一路構想は『相互繁栄』をもたらす新世界秩序か？」RIETI Policy Discussion Paper Series 17-P-021、経済産業研究所。

汪牧耘（2023）「中国における国際開発研究の受容と展開――脱『欧米中心主義』の可能性の一考察」『アジア経済』Ⅳ-3。

北野尚宏（2020）「中国の対外援助の現状と課題」、川島真・21世紀政策研究所編『現代中国を読み解く3要素――経済・テクノロジー・国際関係』勁草書房。

下村恭民・大橋英夫・日本国際問題研究所編（2013）『中国の対外援助』日本経済評論社。（Shimomura, Yasutami and Hideo Ohashi (2013), *A Study of China's Foreign Aid*, Palgrave.）

末廣昭・大泉啓一郎・助川成也・布田功治・宮島良明（2011）『中国の対外膨張と大メコン圏（GMS）／CLMV』東京大学社会科学研究所。

廣野美和編（2021）『一帯一路は何をもたらしたのか』勁草書房。

ミッシェル、セルジュ、ミッシェル・ブーレ（中平信也訳）（2009）『アフリカを食い荒らす中国』河出書房新社。（Michel, Serge et Michel Beuret (2008), *La Chinafrique*, Grasset & Fasquelle.）

ミラー、トム（田口未和訳）（2018）『中国の「一帯一路」構想の真相』原書房。

ワン、イーウェイ（川村明美訳）（2017）『「一帯一路」詳説』日本僑報社。

Brautigam, Deborah (2009), *The Dragon's Gift: The Real Story of China in Africa*, Oxford University Press.

Gallagher, Kevin P. et al. (2023), *The BRI at Ten: Maximizing the Benefits and Minimizing the Risks of China's Belt and Road Initiative,* Boston University-Global Development Policy Center.

Halper, Stephan (2010), *The Beijing Consensus: How China's Authoritarian Model will Dominate the*

Twenty-first Century, Basic Books.（ステファン・ハルパー著、園田茂人・加茂具樹訳（2011）『北京コンセンサス――中国流が世界を動かす』岩波書店。）

Hurley, John, Scott Morris, and Gailyn Portelance (2018), *Examining the Debt Implications of the Belt and Road Initiative from a Policy Perspective*, CGD Policy paper 121.

Ikenberry, G. John (2008), "The Rise of China and the Future of the West: Can the Liberal System Survive?" *Foreign Affairs*, Jan/Feb.

Kitano, Naohiro and Yumiko Miyabayashi (2020), Estimating China's Foreign Aid: 2019-2020 Preliminary Figures, *JICA Research Paper*.

Li Rougu (2008), *Institutional Sustainability and Economic Development: Development Economics Based on Practices in China*, China Economic Publishing House.

Lin, Justin Yifu (2016), New Structural Economics: A Framework for Rethinking Development, *World Bank Research Working Paper*, No.5197.

Moyo, Dambisa (2009), *Dead Aid: Why Aid is Not Working and How There is Another Way for Africa*, Allen Lane.

Parker, Sam and Gabrielle Chefitz (2018), *Debtbook Diplomacy: China's Strategic Leveraging of Its Newfound Economic Influence and the Consequences for U.S. Foreign Policy*, Harvard Kennedy School.

Ramo, Joshua Cooper (2004), *The Beijing Consensus*, The Foreign Policy Center.

中華人民共和国国務院新聞弁公室（2010）『中国とアフリカの経済貿易協力』。

中华人民共和国国务院新闻办公室（2011）『中国的对外援助』。

中华人民共和国国务院新闻办公室（2014）『中国的对外援助』。

第1部

国際的潮流への影響
―国際援助協調と民主化―

以下の第1章と第2章は、過去20～30年間の国際開発の世界的潮流であった、国際援助協調の進展、ガバナンスの改善や民主化の潮流に、中国の台頭がどのようなインパクトを与えてきたかについて取り上げる。本書では、単なる一般論ではなく、その具体的な姿を描くことに焦点を当てるため、その具体的かつ典型的な事例としてカンボジアを取り上げたい。

第1章で焦点を当てるのは、中国の援助や経済協力の拡大が、2000年代に入って強化されたかに見えた国際援助協調の枠組みにいかなる影響を与えたかを、とくに中国の援助の影響が大きいカンボジアを事例として取り上げながら検証することである。

第2章の焦点は、第一に、国際社会全体の「民主主義の後退」仮説についての議論を紹介するとともに、その議論がアジアにも当てはまる仮説なのかについて検討することである。それらの分析を受けて、カンボジアにおける中国の経済的プレゼンスの拡大が、カンボジアの近年のいわゆる「権威主義化」の原因なのか、そうでないのかについて、一定の結論を導き出したい。

第1章と第2章はいずれもカンボジアを事例として取り上げるが、カンボジアには、筆者は1992年夏にUNTAC（国連カンボジア暫定統治機構）統治下で日本経済研究センターの調査団とともに初めて現地調査を実施して以来、その後の約30年間におよそ2～3年に1度、合計で15回程度、何らかの調査ミッションで現地調査を実施してきた。

第1章は、国際援助協調の枠組みの変容に焦点を当てるが、この研究は、2004年から2005年にかけて約1年弱、米国ワシントンDCにある世界銀行本部のOPCS（業務政策局）LICUS（逼迫する低所得国）Unitでの調査業務がもとになっている。2001年9月に勃発した米国での同時多発テロを受けて、それまで開発途上国の中でも融資の支援対象になりうるような国を中心に支援していた開発金融機関としての世界銀行も、内戦や紛争の影響を受けた不安定な（脆弱な）途上国への支援にも関与することが求められ、2002年に新たに設置された部局である。

そこで、カンボジアやアフガニスタン、東ティモールなど、まだ不安定な状況にある途上国の復興・開発のとりまとめ役として、世界銀行は国際援助協調の中核の役割を担っており、どのような支援をしていくかについて研究調査をする機会があった。カンボジアはそうした国際援助協調のモデル国の一つであったが、現地では世界銀行とADB（アジア開発銀行）との主導権の取り合いなどもあり、検討すべきいろいろな課題も抱えていた。中国はこうした国際協調の枠組みに参加していなかったが、当時は小さなドナーであることもあって、とくに注目はされなかった。ところが、2010年以降、中国がカンボジアに対する最大ドナーとなるにつれ、国際援助協調の枠組みは機能しなくなった。第1章は、こうした事例に焦点を当てる。

第2章も、同じくカンボジアを事例として取り上げる。中国が最大ドナーとなった2010年頃から、カンボジアのフン・センおよび人民党の政権の強権化が進んでいく。この権威主義化の背景には中国のプレゼンスの拡大があるとたびたび指摘されるが、こうしたカンボジアの権威主義化と中国の存在の高まりがどのように関係しているのか、あるいは関係していないのかについて焦点を当てる。

なお、こうした関連性について客観的な検証をするのはかなり困難な作業である。第2章では、それを実証する手立ての一つとして、2011年夏、2016年夏、および2022年12月に、カンボジアの南北二つのコミューンで実施した住民アンケート調査および村長等へのヒアリング調査をもとに、よりミクロな観点から検証を試みる。もちろん、この二つのコミューンの事例のみをもって一般的な結論を導くことは論理的には飛躍があるが、机上の理論だけではなく、カンボジアの人々の具体的な生活実態に基づいて議論することの意義はあると考えている。

第1章

中国の台頭と国際援助協調体制への影響
──カンボジア事例──

はじめに：本章の論点

本章で焦点を当てるのは、中国の援助や経済協力の拡大が、2000年代に入って強化されたかに見えた国際援助協調の枠組みにいかなる影響を与えたかを、とくに中国の援助の影響が大きいカンボジアを事例として取り上げながら検証することである。

まず第1節で、2000年代に進展した国際援助協調の概要を述べ、次いで第2節では、2000年代半ばから拡大してきた中国の経済的プレゼンスの実態把握を行う。第3節および第4節では、そうしたカンボジアに対する中国の経済関係の拡大が、カンボジアを支援してきた国際援助協調体制にどのようなインパクトを与えてきたのかを検証する。

中国は援助供与に際して内政への不干渉を唱えており、援助にあたって相手国の意思決定プロセスの透明性や腐敗のないことや、民主的な手続きを求める欧米の姿勢とは一線を画していることから、援助を梃子にした欧米の「民主化圧力」の効果を低下させている、あるいは、現地の既得権を持つ勢力と手を結び経済的利益を追求する中国の援助の拡大は、途上国の腐敗と汚職を助長するものである、といった批判がある。こうした議論が現実に即した批判であるかについても検証が必要であり、2014年の時点でいったん整理と検討を行ったが（稲田, 2014）[(1)]、この論点については次の第2章でより詳細に検討したい。

本章は、カンボジアの過去30年の新たな国づくりの過程で、2000年代までは国際社会の援助協調の枠組みが形成され、民主的な国づくりを進めてきたという歴史を振り返り、2010年代になって顕在化してきた国際援助協調体制の変化をより詳細に分析しようとするものである。

1. 国際援助協調とその進展

(1)「国際援助協調」とは

2000年代における、援助ドナーとしての中国の台頭の国際的なプレゼンスの拡大を議論するためには、それ以前の欧米や国際機関を中核とする国際援助協調の枠組みの強化について述べておく必要があろう。

1990年前後に生じた冷戦の終焉は、国際社会に大きな影響を与えたが、それは国際開発の世界的潮流にも大きなインパクトを与えた。冷戦下では、とくに最大の援助大国であった米国は、ソ連に対抗する観点から、反社会主義政権や戦略的に重要な途上国を重点的に支援し、また、その他の主要援助国も、それぞれに政治的・経済的に重要と考える（すなわち「国益」に照らして重要な）国への支援に力を入れてきた。

しかし、冷戦の終焉は、こうした戦略的観点からの援助の意義を失わせ、開発途上国支援は、国際社会全体にとっての軽視できない共通課題（すなわちグローバル・イシューズ）としてより強くとらえられるようになった。それとともに、「援助疲れ」による国際的な援助資金総量の低下の中で、国際社会では援助の効率化の議論が高まり、主要先進国間の援助協調が進展していくのである。

こうした国際援助協調の潮流は1990年代後半に急速に進展し、2000年代前半は、そうした援助協調が世界的な広がりを見せ具体化していった。たとえば、途上国支援の枠組みとして多くの途上国で貧困削減戦略報告書（Poverty Reduction Strategy Paper: PRSP）の作成が義務づけられるようになり、2000年にはミレニアム開発目標（MDGs）が設定され、これらを中核として開発をめぐるパートナーシップ体制が強化されてきた（稲田, 2004; 国際協力機構国際協力総合研修所, 2004）。また、そうした動きとセットになる形で、途上国側の「オーナーシップ」が重視され、ガバナンス強化や財政・政策支援が支援の重点となった（稲田, 2012）。

他方で、こうした主として欧米先進国が主導する国際的な援助協調強化の潮流が継続する一方で、2000年代後半以降、中国を筆頭とする新興ドナーが台頭し、それは既存の国際援助体制に対する新たな挑戦となってきている。

(2) 2000年頃の国際援助協調の進展

表1は、2000年前後を境にした、国際社会における国際援助協調の流れを整理した一覧表である。こうした国際援助協調の潮流を主導するアクターとして、国連開発機関、世界銀行、OECD/DAC（経済協力開発機構／開発援助委員会）などの国際機関がその中核を担ってきたため、それら国際機関別のイニシアティブを整理した。

まず、上記の国際的潮流の背景と経緯を補足しておこう。

冷戦が終わった1990年代に入ると、先進各国ともODA（政府開発援助）総額は減少傾向で「援助疲れ」といわれる状況を示していた。東西冷戦への対処という国際政治的な目標や前提を失い、ODA財源も縮小する中で、何を援助の主要な到達目標とするべきか、いかにすれば効果的に援助の成果を上げられるかが議論されるようになった。

また、1990年代を通じた貧困削減への取り組みは、当初は、とくに社会セクター（教育や保健衛生分野）への支援の集中という形で現れた。しかし、社会セクターへの援助量の増加の一方で、同じ分野にさまざまなドナーからの類似したプロジェクトが多数存在することにもつながり、ドナー間の調整不足が弊害として浮かび上がった。たとえば、1995年に提出されたヘレイナー・レポートは、アフリカ地域でのプロジェクト援助の乱立の弊害を指摘した（Helleiner et al., 1995）。

このような状況の中で、途上国にとっての援助の「取引費用」を削減することの重要性が強調されるようになり、援助の「調和化（harmonization）」や（途上国の政策方針への）「アラインメント（alignment）」（足並みを揃える、歩調を合わせる、といった意味）の概念が浮上した。もう少し具体的に説明すると、「調和化」とは、各ドナーがそれぞれの得意分野に特化して重複を避けながら役割分担をすることであり、「アラインメント」とは、援助の内容や実施方法を当該国政府の国内制度に沿ったものにしていくことを指す。

表1　1990年代後半以来の国際援助協調の展開過程（略年表）

年	国連機関	世界銀行	OECD/DAC
1994	「開発への課題」報告書		
1995	国連世界社会開発サミット（コペンハーゲン）		
1996		ウォルフェンソン新総裁による貧困削減の重視	DAC新開発戦略（21世紀に向けて）
1997	「国連の再生」報告書―UNDG設立・UNDAF導入	CDF（包括的開発枠組み）提示	
1998		Assessing Aid―援助効率化とselectivity主張	
1999		包括的開発枠組み（CDF）提示	
2000	国連ミレニアムサミット ミレニアム開発目標（MDGs）の設定	HIPCsイニシアティブ PRSP（貧困削減戦略報告書）の枠組み開始	
2001	MDGsとPRSPの連携で合意（UNDPと世界銀行の合意文書）		
2002	国連開発資金国際会議（モンテレイ会議）	IDA第13次増資―部分グラント化 LICUSユニット設置（のちに脆弱国家ユニットと名称変更）	
2003			ローマ調和化宣言
2004	国連事務総長ハイレベルパネル報告書		マランケシュ開発結果マネジメント円卓会議
2005	人間の安全保障基金のマルチセクター・マルチエージェンシー化	IDA第14次増資―グラント比率拡大（50%）	パリ援助効果宣言（第2回援助効果向上ハイレベルフォーラム）
2006	Delivering as One報告書		
2007		IDA第15次増資―中国が初の資金拠出	
2008	第1回国連開発協力フォーラム（UNDCF）		アクラ行動計画（第3回援助効果向上ハイレベルフォーラム）
2009			China-DAC研究グループ創設
2010	MDGsサミット（ニューヨーク）	林毅夫（Justin Lin）チーフ・エコノミスト就任、中国の出資比率第6位から第3位に引き上げ	
2011			釜山成果文書（第4回援助効果向上ハイレベルフォーラム）
2012	国連持続可能な開発会議（Rio+20）	ジム・ヨン・キム総裁就任	
2013	ポスト2015年開発目標に関する国連ハイレベル本会議		
2015	SDGs策定（17項目の2030年目標）		
2016		IDA第18次増資―市場からの資金調達を可とする	
2018		IBRD増資、中国の投票権拡大	
2019		D・マルパス総裁就任	「人道・開発・平和の連携の一貫性に関するDAC勧告」承認

（出所）筆者作成。

このように、1990年代における援助効果向上への取り組みは、パリに本部のある主要先進国援助機関の調整のフォーラムであるOECD/DACや、国際開発における二大国際機関である国連開発機関や世界銀行など、主要な国際機関がそれぞれにイニシアティブを発揮しながら、また、相互に連携したり影響を与え合いながら広範に行われてきた。

こうした国際的な取り組みの中で、とくに熱心に国際援助協調を主導したのが世界銀行である。世界銀行は、1996年にウォルフェンソンが新総裁になったのち、貧困削減を第一の組織目標として位置づけ、また、世界銀行の果たすべき役割は、開発戦略に熟知した「ナレッジ・バンク（知識の銀行）」として、途上国の開発政策策定を支援するとともに、さまざまなドナーの支援を効果的に束ねていくことであるとした。

そうした考えのもと、1998年頃から、世界銀行は（ウォルフェンソン総裁自身が）包括的開発枠組み（Comprehensive Development Framework: CDF）を提示し、これをもとに、マクロ経済支援から、インフラ建設、社会開発、貧困削減、ガバナンス支援など、あらゆる開発の課題を一つの枠組みの中でまとめ、国際機関や各ドナーがそれぞれの比較優位のある分野を中心にしながら密接に協力し相談しつつ、途上国側の開発戦略を練り、支援をしていくことを主張してきた(2)。また途上国側には、さまざまな開発の課題をCDFのマトリックスに対応した形でまとめた開発計画案の作成の必要性を提唱した。

これがより具体的な形で結実したものが貧困削減戦略報告書（PRSP）である。今日、多くの途上国でPRSPを中核に各ドナーが支援するようになっており、PRSPは事実上世界銀行がチェックすることになっているという点で、世界銀行主導のメカニズムであるということもできる。また、世界銀行はPRSPを通してCDFを実現したともいいうる(3)。

(3) 新しい援助モダリティ

開発援助におけるこうした1990年代の主要な成果は、開発援助の目的を貧困削減とする方向性が打ち出されていったことや、途上国の援助受け入れ能力の向上が援助効果向上の鍵となるとの認識から行われた、さまざまな援助手法の改革であるといえよう。

援助手法の改革提案としては、英国や北欧ドナーが中心となり、セクターワイド・アプローチ（Sector-Wide Approach: SWAp）が提唱され、またその考え方から援助資金の「バスケット・ファンド」化の提案もなされた。セクターワイド・アプローチとは、「個別に単発のプロジェクトやプログラムを実施するのではなく、分野全体を一つの有機的なプログラムとして運営することにより、制度や組織に関する当該分野の根本的な問題を解決するとともに、ドナー側と開発途上国側の双方の限られた支援を選択的に集中しようとするもの」であり、とくに教育・保健医療等の分野で進展した（稲田, 2012）。

さらに、先進諸国の行政における「ニュー・パブリック・マネジメント」の影響や、途上国における参加型開発の進展の影響などを受けて、途上国政府側に説明責任を課し、作成プロセスやモニタリング・プロセスの透明性を重視した、PRSPと中期公共支出枠組み（Mid-Term Expenditure Framework: MTEF）の導入などが示された。

このような援助のあり方の改革は、とくにアフリカ諸国において顕著な傾向であり、ケニア、タンザニア、ウガンダなど、旧英国領のアフリカ諸国で、PRSPやSWApや財政支援などの新しい援助モダリティが導入され、援助協調が進められた（国際協力機構国際協力総合研修所, 2004; 柳原. 2008）。

2. カンボジア事例：中国の援助と投資の拡大

(1) カンボジアへの援助の動向

1992年以降のカンボジア復興期において、カンボジアに対する最大ドナーは日本であった。日本政府は、1991年パリ和平協定の締結に尽力するなど、カンボジア和平に外交面から非常に深く関わった。また、国連PKO（平和維持活動）への初めての参加、警察支援などこれまで関与しなかった分野にも意欲的な支援を行った。経済復興面でもODAの積極的な投入を行ってきた。1990年代と2000年代を通じて、カンボジアにおいて、日本のODAは（二国間支援と多国間支援の両方を合わせた）国際社会全体の支援額のおよそ20%を占めてきた。

すなわち、1992年の国連PKOの開始以降、日本はカンボジアに対する最大のODA供与国としてその復興開発に深く関わり、その新しい国づくりにおいて日本が果たしてきた役割はきわめて大きかったといってよいだろう。しかし、バブル崩壊後の日本経済の停滞（失われた20年）もあって日本の存在感は次第に低下し、その一方で中国経済の台頭はめざましく、2010年には中国のGDPが日本のGDPを追い抜き、同じ年にカンボジアに対する中国の援助額は日本の援助額を追い抜いた。

中国の援助に関しては、中国がOECDに加盟していないこともあって、正確なODA額は不明であるが、カンボジアに関しては、中国は内戦時代（1975～91年）にクメール・ルージュやポル・ポト派を支援していたため、カンボジア政府（ヘン・サムリン政権）に対する支援はなかった（日本も1978年末から91年まで援助凍結）。1992年のUNTAC統治の終了後も、中国はポル・ポト派を支援していたという歴史的経緯から新政府に対する援助には消極的であった。

近年、カンボジアについては援助受け入れの窓口であるカンボジア開発評議会（Cambodia Development Council: CDC）が統計を整備するようになったこともあって、かなり正確な統計が入手できる（CDC, Annual）。基本的統計として、過去30年間の主要ドナーによるカンボジアへのODA供与額の推移（1992～2021年）をまとめたのが図1であり、OECD/DACの統計をベースとして、中国の援助額についてはCDCの統計をもとに両者を結合して作成したグラフである。

それによれば、中国のカンボジアへの援助額は、2010年に日本を抜き、近年ではその額は日本の4倍程度の規模に達している。2020年および2021年に日本の対カンボジアODAが急増しているのは、日本政府が中国に対抗して対カンボジアODAを増やす努力をしたからでもあるが、内容としては、シアヌークビル港の整備事業への巨額の円借款があったほか、COVID-19対策として保健分野に多額の支援があったからでもある。これにより、一時的ではあっても、中国の支援金額を上回った。ADBの2020～21年の支援金額が増えているのも、同様にCOVID-19対策支援が大きい。

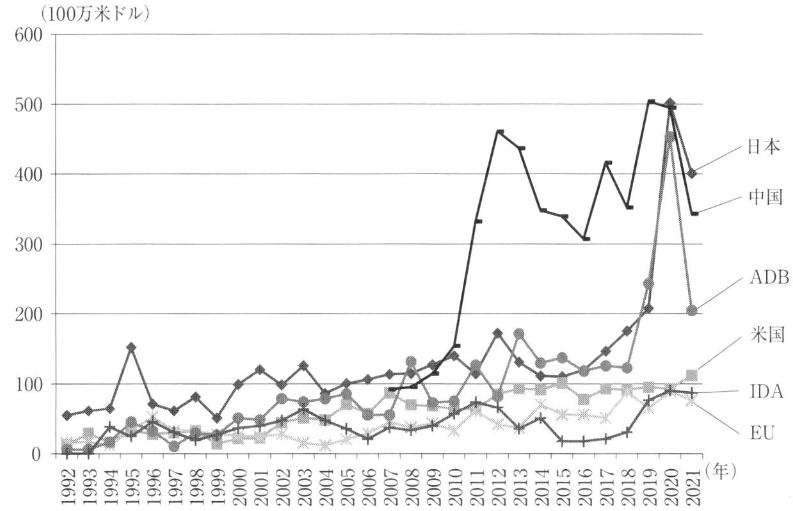

図1　主要ドナーによる対カンボジアODA額の推移（1992〜2021年）

（出所）OECD/DAC 統計および CDC 統計より筆者作成。
（注）支出純額（ODA ネット）。

(2) カンボジアへの投資の動向

一方、投資状況について見ると、カンボジアは1993年のUNTAC下での選挙のあともしばらくの間、紛争の影響が残る国との認識が広がっていたため、タイやシンガポールの華僑系企業を除いて外国からの企業投資は限定的であった。しかし、1999年のASEAN（東南アジア諸国連合）加盟によってグローバル経済の輪の中にようやく入ってくるようになり、とくに2005年頃からカンボジアへの外国投資の拡大が顕著になってくる。それを牽引したのが中国企業である。中国のカンボジアに対する投資金額（固定資産形成額）の推移（1994〜2020年）をまとめたのが図2であり、とくに2010年以降について、主要国別の投資額（投資認可額）の推移をまとめたのが図3である。

カンボジアに対する外国投資（認可）額を国別に見ると、1994〜2010年では中国が最も高く（38%）、次いで韓国（19%）、マレーシア、米国、台湾、タイと続き、日本は12位であった(4)。その後2010〜16年の累計で見ると、中国の

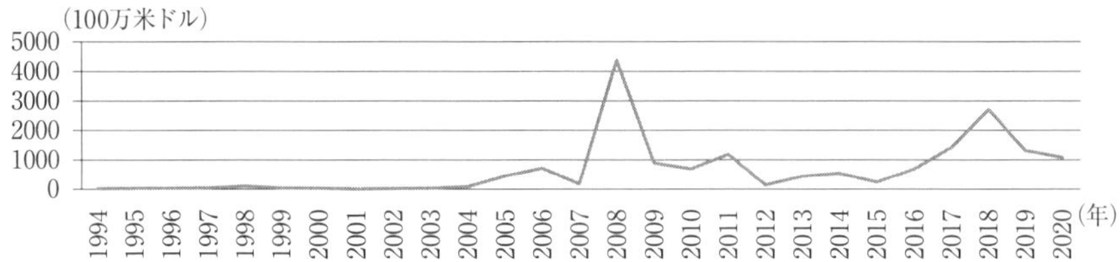

図2　中国の対カンボジア投資額の推移（1994～2020年、固定資産形成）

（出所）カンボジア国立銀行統計より作成。

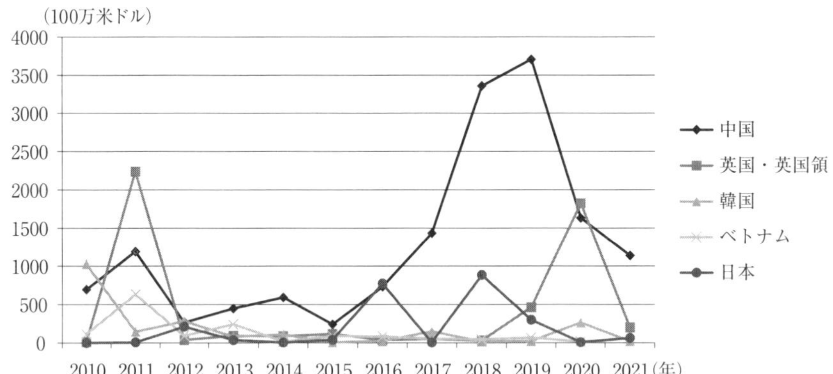

図3　カンボジアにおける主要国別の投資認可額の推移（2010～21年）

（出所）JETRO『世界貿易投資動向シリーズ』2010～22年版の「カンボジア」の統計資料より筆者作成。
（注）SEZ（経済特区）外およびSEZ内への適格投資案件（QIP）取得の投資案件統計を合計した金額。

比率が28％と依然として高く、次いで英国および英国領が（2011年に大規模な投資案件があったために）16％[5]、韓国11％、日本9％、以下、ベトナム、香港、台湾、マレーシア、シンガポール、タイと続く。日本は2007年にカンボジアと投資協定を結び、2011年後半より、日本企業のカンボジア投資が次第に拡大してきた（稲田, 2013）。たとえば首都プノンペンへのイオンの出店は、日本企業のカンボジア進出の成功例とされている。

ただし、中国の存在感の大きさに変化はない。近年（2011年以降）の中国の援助の供与額が年間約4億ドル前後で推移しているのに対し（図1参照）、中国の対カンボジア投資の金額は、経済状況に左右される度合いが高く年による変動が大きいものの、2017年以降は一貫して10億ドル以上の規模であり、経済的なインパクトは援助よりも大きい。中国からの投資は、とくに2017年以降に急拡大しており、圧倒的に大きな投資国である。なお、2020～21年は、COVID-19の影響で減速しているが、2022年には再び拡大した。

なお、カンボジアの固定資本形成で最も大きいのはカンボジア国内資本による投資であり、全体の半分程度を占め、一国全体の固定資本形成に占める中国の投資の比率は、たとえば、2019年で約16%、2020年で約15%にとどまる。しかし、カンボジア資本には実態として中国系の企業が多く含まれていると想像され、大雑把に見て、援助の金額よりも一桁大きい規模の重みを持っていると推定される。

要するに、中国の投資が圧倒的に多く、その内容としては（資源関連を除けば）リゾート開発やホテル、カジノなど観光分野の不動産投資が数としては多いが、交通運輸分野やエネルギー分野に関連する企業の投資が近年は顕著である[(6)]。その一方で、縫製業など労働集約産業の投資も顕著であり、それによる雇用の拡大に関して一定のインパクトを与えてきたことは間違いない。近年のカンボジアの衣料品の輸出（とくに欧米向け）の拡大は、こうした投資によって支えられてきた面がある（CDRI, 2011: 34）。とくに、プノンペンからシアヌークビルに至る地域（プノンペン周辺、国道3号線沿い、シアヌークビルの経済特区、等）には、数多くの中国企業の工場があり、周辺から多くの労働者（とくに若い女性）を雇用している（写真1・2）。

なお、カンボジアの縫製品の最大の輸出先は米国である。この背景には、1996年に米国から最恵国（MFN）待遇を得ることができたことがある。カンボジアの衣料品貿易は多繊維取り決めにより規定されており、カンボジアは数量制限を免れその恩恵を受けてきた。この多繊維取り決めは2004年に期限切れとなるが、2004年10月にはWTO（世界貿易機関）への加盟が実現し、最低限の関税率（MFNレート）で輸出する権利を確保することができ、このことがカンボジアの縫製業のその後の発展を支える大きな要因となってきた（初鹿野, 2014）。

一方、中国企業による開発事業の中には、問題視されるものも存在する。カジノを併設した大規模ホテルには、プノンペンの景観と風紀を損ねるものとして批判的な市民もいる。またプノンペン市内（中央に近い北西部）に中国企業

写真1（左）　南部の中国進出企業
写真2（中央）工場労働者の若い女性たち
写真3（右）　中国企業による開発事業（住民の強制立ち退きが問題となった）
（いずれも2016年筆者撮影）

写真4（左）　シアヌークビル近郊の中国資金による高速道路（2022年10月完成）
写真5（右）　シアヌークビル市内の中国系ホテル・コンドミニアム
（いずれも2022年12月筆者撮影）

によって建設されている大規模なビジネスコンプレックスは、土地の提供にあたって、カンボジア政府がそれまでそこに住んでいた地元住民を強制退去させた際に、住民の抵抗と市民団体の批判にさらされた（写真3）。後述するように、世界銀行など国際機関や欧米ドナーの一部では、この問題を理由とする援助の削減にもつながった。

なお、写真4および写真5は、2022年12月に撮影した、中国の進出がとくに顕著なシアヌークビル近郊・市内の中国事業の例である。写真5のシアヌークビルの中国資本のホテル・コンドミニアムはもともと中国人目当ての物件であるが、完成したものの、2021～22年にはCOVID-19の広まりによって中国人観光客が来ず、稼働率（夜に明かりがついている部屋の割合）は5％程度と推測される。

3. カンボジアにおける援助受け入れ国としてのオーナーシップの現実

カンボジアは1993年以降の新たな国づくりと経済開発にあたって、国際社会からの支援に大きく依存してきた。また、1970年代のポル・ポト支配下で教員や医師・公務員などの多くが殺されてしまったため、新たな国づくりにあたって人材不足が深刻であり、政府の各省庁の行政を担う人材の育成も、ほとんどゼロから国際社会の支援に頼らざるを得ない状況であった。

(1) 行政能力の緩やかな改善

開発に関わる行政能力を示す代表的な指標として、世界銀行による「国別政策・制度評価（Country Policy and Institution Assessment: CPIA）」がある。これは、実際の世界銀行の融資政策の判断基準ともなる支援対象途上国の政策・制度・ガバナンスに関するレーティング（数値等による評価づけ）である。

カンボジアの行政能力は、ポル・ポト統治時代の虐殺により1970年代末にはいったんゼロに近い状況になったが、UNTAC時代を経て、国際社会の支援を受けながら、過去30年間に改善・向上してきた。図4に見られるように、カンボジアのCPIAは1995年には2.7であったが、2007年頃には「脆弱国家（fragile states）」から脱する基準とされる3.2を超え、2010年には3.4になり、その後はほぼ横ばいである。行政の根幹を担うのは予算や開発計画づくりに関わ

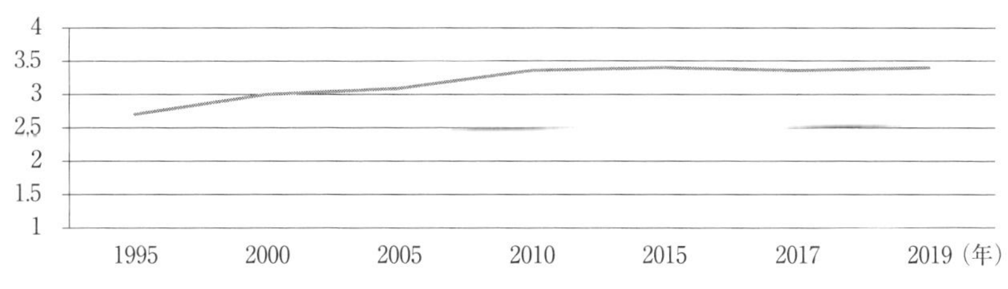

図4　カンボジアのCPIAの推移

（出所）世界銀行ホームページのCPIA各年版より筆者作成。
（注）数値の範囲は1～6で、高いほど「良い」。

る財務省であるが、財務省の人材については世界銀行が長期にわたって人材育成と能力向上を支援してきたこともあって、ある程度の水準に達しているというのが、近年の一般的な評価ではある(7)。

(2) ドナーを交えた組織間政治

後述するように、PRSPやMDGsが国際社会の主要ドナーの協調の核としての役割を果たしてきていたとはいえ、開発や支援の方向性をめぐって、ドナー間の主導権争いが一方で存在することも否定できない。実際、ドナーにより支援のエントリー・ポイント（相手国の中で支援の中核として重視するカウンターパート）の違いが見られる。各国内主体は、相手国の国内政治過程の中でさまざまな組織間の政治的綱引きや縄張り争いが見られることもよくある。こうした国内的な組織間の縄張り争いとドナー間の支援のエントリー・ポイントの重点分野の違いが、ある種の「組織間政治」を生み出す(8)。

カンボジアにおいては、1992年以来、多くのドナーが支援に関わってきた。UNTACの終了後も引き続きカンボジア支援を熱心に進めた国連開発機関をはじめ、ADBや世界銀行などの国際機関が、それぞれに復興支援のショーウィンドウとしてのカンボジアに深く関わっていったが、各ドナーの支援のエントリー・ポイントには重点の違いがあり、こうした主要ドナーの支援のエントリー・ポイントの違いを簡略化して図式化したものが、図5である。この図を見てもわかるように、カンボジアの「オーナーシップ」を代表する主体は、現実にはさまざまである。

国際機関について見ると、世界銀行は、その支援にあたって通常、財務省をエントリー・ポイントとしている。カンボジアにおいては、1992年当初、財務省の能力はきわめて弱く、世界銀行はその人材育成と能力強化を支援し、その公共財政管理能力の強化を進めてきた。一方、ADBは、計画省を中核に社会経済開発計画づくりを支援してきた。計画省は、伝統的な社会主義システムでは経済計画づくりの中核的な役割を担っており、復興過程でのカンボジアにおいても、この計画省を中核に開発計画づくりをすることが最も自然であると考えられたからである。

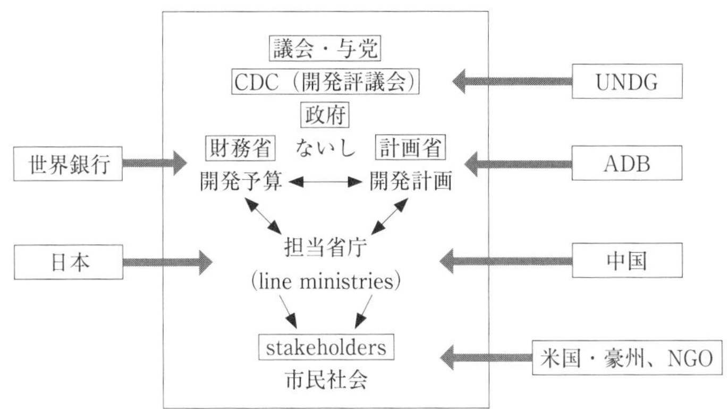

図5　カンボジアでの援助の主要パートナー（概念図）

（出所）筆者作成。

さらにその一方で、国連開発グループ（UNDG）は、援助協調の核となるカンボジア側のカウンターパートとして、カンボジアの内閣のもとに新たに設立されたカンボジア開発評議会（CDC）を重視してきた。CDCは比較的小さな組織で開発予算を左右する権限は持っていないが、開発の長期ビジョンづくりなどに関わり、主要ドナーの援助のとりまとめにあたる権限を持っている。

日本は1992年以来2010年まで、一貫してカンボジアにおける最大援助国であり、その後も引き続き主要援助国であり続けているが、日本の援助のシステムとして、支援対象の分野ごとの担当省庁（これをライン省庁という）を支援のカウンターパートとして重視してきた。実は中国も同様であり、とくにインフラ整備を担う公共事業省とのつながりが強い。また、米国は、UNTAC後に成立したカンボジアの政権の主要政党（与党）であり続けている人民党が、UNTAC以前にかつてベトナムの支援を得てカンボジアを実効支配してきたヘン・サムリン政権の流れを汲む社会主義政党であることから、カンボジア政府に対する財政的支援を停止する米国議会によって作られた法案が存在しており、NGOなどいわゆる市民社会に対する直接支援という形で援助を供与してきた。

(3) ドナーおよび分野（セクター）ごとの選好の違い

先に述べた国際援助協調の典型的な援助モダリティである財政支援などの共通の取組みに対する選好は、二国間ドナーと多国間ドナーとでは異なり、また二国間ドナーでも違いがある。（世界銀行やAfDB〈アフリカ開発銀行〉等の）多国間ドナーが、GBS（一般財政支援）やSBS（セクター財政支援）に積極的であるのに対し、二国間ドナーはPBS（プロジェクト・ベース支援）をより選好することが示されている。また、多国間ドナーは、相手国政府が管理する基金（プール・ファンド）やプログラムへの資金供与をより選好するのに対し、二国間ドナーは、財やサービスを直接供与する支援をより選好することが多い。

また、そうした現実のニーズは、支援対象のセクターによっても異なる。一般的にいって、教育セクターや保健医療セクターで、援助協調の強化（セクター・ワイド・アプローチ等）と財政支援型の支援枠組みの拡大（バスケット・ファンド等）が進んでいるのは、こうした分野で「援助事業のコモディティ化」が進んでいるためである。学校や病院・クリニックの建設や、教員・医師・看護士の数の拡大、給与支払い等は、資金とそれを適切に運営管理する能力があれば相手国政府で実施できるものであり、そうした分野の支援をあえて二国間の直接支援でやる意味は、NGOの支援以外ではあまりない。

一方、インフラ分野（電力・水・道路など）でも、相手国政府（公社といった団体であることもある）で事業遂行ができるものであれば、個別の二国間資金供与（無償資金協力であることもあれば有償資金協力であることもある）と不足する能力強化の併用で支援可能であるが、こうしたセクターでは、個別の事業が明確に特定され、かつ資金的にもより大規模であることが多いがゆえに、個別の二国間支援での事業化に適していた。

日本の援助システムは、二国間のプロジェクト型支援を中核に置いているが、円借款供与に際しては、カウンターパートの計画策定・予算執行・会計・調達などのPFM（公共財政管理）能力がある程度あることを前提としており、それが不足する場合には、そうした面での能力強化を支援コンポーネントに入れて支援してきた。

4. カンボジアにおける国際援助協調の盛衰

(1) 2000年代：国際援助協調の進展

さて、先述のように、1990年代から2000年代、カンボジアは国際援助協調のモデル国であり、かつては国際援助協調の典型的事例の一つとして取り上げられていた。

2000年以前の、世界銀行を中心とするCG（Consulting Group：支援国）会合のシステムは、年1回、主要ドナーが集まって、それぞれの支援の総額や重点分野・内容等の概要を互いに公表し合うような、やや儀式的な会合であった。しかし今日、開発のさまざまな分野ごとに、当該国の担当省庁を含めて各ドナーの担当者が現地でワーキング・グループ会合を頻繁に開催し、分野ごとに開発政策の方向性を議論し、その分野の具体的な案件全体を確認し、各ドナーがその中のどれを支援するかといった議論をするようになった。こうした現地での頻繁なワーキング・グループ会合は、現地でルーティン化され、とくに教育分野や保健医療分野においてその進展が顕著である。こうした動きは、セクターワイド・アプローチとかセクター・プログラム化と称される。2000年代前半は、こうした「パートナーシップ・アプローチ」が急速に強化された時代であった（稲田, 2012）。

カンボジアで、とりわけ2000年以降進展した援助協調強化の動きは、次のようないくつかの側面に分けて整理することができる。なお、1993年から2020年までの間に生じた、これらの具体的な動向や変化を時系列の一覧表の形で整理したのが表2である。

①支援国会合の現地化（2002年以降）

1993年にパリで第1回カンボジア復興開発委員会が開催されたのち、この会合は毎年1回、カンボジアに対する主要な二国間支援国であるフランス（パリ）および日本（東京）で交互に開催されてきた。1996年からは「カンボジア支援国会合（CG会合）」と称され、引き続き2001年まで東京とパリで交互に開催さ

表2　カンボジアにおける支援国会合メカニズムの進展と後退

年	カンボジア政府	援助協調の動向	カンボジア政治社会動向
1993		第1回カンボジア復興開発委員会（ICORC、於：パリ）	1993年まで国連が暫定統治、第1回総選挙（ポル・ポト派不参加）、新王国憲法公布、新王国政府成立
1994	国家復興開発計画（NPRD）	第2回ICORC（於：東京）、CDC設立	ポル・ポト派非合法化
1995		第3回ICORC（於：パリ）	
1996	第1次社会経済開発計画（SEDP）1996-2000	第1回カンボジア支援国会合（CG、於：東京）	イエン・サリ投降・恩赦
1997		第2回CG会合（於：パリ）	人民党とフンシンペック党武力衝突、ASEAN加盟見送り
1998	三角形戦略（TS）		第2回国政選挙、人民党・フンシンペック党連立政権、国連代表権を回復
1999	PRSP導入発表	第3回CG会合（於：東京）、教育SWAP・保健SWIM導入、DDR計画発表（2000年開始）、政府・ドナー・パートナーシップWG設置	ASEAN加盟
2000		第4回CG会合（於：パリ）（PRSP導入）	
2001	第2次社会経済開発計画（SEDP）2001-2005	第5回CG会合（於：東京）	
2002		第6回CG会合（於：プノンペン）	ASEANサミット主催（初のカンボジアによるサミット主催）
2003	国家貧困削減戦略（NPRS）2003-2005、カンボジア・ミレニアム開発目標（CMDGs）	17のTWG設置	第3回国政選挙
2004	四角形戦略（RS） カンボジア・開発パートナー・調和化・アラインメント宣言	第7回CG会合（於：プノンペン）	
2005	カンボジア・調和化・アラインメント・開発結果マネジメント行動計画	CG会合・国家戦略開発計画（NSDP）に合わせて翌年に延期	「経済特別区の設置および管理に関する政令148号」
2006	国家戦略開発計画2006-2010（SEDPとNPRSを統合）	第8回CG会合（於：プノンペン）	
2007		第9回CG会合（於：プノンペン）、米国・対政府直接援助を再開	
2008		第10回CG会合（於：プノンペン）	第4回選挙―人民党圧勝
2009	国家戦略開発計画（NSDP）2009-2013	第11回CG会合（於：プノンペン）	
2010		第12回CG会合（於：プノンペン）、中国が日本を抜いて最大ドナーとなる	
2011		2011～13年の世界銀行による援助の凍結	プレアビヒア寺院をめぐってタイと大規模な武力衝突が発生
2012			2回目のASEAN議長国

2013	5カ年戦略である「四辺形戦略(RS)」を発表		第5回国民議会選挙―救国党躍進
2014	国家戦略開発計画(NSDP) 2014-2018	英国、援助を2014年以降実質的に停止	イオンモール開設
2015	産業開発政策(IDP) 2015-2025		
2016			世界銀行分類の「低所得国」から「中所得国」に格上げ
2017		米国、政府への援助凍結	カンボジア救国党が最高裁命令で解党
2018			第6回国民議会選挙―人民党が125の全議席を独占
2019	国家戦略開発計画(NSDP) 2019-2023		
2020		EUによる経済制裁(特恵関税適用停止、8月)、中国との自由貿易協定締結(10月)	
2023	新たな「五角形戦略」を発表		第7回国民議会選挙―人民党120議席獲得(キャンドルライト党参加できず) フン・マネット新首相就任

(出所) 筆者作成。

れてきた。しかし、国際社会での途上国側のオーナーシップや現地でのアラインメント重視の議論を受けて、2002年からCG会合はカンボジアの首都プノンペンで開催されるようになった。

②セクターごとのワーキング・グループ設置(1999年開始、2004年以降本格化)

また、1999年に六つのワーキング・グループ(WG)が設置され、2002年にさらに一つが追加、2004年には合計17のテクニカル・ワーキング・グループ(TWG)が設置された。これは、開発の分野ごとに担当省庁と関連ドナーが一堂に会して具体的な開発計画と支援内容を議論する場である。年1回のCGに加えて現地で頻繁に開催されるものであり、以下で述べるPRSPやセクターワイド・アプローチの具体的な議論と調整の場となった。

③PRSPとMDGsの連携(2000年、2001年以降)

2000年に国連開発機関を中心にMDGsが提示され、その一方、世界銀行を中心に途上国に対して貧困削減に重点を置いた開発計画であるPRSPの策定を求める動きが強まった。カンボジアにおいても、2003年に「カンボジア・

ミレニアム開発目標（CMDGs）」が打ち出される一方、同年、世界銀行はカンボジア財務省を中核に置いて2003～05年を対象とする国家貧困削減戦略（National Poverty Reduction Strategy: NPRS）づくりを支援した。

④開発計画：NSDPとして統合（2005年）

世界銀行が主導したNPRSとADBがその作成を支援してきた社会経済開発計画（Social Economic Development Plan: SEDP）は、2001年に作成された第二次SEDPと2003年に作成されたNPRSが併存する形で、その混乱と主導権の取り合いが指摘されてきた。しかし2005年末になって、ようやく両者が一つの国家戦略開発計画（National Strategic Development Plan: NSDP）として一本化されることになった。カンボジアの関係省庁や関連する主要ドナーがそうした統一的な開発計画の必要性を認識した結果、開発計画としてNPRSと連携することを求めたことが背景にある。

実際の国家開発計画の策定過程としては、SEDP、NPRS、CMDGsのそれぞれの策定を支援してきたアドバイザーたちが一つのグループとしてNSDPの作成を支援する形で、カンボジア側では（財務省ではなく）計画省がとりまとめを担当し、ライン省庁（支援対象分野ごとの担当省庁）は各分野でその計画づくりに協力する形がとられるようになった。

⑤セクターワイド・アプローチの強化：教育（SWAp）・保健医療（SWiM）

国際社会のさまざまな支援アクターが、その支援を全体として効果的に進める方策として、あるいは支援対象国のガバナンス課題に対するアプローチとして、近年、重要性を増しつつあるのがセクターワイド・アプローチ（SWAp）である。カンボジアにおいても1990年代後半以来、とりわけ教育や保健医療分野において広まってきた。教育分野ではSWAp、保健医療分野ではSWiM（Sector-Wide Management）と呼ばれるように、これらの分野の政策について全体的な政策枠組み（policy framework）を各ドナーが共有し、その上で各ドナーが分担してそれぞれに支援する形がとられるようになった。

セクターワイド・アプローチと密接に関連するのが、財政支援やコモン・プール（共通基金）の有用性についての議論である。カンボジアにおいても財政支援の支援スキームに基づいて各国が支援する方向に持っていくべきだとする英国や北欧のようなドナーがあった一方、日本は引き続き、プロジェクトに基づいた支援を重視してきた。世界銀行は、長期的には財政支援の枠組みは望ましいとしながらも、財政支援の前提となるのは政府の公共財政管理（PFM）能力や透明性などであり、援助協調が進展したこの時期においても、カンボジア政府の財政管理運営能力は十分とはいえず、そうした過渡的な状況では財政支援は必ずしもうまく機能しないという見解を持ち、カンボジアにおいては財政支援やコモン・プールは広まることはなかった。

(2) 2010年代以降：国際援助協調の衰退

このように、カンボジアの1992年の国の再建過程で、国際社会は、その支援にあたって、国際的な援助協調のモデル国としてきわめて熱心にカンボジアを支援してきた。ところが、2010年に中国が日本を抜いてカンボジアに対する最大ドナーになると、1990年代後半から2000年代に進展してきた国際援助協調の枠組みは急速に衰退していくことになる。

①中国の最大援助国としての台頭

この原因は、第一に、最大援助国となった中国が国際援助協調の枠組みから距離を置いたことである。

中国は2000年代に広まったセクター会合（分野別会合）に参加せず、とくに中国の支援の中核を占めるインフラ関連事業は、公共事業省などの担当官庁（ライン省庁）との二国間の交渉の中で案件が形成・実施されてきた。また、そこにおいて、中国の開発事業の進め方として、カンボジア政府側と他の開発事業の許認可とバーター取引をしたり、融資と無償の援助を組み合わせたり、他ドナーと比較して柔軟な交渉戦術をとるといったことが行われてきたとされ、それはカンボジアにとってメリットもあった。その一方、交渉過程が非公開で透明性に欠けるとの批判もあり、そうした不透明な決定過程の中で、汚職や賄賂の可能性が指摘されてきた。

②伝統的ドナーの影響力低下

ただし、中国のドナーとしての台頭だけが原因というわけでもなく、2010年代に入って、米・英などが国際援助協調の姿勢を弱め内向き志向となってきたことも指摘できよう。

英国は1997年に成立した労働党政権が国際援助協調を重視する潮流を引っ張ってきたが、2010年に労働党政権から保守党を中心とする政権（自由民主党との連立）になってからは、財政支援などの援助モダリティ（支援枠組み）に消極的になった。また援助資金の「選択と集中」を主張し、カンボジアは英国の「優先的援助対象国」のリストから外れ、2014年以降は実質的に援助が停止された。また、米国も、オバマ政権（2009年1月～2017年1月）下では国際援助協調の枠組みに歩調を揃えセクター会合にも出席していたが、2017年に成立したトランプ政権は「アメリカ・ファースト」を主張し、国際援助協調から距離を置くようになった。

また、世界銀行も、カンボジア政府が、プノンペン市内の開発事業の計画・実施に際して、それまで居住していた住民の強制移転・排除を強行したことを理由に、2011年から2013年にかけてカンボジアへの援助を凍結した。

そうした中、中国が最大援助国として登場したことで、カンボジア政府の中国への経済・外交両面での傾斜が進み、欧米や国際機関のカンボジア政府に対する民主化や開発における民主的な手続きの重視の要請に耳を傾けなくなったということが、全体的な背景要因として指摘できよう。

③主要援助国の援助凍結

上述のように、2011年から2013年にかけて、世界銀行がカンボジアへの援助を凍結し、2014年には、英国がカンボジアへの援助を停止した。2017年末には、同年11月のカンボジア救国党の解党命令を受けて、米国はカンボジア政府への援助を停止した（市民団体への援助は継続）。

2020年8月には、民主化や民主的ガバナンスをその支援にあたって重視するEUが、実質的な経済制裁の手段の一つとして特恵関税の適用を停止した。EUは米国に次ぐカンボジアの縫製品の主要な輸出先であり、その影響は小さいとはいえない。その一方、停止直後の同年10月に、カンボジア政府は中国との自由貿易協定を締結した。ただし、カンボジアはすでにASEANに加盟し、中国とASEANの間の自由貿易協定の恩恵を受けているため、この中国との新たな協定は、シアヌークビルなどでの中国の投資に関わる協定であり、貿易上の影響は大きくないとの見方もある。実際、EUの経済制裁の経済的および政治的効果は、現時点では限定的なものにとどまっているようである。

5. 中国の経済的プレゼンス拡大の影響

(1) 経済開発面での成果とマイナス面

すでに述べたように、カンボジアにおける中国の経済的プレゼンスの拡大は顕著である。中国による援助や融資・投資がカンボジアの経済にどの程度の影響を与えているかについては、マクロ経済モデルによる推計も不可能ではないだろうが、そうした研究は必ずしもなされておらず、仮に公表数値をもとに推計しても表面的な推計にすぎないことになろう。

むしろ近年、カンボジアや東南アジアの研究者による、中国の投資・融資の拡大の影響をできるだけ客観的に分析・評価しようとする論文がいくつか見られる。きわめて的確な分析・評価であると思われるので、代表的な論考の内容を紹介しておくことにしよう。

元プノンペン大学開発学部長のチャンリットの評価は次のようなものである（Ngin, 2022）。

「カンボジアは中国の『従属国（client state）』の様相を呈しているが、中国のBRI（一帯一路構想）事業を自国の経済的ニーズに合わせて調整する能力と組織はある。とくにインフラ分野において、そうした調整努力により、経済成長とともに貧困削減につなげてきた。また、債務管理戦略や資金源の多角化・分散化により債務危機に陥るリスクもまだ低い。しかし、BRI事業には環境や地元住民の生活に負の影響があり、そうした事業ごとの功罪の評価が必要である」。

ISEAS（シンガポールの東南アジア研究所）の研究員メノンは、次のようにまとめている（Menon, 2023）。

「BRIを通じてカンボジアは中国との経済関係を強化してきたが、それには功罪両面がある。インフラの改善、輸送コストの低減、生産性の向上、貧困の削減などのプラス面がある一方、環境破壊、土地の収奪、それに伴う住民生活の被害などがマイナス面である。しかし、国際的非難を受けて、中国も環境・社会配慮や財務面での持続性などの面で改善努力を見せるようになっている。ただし、中国一国に依存することにはリスクがあり、経済構造を多角化する必要がある」。

(2) 中国の内政不干渉原則の政治的インパクト

2005年以降のカンボジアは、着実な経済発展を達成した時期にあたる。一方で、中国の経済的・政治的影響力が急速に増してきた時期でもある。中国からの投資は2005年頃から急増し（図2参照）、またその援助額は2010年に日本を抜いてカンボジアに対する最大ドナーとなり（図1参照）、2011年以降は圧倒的に大きな援助国として以前にも増して大きな影響力を持つようになっている。

1990年代にはカンボジアへの主要援助国は日本と欧米諸国であったが、2000年代後半に中国の影響力が拡大するにつれ、与党である人民党のフン・セン首相は、人権問題で改善を求める国連機関やフン・セン一族の森林不法伐採を糾弾するNGOなどを追い出すような行動をとるようになった。また、政府による強引な土地の接収や汚職・腐敗の蔓延などを理由に、世界銀行のカンボジア政府に対する支援の一部が凍結される事態も生じた。カンボジアの場合、国際機関を含む欧米ドナーは、民主的制度やその手続き、人権尊重や汚職対策を重視し、ガバナンス改革の一環としてそうした要素を援助供与の際の考慮の要素として改善を求めてきた。実際、2013年の選挙で救国党が議席を拡大したあとの時期には、カンボジアの市民社会の影響力の拡大への期待も語られていた（OXFAM, 2014）。

しかし、中国が内政不干渉の原則のもとで多額の支援を供与していることは、国際的な外交的圧力を無力化させるものであり、ガバナンスの不透明さや腐敗を温存させるのに役立っているとの批判もある。また、カンボジアは

2022年のASEAN首脳会談の議長国となったが、ベトナムやフィリピンのように、南シナ海での中国の一方的な領土の主張に反対する文言を共同声明に入れようとする動きに対して、カンボジアは中国の立場に配慮して、南シナ海の領土・領海問題は共同声明には一切含まれなかった。中国はその拡大する影響力を使って、南シナ海問題に対するASEANの論調を自国に有利な方向に持っていこうとしているとの議論もある。中国の支援（無償援助）案件の一つとして、2023年にカンボジアで開催される東南アジア競技会のメイン会場であるスタジアムが建設されたことも、中国の同様な意図を示すものであるとの指摘もある。

(3) 国際社会の関与の仕方：民主化圧力は効果的か？

国際政治の議論においては、中国の援助が拡大する中で、カンボジアだけでなく多くの開発途上国で欧米ドナーのODAを通じた外交的影響力は低下し、「民主主義が脆弱な国々で中国の影響力が増している」との見方もある（Walker & Ludwig, 2017）。実際、欧米や日本が民主化問題やガバナンスをめぐる課題を理由として援助を削減しても、カンボジア政府を中国の援助に依存する方向に追いやる結果になるだけであるとの見解もある。一例として、2017年11月に米国が不発弾処理の援助を削減したところ、中国が即座にその穴埋めとして援助を約束したという事例があった[(9)]。

2017年11月17日には、カンボジアの最高裁判所で、救国党の解党と100名以上の救国党の政治家の政治活動を禁ずる命令が出された[(10)]。EUや米国など多くの欧米諸国は民主化に逆行する行動をとらないよう改善を求め、援助の削減に言及した。こうした状況の中で日本が果たすべき役割は、民主政治上の課題を理由に援助を削減することではなく、むしろ引き続き関与しながら「静かな外交」を推し進めること、とする議論もある。すなわち、表立って批判してはフン・セン政権はますます耳を傾けなくなるため、善意の友好国として支援をしながら相手の面子をつぶさない形で助言をする方が効果的であるとの議論である[(11)]。

実際、過去において、1997年7月にラナリット第一首相派（当時）とフン・

セン第二首相派（当時）の武力衝突ののち、フン・セン派が権力を握った事件（いわゆる「7月政変」）の際には、欧米ドナーがカンボジアへの援助を凍結した。それに対して、援助凍結はカンボジアの復興開発プロセスを停滞させることになるとして、日本政府は援助を継続したという先例がある。結果として、1998年に国民議会選挙が実施されたのち人民党とフンシンペック党の連立政権が継続され、1999年にはASEANへの加盟が実現したことは、こうした「静かな外交」アプローチが肯定的な成果につながったと評価する議論もある。

他方で、こうしたアプローチは、日本政府は民主主義を軽視しているとの批判を国際社会から受ける可能性がある。1997年の時点での援助継続は、内戦終了後まだ間もないカンボジアの復興プロセスを支援する意味で正当化できたが、新しい国家づくりから25年以上が経過した現時点で、何を対カンボジア外交の優先的な価値・国益と考えるべきなのか。カンボジアの民主主義に逆行する動きに批判的な人々が欧米のみならずカンボジア国内にも日本国内にもいる中で[(12)]、日本の援助方針について、国際・国内向け両面で説得力のある説明が求められよう。

近年の中国の圧倒的な経済力は否定しようもなく、そうした中国の経済力を活用しながら経済発展を進めようとするカンボジアの試み自体は合理的選択でもある。中国がカンボジアの経済や政治のあり方や行方を左右する大きな要因であることは否定し得ず、中国が果たす役割はきわめて大きい。中国が大国として国際的な責任をより意識しながら、カンボジアをはじめとする開発途上国の開発過程に関わっていくことを期待するとともに、そのような期待の実現に向けた国際世論の圧力も必要であろう。

長らく最大のドナーとしてカンボジアの経済開発を支援してきた日本としては、国際社会と民主主義的価値を共有する観点から、地道に両国の経済開発への支援を継続しながら、民主的な社会づくりに向けた手助けもあわせて積極的に進めていくべきであろう。

注記

(1) そこでの暫定的な結論は、事業レベルで部分的には腐敗や汚職を助長している面はあるが、国全体としての権威主義体制化や与党支配の強化と中国の援助が直接的につながっているとまでは明確には言いがたい、というものであった（稲田, 2020）。

(2) World Bank (1998), *Comprehensive Development Framework*.

(3) 世界銀行についての文献は少なくないが、2000年前後の変化についての比較的読みやすい文献としては、以下のものがある。大野泉（2000）『世界銀行――開発援助戦略の変革』NTT出版。朽木昭文（2004）『貧困削減と世界銀行』アジア経済研究所。

(4) CIB（カンボジア投資委員会）統計。今村裕二（JICA〈国際協力機構〉専門家）作成資料「カンボジア投資における三つの留意点」（2011年6月）より。

(5) 2011年に英国が急増しているのは、アンモニア尿素肥料の生産に対する約22億米ドルの投資があったことによる（日本貿易振興機構（2012）『世界貿易投資動向シリーズ（国・地域別）カンボジア』）。

(6) American Enterprise Institute (2022), *China Global Investment Tracker*, American Enterprise Institute (AEI)で、主要な投資案件の企業名・分野・推定金額が確認できる（https://www.aei.org/china-global-investment-tracker/）。

(7) JICAカンボジア事務所長へのヒアリング（2022年12月14日）。

(8)「組織間政治」モデルは、米国の政治学者グレアム・アリソンが政策決定モデルの一つとして整理した概念である（グレアム・アリソン（2016）『決定の本質――キューバ・ミサイル危機の分析（第2版）』日経BPクラシックス。オリジナルは、Allison, Graham T. (1972), *Essence of Decision: Explaining the Cuban Missile Crisis*, Little Brown & Co.）。

(9) Khmer Times, *China pledges help on mines: Hun Sen meets Chinese premier*, 15 November, 2017.

(10) Phnom Penh Post, *'Death of democracy' CNRP dissolved by Supreme Court ruling*, 17 November, 2017.

(11) 在プノンペン日本大使館へのインタビュー（2017年11月18日）。

(12) たとえば、高橋智史「日本人が知らないカンボジアの強権化と独裁」東洋経済オンライン（2017年11月21日）。http://toyokeizai.net/articles/-/198220

参考文献

天川直子編（2004）『カンボジア新時代』日本貿易振興会アジア経済研究所。

稲田十一（2004）「国際開発援助体制とグローバル化」、藤原帰一・李鍾元・古城佳子・石田淳編『国際政治講座 第3巻　経済のグローバル化と国際政治』東京大学出版会、第4章。

稲田十一（2009）「脆弱国家における国際援助調整」、稲田十一編著『開発と平和――脆弱国家支援論』有斐閣、第11章。

稲田十一（2012）「援助機関と被援助国――パートナーシップとオーナーシップ」、勝間靖編

『テキスト国際開発論』ミネルヴァ書房、第11章。

稲田十一（2013）「カンボジアの復興開発プロセスと日本の援助・投資」『専修大学・社会科学年報』第47号。

稲田十一（2014）「新興ドナーとしての中国の台頭と東南アジアへの影響」、黒柳米司編『米中対峙時代のASEAN』明石書店、第3章。

稲田十一（2020）「ドナーとしての中国の台頭とそのインパクト――カンボジアとラオスの事例」、金子芳樹・山田満・吉野文雄編『一帯一路時代のASEAN――中国傾斜の中で分裂・分断に向かうのか』明石書店、第7章。

稲田十一（2022）「カンボジア開発過程への中国の影響――国際援助協調の衰退と権威主義化の連動の分析」『専修大学社会科学年報』第56号。

国際協力機構国際協力総合研修所（2004）『PRSPプロセス事例研究――タンザニア・ガーナ・ベトナム・カンボジアの経験から』国際協力機構（JICA）。

末廣昭・大泉啓一郎・助川成也・布田功治・宮島良明（2011）『中国の対外膨張と大メコン圏（GMS）／CLMV』東京大学社会科学研究所。

世界銀行編、小浜裕久・富田洋子訳（2000）『有効な援助――ファンジビリティと援助政策』東洋経済新報社。

初鹿野直美（2014）「カンボジアとWTO」『アジ研ワールド・トレンド』No.225。

柳原透（2008）「国際援助レジームの形成とその意義」『海外事情』9月号。

CDC (Cambodia Development Council) (Annual), *Development Cooperation and Partnerships Report*, CDC (Phnom Penh).

CDRI (2011), *Assessing China's Impact on Poverty Reduction in the Greater Mekong Sub-region: The Case of Cambodia*, CDRI (Phnom Penh).

DfID (2006), *Drivers of Change: Refining the Analytical Framework: A Framework for Political Analysis*, DfID (U.K.).

Greater Mekong Subregion Development Analysis Network (2014), *Inclusive Development in the Greater Mekong Subregion: An Assessment*, A GMS-DAN Publication (Phnom Penh).

Helleiner, K. Gerald, Tony Killick, Nguyuru Lipumba, Benno J. Ndulu, and Knud Erik Svendsen (1995), *Report of the group of independent advisers on development cooperation issues between Tanzania and its aid donors*, Royal Danish Ministry of Foreign Affairs.

Hossein, Jalilian (ed.) (2013), *Assessing China's Impact on Poverty in the Greater Mekong Subregion*, Institute of Southeast Asian Studies (Singapore).

Menon, Jayant (2023), "The Belt and Road Initiative in Cambodia: Costs and Benefits, Real and Perceived" *ISEAS Economic Working Paper*, No. 2023-1 (March).

Ngin, Chanrith (2022), The Undetermined Costs and Benefits of Cambodia's Engagement with China's Belt and Road Initiative, *Perspective*, No.84 (August 2022), ISEAS (Singapore).

OXFAM (2014), *Political Economy Analysis of Civic Space in Cambodia*, OXFAM (Phnom Penh).

Paerker, Sam and Gabrielle Cheflitz (2018), *Debtbook Diplomacy: China's Strategic Leveraging of its Newfound Economic Influence and the Consequences for U.S. Foreign Policy*, Harvard Kennedy School.

Ramo, Joshua Cooper (2004), *The Beijing Consensus*, The Foreign Policy Center.

Shambaugh, David (2013), *China Goes Global: The Partial Power*, Oxford University Press.（デイビッド・シャンボー著、加藤祐子訳（2015）『中国――グローバル化の深層』朝日選書。）

Sato, Jin, Hiroaki Shiga, Takaaki Kobayashi, and Hisahiro Kondoh (2010), *How do "Emerging" Donors Differ from "Traditional" Donors?: An Institutional Analysis of Foreign Aid in Cambodia*, JICA Research Institute, March (Tokyo).

Strangio, Sebastian (2014), *Hun Sen's Cambodia*, Yale University Press.

United Nations (2014), *Cambodia Common Country Assessment (CCA) UNDAF 2016-2018*, United Nations (Cambodia).

Unteroberdoerster, Olaf (ed.) (2014), *Cambodia: Entering a New Phase of Growth*, International Monetary Fund (USA).

Walker, Christopher and Jessica Ludwig (2017), "From Soft Power to Sharp Power: Rising Authoritarian Influence in the Democratic World," in *Sharp Power*, National Endowment of Democracy.

第2章

途上国の民主主義後退の中国要因と内発的要因
——カンボジア事例分析——

はじめに：本章の焦点

前章では、中国の援助と経済協力の拡大が、2000年代に強化された国際援助協調の枠組みにどのような影響を及ぼしたかを、とくに中国の援助の影響が大きかったカンボジアを例に検証することに焦点を当てた。

第2章の焦点は、第一に、国際社会全体の「民主主義の後退」仮説についての議論を紹介するとともに、その議論がアジアにも当てはまる仮説なのか、についての議論を検討することである。

後半では、前章に引き続いてカンボジアに焦点を当てる。カンボジアの政治の「権威主義化」の過去30年間にわたる長期的な変化について鳥瞰し、次いで、①2023年7月に実施された選挙結果を受けて、近年の政治状況を再整理すること、さらに②2022年12月に筆者が実施した、カンボジアの性格の異なる二つのコミューンでの経済社会生活変化の実態調査を踏まえて、同じ二つのコミューンで2011年に実施した実態調査からの約11年間の経済社会生活変化について整理すること、に焦点を当てる。

それらの分析を受けて、カンボジアにおける中国の経済的プレゼンスの拡大が、カンボジアの近年のいわゆる「権威主義化」の原因なのか、そうでないのかについて、一定の結論を導き出したい。

前章で述べたように、中国の対カンボジア援助は2010年に日本を抜き、カンボジア最大の援助国となった。その一方で、カンボジア政権は近年、権威主義的性格を強めてきた。中国は援助に際して内政不干渉を標榜しているが、この姿勢は、援助に際して政策決定過程の透明性、腐敗の不存在、民主的手続きなどを求める欧米の姿勢とは一線を画しており、中国の存在の高まりは、援助をテコにした欧米の「民主化圧力」の効果を低下させているという批判がある。また、現地の既得権益層と連携して経済的利益を追求する中国の援助拡大が、途上国の腐敗を助長しているという批判もある。

中国の援助拡大とカンボジアとの経済関係の強化は、カンボジアの権威主義体制の強化に影響を与えたといえるだろうか。フン・セン首相とカンボジア人民党がこのような権威主義的な行動をとることができるようになった背景には、中国への援助や投資への依存度が高まったことがあったとはいえる。他方、「権威主義化」は、一種のカンボジア政治の伝統的な様式への回帰、あるいは着実な経済成長に伴って拡大する経済的利益を独占しようとするレント・シーキングの政治の強化と見ることもできる。こうした主張が現実に即した議論であるかどうかを見極めるためには、より詳細な検証が必要である。

1. 民主主義は世界的に後退しているか？

近年、世界的に民主主義が後退しているという議論がある。たとえば、民主化論について多くの論文を出しているダイアモンドは、2015年の著書*Democracy in Decline*や、2016年の著書*Authoritarianism Goes Global*で、2010年代に入って世界的な民主主義の後退が見られることを取り上げた（Diamond & Plattner, 2015; Diamond et al., 2016）。また、国際的なNGOであるフリーダムハウスや*Economist*誌のIntelligence Unit（EIU）、V-Demなどが、それぞれ独自の基準ではあるが、世界各国の民主主義の状況をレーティングしている指標を見ると、おしなべて世界で民主主義が退潮している傾向があると指摘している。

その一方で、そうした議論に必ずしも与せず、民主主義が後退しているとは必ずしもいえないとの論調もある。たとえば上記の*Democracy in Decline*に所収の論文“The Myth of Democratic Recession”などが代表的である（Levitsky & Way, 2015: 60）。また、2020年の『アジア研究』で、湊一樹はアジア各国の民主化度の時系列変化を確認し、必ずしもおしなべて民主主義が後退しているとはいえないことを主張した（湊, 2020）。

それぞれの議論の概要をまず紹介しておくことにしよう。

(1) 世界的な「民主主義の後退」論

①フリーダムハウス：Freedom in the World 2023

世界各国の政治的自由度についてレーティングしているフリーダムハウス（Freedom House）の指標を見てみよう。図1のように、民主化が進んだ国の数と後退した国の数を比較するという方法をとると、2006年から2022年まで一貫して民主化が後退した国の数が進んだ国の数を上回っている。ただし、それには波があり、とくに2007年から2009年にかけての時期と、2014年から2021年までの時期に民主主義が後退した国が多い（ただし、2022年には2007年以降で初めて両者がほぼ拮抗している）。

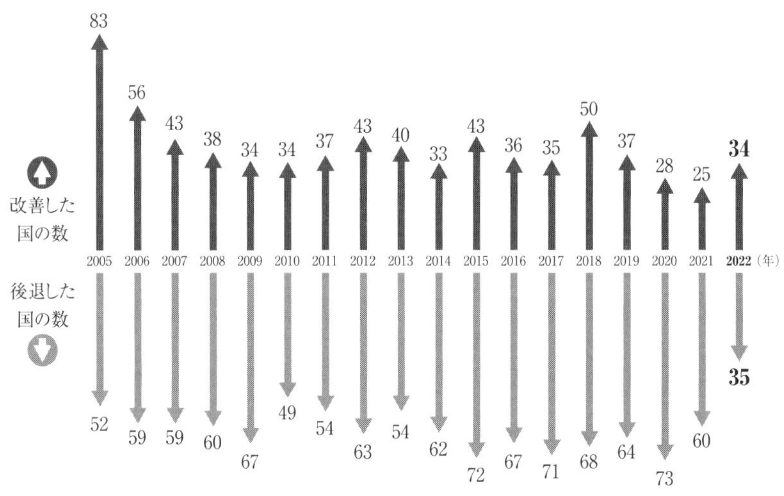

図1　民主主義が改善した国と後退した国の数の時系列推移（2005〜22年）

（出所）Freedom House, *Freedom in the World 2023*, p.3.
（注）合計195カ国・15地域。上が改善（民主化）、下が後退した国の数を示す。

②V-Dem: Democracy Report 2023

より詳細な分析を行っているV-Demの最新の報告書（表題は「権威主義の拡散」）によれば、2002年頃より民主主義の国の数が急速に減り始め（権威主義の国が増え始め）、とくに2018年以降、権威主義の国の数が急速に増えている、と指摘している。地域的に見ると、とくに中南米で民主主義の後退が顕著であるとしている（図2）。

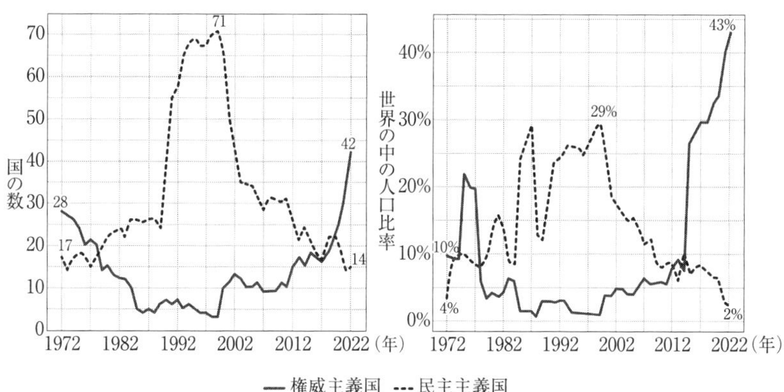

図2　民主主義の進展・後退の国の数と人口規模の推移（1972～2022年）

（出所）V-dem, *Democracy Report 2023*, p.20.
（注）50年間の変化を示したもので、実線が権威主義で破線が民主主義、左が国の数で右が人口比率を示す。

③ EIU: Democracy Index 2021

EIU（*Economist*誌のインテリジェンス・ユニット）のDemocracy Index（民主主義指数）は、全体の民主主義度の指標のほか、いくつかの項目に分けてレーティングしている。この時系列変化（2007～21年）を見ると、「政治参加」は改

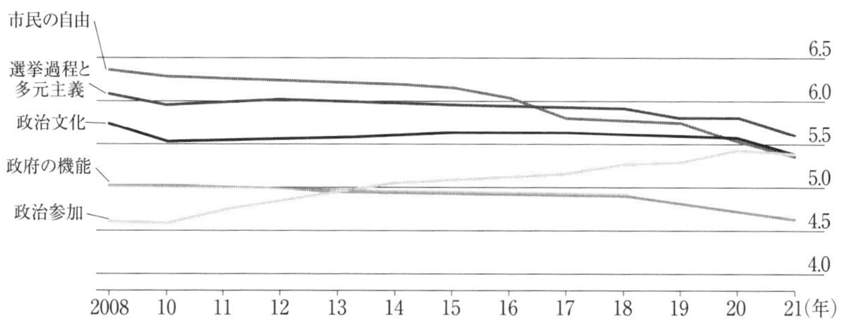

図3　民主主義のカテゴリー別の進展度の時系列変化（2008～21年）

（出所）EIU (2021), Democracy Index 2021: The China Challenge, p.25.
（注）数値の範囲は0～10で、10が最高値。

善しているのに対し、「選挙過程と多元主義」「政府の機能」が緩やかに低下しており、とくに「市民の自由」の2016年以降の低下が顕著である（図3）。

④「民主主義の後退」懐疑論

レヴィツキーとウェイは2015年の論文 "The Myth of Democratic Recession" で、民主化度を計測している代表的な四つの指標の世界全体の平均の時系列変化（1990年から2013年まで）を、図4のようにまとめている（Diamond & Plattner, 2015: 58-76）。

これを見ると、フリーダムハウスやPolity VIの指標では、1990年から2007年までは民主化が進んでいるが、その後は横ばいである。EIUの民主主義指数は2006年から、Bertelsmann Indexは2005年から開始されたが、これらの数値の世界平均もほぼ横ばいである。すなわち、2006〜07年以降はいずれも停滞はしているが、必ずしも低下はしていないのではないか、という懐疑論である。

しかし、上記①で見たように、その後の最新データでは、2014年から2021年までの時期に民主主義が後退した国が多いとされているので、この懐疑論は否定されていると見るべきであろう。

	1990	2000	2001	2002	2003	2004	2005	2006	2007	2008	2009	2010	2011	2012	2013
Freedom House	0.53	0.59	0.59	0.61	0.61	0.62	0.63	0.63	0.63	0.62	0.62	0.62	0.62	0.61	0.62
Polity IV	0.53	0.65	0.66	0.66	0.67	0.67	0.68	0.69	0.69	0.69	0.69	0.69	0.70	0.70	0.71
Economist Intelligence Unit	—	—	—	—	—	—	—	0.55	—	0.55	—	0.55	0.55	0.55	0.55
Berlelsmann Index	—	—	—	—	—	—	0.53	—	0.54	—	0.54	—	0.53	—	0.53

図4　いくつかの民主化度を測る指標の世界平均値の推移（1990〜2013年）

（出所）Levitsky & Way（2015: 61）より。
（注）すべて0から1の間で再計算した数値。フリーダムハウスの数値は、政治的権利と市民の自由の平均を0〜1（1が最高値）で再計算。

(2)「民主主義の後退」の原因は何か？

上記のように、何をもって「民主主義の後退」と見るかによって、その変化の時期は異なるが、おおむね2002年以降、とくに2016〜18年以降に民主主義の後退が顕著であるということが指摘されている。そうだとすると、何がその要因なのであろうか。各国それぞれに固有の国内政治・社会的要因があることは確かであるが、世界全体の共通の要因といえるものがあるのだろうか。

①グローバル化の負の側面

ダイアモンドは、2019年の著書*Ill Winds*（邦題『浸食される民主主義』）の中で、中国の強権化やアメリカにおける、とくにトランプ政権以降の保守化の事例などを取り上げ、必ずしも開発途上国のみに焦点を当てているわけではないが、共通の要因として、①グローバル化による新自由主義の進展に伴って、貧富の拡大などの負の側面に対して、保守的な政策をとる政党・政治家を支持する層が拡大してきたこと、②中間層が拡大する一方、むしろ異なる主張をするグループ間の対立・亀裂が拡大し対立が深まるにつれて、権威主義への回帰や政治家のポピュリズムが広まってきたこと、③SNSなどソーシャルメディアの急速な普及が人々の意見の表明を可能にする一方で、ICT（情報通信技術）の発達によって国家（政府）が人々の意見表明や行動を規制することが容易になってきたこと、などを指摘している（Diamond, 2019）。

②中国の影響力拡大

また、中国の経済的台頭とその成功によって、中国との経済的関係が強くなった開発途上国を中心に、強力な政府のもとで開発を国家主導で進めようとする「権威主義開発体制」が、開発モデルとして拡散するようになっているということを指摘する議論もある。ハルパーは政治の権威主義体制と政府介入型の市場経済の組み合わせを「北京コンセンサス」として取り上げ、それが世界的に拡散しているとして警鐘を鳴らした（Halper, 2010）。

ただし、その著書が書かれたのは2010年である。その後の中国の経済的台頭と、開発途上国を中心にしたその影響力の拡大は顕著であるが、こうした

「開発国家」としての「中国モデル」が、近年の世界的な「民主主義の後退」の大きな要因になっているといえるのだろうか。より厳密な検証が必要である。

③各国の固有の状況

他方で、とくに地域研究の専門家を中心に、こうした世界一律の傾向を指摘する議論に懐疑的な研究者も少なくない。彼らは、政治体制や政治文化は各国独自の歴史的に形成されてきた要因があり、民主主義の態様も経路依存的な側面が強いと主張する。

その代表的な議論の一つとして、2018年のアジア政経学会・共通論題「アジアで民主主義は後退しているか」の報告論文を取り上げたい。そこでは、とくにアジアで民主主義の後退が見られる国の例としてタイやフィリピンを取り上げ、その背景要因についてより個別に詳細に分析した研究報告がなされている。タイについては、要するに「旧来の都市中間層と地方の新興中間層との間の亀裂の拡大」が背景要因であるとされ、またフィリピンについては「ドゥテルテのポピュリズムや悪しき他者の暴力的排除」の問題が指摘された。

「民主主義の後退」といっても、その背景・原因もその現れ方も国により異なることは確かである。本章で焦点を当てるカンボジアについては、上記のセッションでは取り上げられていないが、こうした整理の仕方でいえば、後述するように「地縁・血縁を核とするパトロン・クライエント政治や利権政治が国全体の政治体制の中に拡散・定着してきた」ものと位置づけることが可能なのではないか、というのが筆者の仮説である。

(3) アジア諸国の民主主義の現状

湊一樹は2020年の論文「民主主義指標にみるアジア諸国の民主主義の現状」の中で、アジア各国の2005年から2018年の間のフリーダムハウスの民主主義の指標の変化を取り上げて分析している。その結果、民主主義の指標が悪化している国もあれば、改善している国もあり、一概に全体として民主主義の後退が見られるわけではないと指摘していた（湊, 2020）。

表1　アジア主要国の「民主主義度」指標の変化

	2005年	2018年	2022年	2005～22年の増減
中国	17	11	9	-8
カンボジア	34	26	24	-10
タイ	69	30	29	-40
フィリピン	74	61	55	-19
ミャンマー	5	30	9	+4

（出所）フリーダムハウスのデータ。2005年と2018年の数値は湊と同一。2022年を筆者追記。

湊が使った同じ手法で、より近年までの変化の状況を確認するために、2005年から2022年までの間での「民主主義度」の数値の変化をあらためてとってみると、主なアジアの国について、表1のようになる。

表1からわかるように、2005年から2022年の変化を見ると悪化している国が多い。とくに2018年から2022年の変化を見ると、すべての国で「民主主義度」が低下しているのは注目すべき変化であり、前節の「民主主義の後退」仮説と整合する。ただし、2005年時点の民主主義度のレベルに大きな違いがあり、もともとかなり民主的とみなされた国（タイやフィリピン）で悪化したといっても、フィリピンの民主主義度の水準はまだそれほど悪いわけではない。他方、ミャンマーは2005年時点では軍事政権下であり、「5」はほぼ最低の水準であった。2011年の民主化を境に大きく改善されたが、2022年には2021年2月に発生した軍によるクーデターにより再び「9」に悪化しており、「+4」というのは、改善ではなく再度の悪化である。

他方で、改善している国もあるが、この2005年から2022年の時期を比較して「8」以上の改善を示した国は表には記載されていないネパールのみである（16の改善：41から57へ）。

2. カンボジアの経済とガバナンス状況の推移

(1) 着実な復興と経済発展

以下では、まず、カンボジアの過去約30年に及ぶ期間の経済発展、人々の生活の改善の動向を、いくつかの主要指標を見ることによって概観しておく[1]。

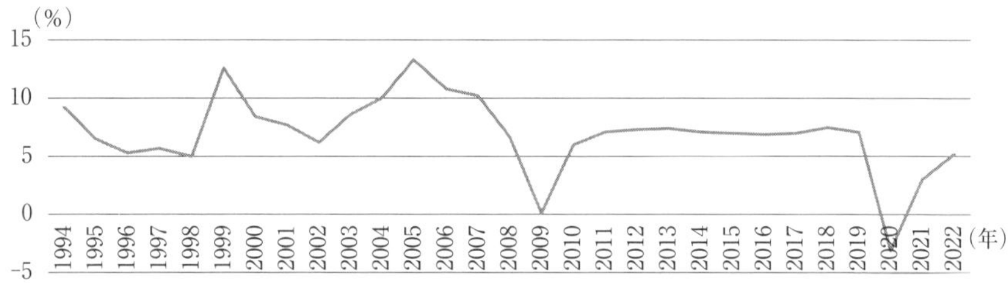

図5　GDP成長率の推移

（出所）カンボジア統計局データより筆者作成。

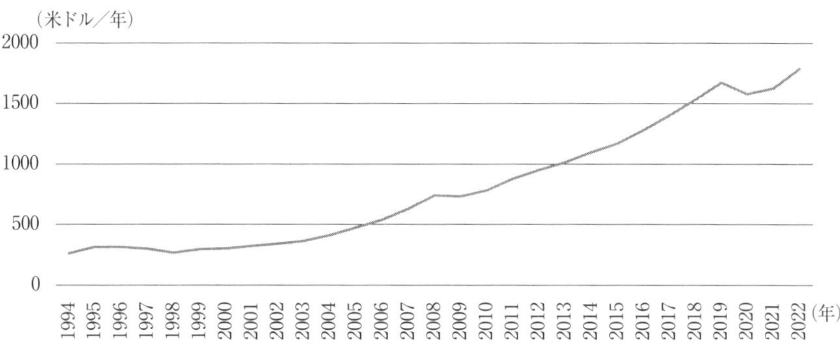

図6　一人当たりGDPの推移

（出所）世界銀行データより筆者作成。

カンボジアのGDP（国内総生産）成長率の推移（図5）を見ると、1994年以降着実な経済発展を遂げ、とくに1999年以降2007年までは平均して年率10%程度の成長を達成してきた。2008年夏の国際金融危機後、GDP成長率は鈍化したが、2010年には回復し、その後も年率7%前後の成長率を達成してきた。2020年はCOVID-19の広まりによって観光業を含め経済活動が停滞し、マイナス成長となったが、2021～22年には急速に回復してきている。

一方、一人当たりGDPの推移（図6）を見ると、1998年までの一人当たり所得は年間300米ドル前後で停滞し世界の最貧国の一つであり続けたが、ASEANに加盟した1999年以降は、着実な発展を遂げてきた。2013年には世界銀行の分類による、「低所得国（Low Income Country）」から「低位中所得国

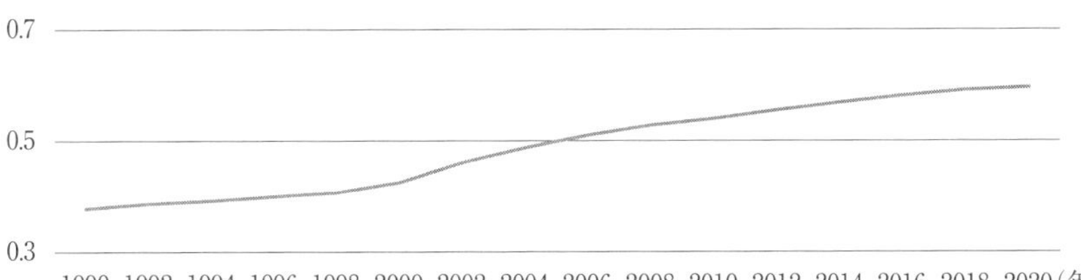

図7　カンボジアのHDIの改善

（出所）UNDPのHuman Development Report（人間開発報告書）より筆者作成。

(Lower Middle Income Country)」の水準である年間1000米ドルを超え、2022年時点では1787米ドルに達している。

また、より総合的な開発指標である人間開発指数（Human Development Index: HDI）の長期的な変化を示したのが、図7である。これを見ると着実な改善を示している。カンボジアは1990年の0.368から2020年には0.596に改善（約0.23の上昇）している。

写真1と写真2は、同じ場所（プノンペン中心部にあるHotel Cambodianaの屋上）から撮影した、1992年と2016年の大きな変化の様子である（いずれも筆者撮影）。1992年時点では、周辺の建物は破壊されたままで野原には避難民が掘っ建て小屋に住んでいた。しかし、2016年には、周囲には新しいホテルなどの建物が建てられ、市民向けの公園・遊園地が整備されており、四半世紀の間に、急速な復興を遂げたことがよくわかる。

写真1（左）　1992年、プノンペンのHotel Cambodianaの屋上より撮影
写真2（右）　2016年、同じ場所より撮影

(2) 国として次第に安定化

国の安定（あるいは脆弱性）を示す代表的な指標として、「脆弱国家指数(Fragile States Index)」があげられる。これは120が最も脆弱で数値が低いほど国が安定していることを示す総合指標である。これ（図8）を見ると、カンボジアは、2006年に85、2010～14年に88を超えてやや不安定化したが、その後やや安定し、2020年以降はおよそ80である。この指標では、野党の台頭をむしろ不安定要因ととらえ、人民党支配の強化のもとでの着実な経済発展を国の安定要因と計量しているようである。

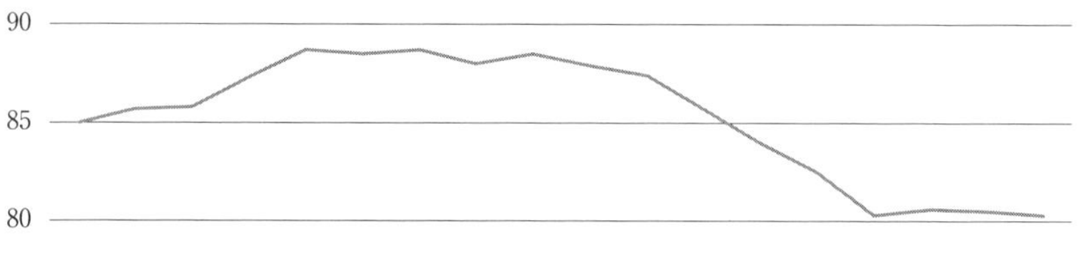

図8　カンボジアのFragile States Index の改善

（出所）Fund for Peace, Fragile States Index 各年版より筆者作成。
（注）数値の範囲は0～120で、低いほど「安定」。

(3) カンボジアの権威主義化の状況

政治体制の民主化度を測るには、いくつかの異なる指標がある。以下では、代表的な指標として経済雑誌『エコノミスト（*Economist*）』の「Democracy Index（民主主義指数）」とPolity IVスコアを確認してみる。

①EIUのDemocracy Index（民主主義指数）

Economist 誌のインテリジェンス・ユニット（EIU）は、2006年から世界各国の民主主義指数を発表している。それによれば、2006年以降の時期に関して、カンボジアの民主主義度は2006年に4.77であり（これは「Hybrid

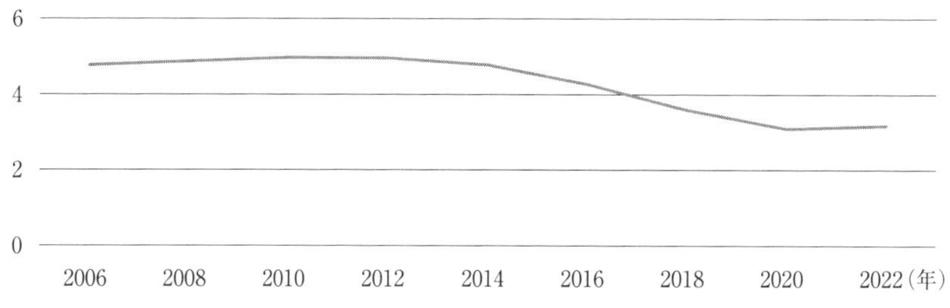

図9　カンボジアの民主主義指数（2006〜22年）

（出所）*Economist*誌ウェブサイト「民主主義指数」より筆者作成。
（注）数値の範囲は0〜10で、高いほど「民主的」。

Regime（権威主義と民主主義の混合形態）」のカテゴリー）、2016年以降急速に低下し、2020年には3.10まで低下し、これは「権威主義（Authoritarian）」のカテゴリーに位置づけられる（2022年には3.18、これも「権威主義」のカテゴリーに入る）。

②Polity IVスコアの変化

政治体制の変化を見る上では、民主的な政体であるかないかを示すPolity IVスコアの変化を見ることも有益である。それによれば、2006年以降の民主化の動向について、上記の民主主義指数とほぼ同様の動きを示しており整合的である。

カンボジアのスコアは、国連暫定統治の中で新たな国づくりに着手した1992年以降、急速に民主化して「1」の水準に達し、1997年の政変で一時的に落ち込んでいるが、1999年以降、ある程度改善された水準（+2：開放的アノクラシー〈完全に民主主義でも独裁主義でもない中間的な政治体制〉）でほぼ横ばいであった。しかし、2017年を境として急激に悪化し、2018年時点では「-5」（オートクラシー〈Autocracy：独裁政治・専制政治〉）とされている。Polity IVの補足欄では、この大きな下落の理由を以下のように説明している。

「2018年7月に予定されていた議会選挙に向けて、フン・セン（Hun Sen）首相は野党・救国党（CNRP）の指導者を反逆罪の罪で逮捕し、それを最高裁判所による救国党の解党命令の根拠として利用した（救国党の元リーダーであるサム・ランシーは国外に逃亡した）。救国党の解党は人民党（CPP）に支援されたフ

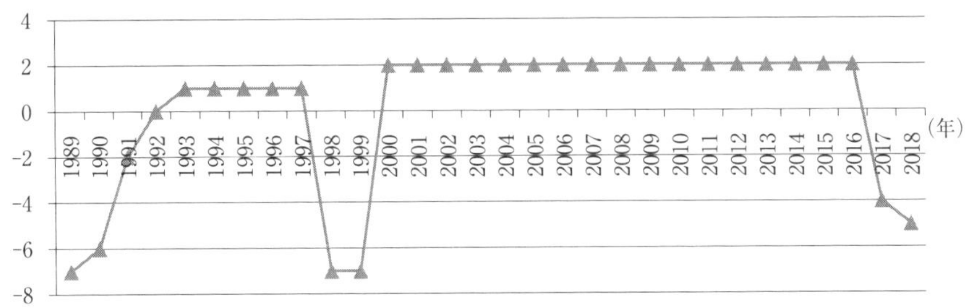

図10　カンボジアのPolity IVスコアの推移

（出所）Polity IV スコア（Center for Systemic Peace, Country Report, 各年版）より筆者作成。
（注）数値の範囲は-10～+10で、高いほど「民主的」。

ン・センによる自作のクーデターと考えられる」。(2)

③「法の支配」指標

2013年より世界正義プロジェクト（World Justice Project）と称する国際NGO（本部は米国ワシントンDC）が「法の支配（rule of law）」がどの程度実践されているかの度合いについて世界各国の状況を指標化している（World Justice Project, 2023）。

それによると、過去10年間のカンボジアの「法の支配」の度合いは、図11に示したように、2012～13年の0.41から近年低下傾向にあり、2023年時点では0.31となり、（軍事政権下のミャンマーや紛争を抱えるコンゴ民主共和国やスーダンよりも低い）世界で最も低い水準にあると指摘されている。

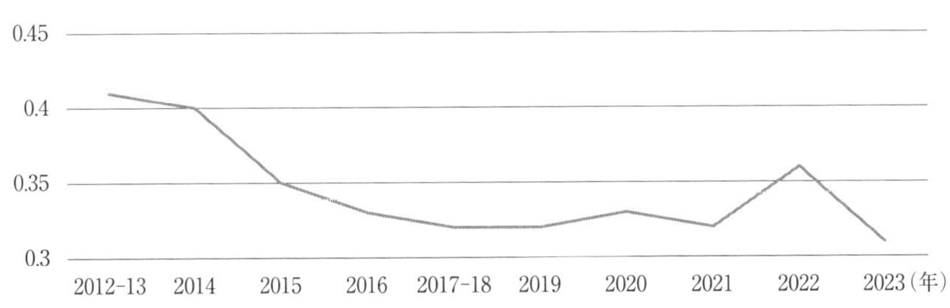

図11　カンボジアの「法の支配」指標の推移

（出所）World Justice Project, *Rule of Law Index*より筆者作成。
（注）数値の範囲は0～1で、低いほど「悪い」。

④最悪のレベルで続く腐敗

「腐敗・汚職」は、政治体制の民主化度や権威主義化の度合いを直接的に示すものではないが、とくにカンボジアにおいては、権威主義化と利権政治が密接に絡み合っているため、汚職・腐敗の度合いとその変化について、あらためて整理しておくことにしたい。

欧米的な価値観を反映した評価指標の別の例として、国際NGOのトランスペアレンシー・インターナショナルが毎年作成している「腐敗認識指数（Corruption Perception Index: CPI）」がある。これは腐敗度の深刻さを数値（1から10）で示したもので、数値が低いほど腐敗度が高いことを意味する。

カンボジアの場合、図12に見られるように、2003年に1.2ときわめて低く（腐敗度がひどく）、2006年に2.3（世界順位で見ると良い方から数えて130位）とやや改善されたが、2007年には2.1（同162位）に悪化し、その後横ばいで、2018年時点で、カンボジアは世界で最も腐敗した国の一つであった（世界183カ国中164位）。しかし、その数値は過去5年間で徐々に上昇（改善）しており、2018年の2.0から2022年には2.4となった（世界157位）。これは多少なりとも良い兆候ではあるが、そのレベルはまだ著しく低い。

カンボジアにおける腐敗や汚職の横行は、カンボジア社会が依然として地縁・血縁に基づく縁故主義社会であることに原因があるとする見方もある（天川, 2004）。カンボジアの汚職の多さは、中国の経済的プレゼンスが高まる前から長年続いている現象である。一方、近年の政府による汚職・腐敗の横行は、与党である人民党支配の強化と経済的な利権の独占と関連しているという見方

図12　カンボジアのTI-CPIの推移

（出所）トランスペアレンシー・インターナショナルの各年のCPI指数より筆者作成。
（注）数値の範囲は0～10で、高いほど「良い」（腐敗していない）。

もある。そのどちらも真実の一部であるように思われる。

以下で、カンボジアの政治の歴史的な変化を、より詳細に追ってみよう。

3. カンボジアにおける権威主義化の要因分析

(1) カンボジアの権威主義化の背景

近年、カンボジア政権は権威主義的な政治を強めている。とくに、2017年の最大野党であった救国党の解散命令に象徴されるように、近年の人民党主導の政府の権威主義化は顕著である。他方で、カンボジアにおける近年の中国の経済的プレゼンスの拡大も、同時並行で顕著に見られる現象である。したがって、カンボジアの近年の権威主義化とカンボジアにおける中国の援助拡大や経済関係の強化との間に何らかの関係があるのだろうか、という疑問が湧く。

また、中国の「内政不干渉」「政経分離」政策は、カンボジアの権威主義体制強化に影響を与えているのだろうか。また、政治の権威主義化の一方で、カンボジアは着実な経済発展を遂げている。こうした権威主義化と経済発展はどう関連しているのだろうか。権威主義化がとくに2017年以降顕著になってきたのはなぜであろうか。

第1節で言及したように、世界的な民主主義の後退の背景要因としてあげられていた要因である、グローバル化や新自由主義の経済運営の進展、ソーシャルメディア（携帯電話やSNSなど）の普及やICTの進歩などはカンボジアにおいても顕著であり、また、世界全体の一般論の中で指摘されている中国の影響力の増大も、カンボジアにおいてとくに顕著である。しかしながら、これらの背景要因が民主主義を後退させることにつながる要因であるかどうかについては疑問なしとしない。

たとえば、グローバル化の進展は、カンボジアにおいても貧富の格差の拡大につながっているが、一方で、人々の生活の向上をもたらしている。全体的な傾向として、そこそこの生活ができるようになった「中間層」の人口は拡大しているようであるが、カンボジアの権威主義化の背景は、むしろ経済発展によってもたらされた経済利権の拡大に伴って、「利権政治」やもともとあった腐敗がさらに進行しているためといえるのではないか。

携帯電話は全国・全世帯・全世代に普及し、SNSやデジタル化はカンボジアにおいても急速に進み、今やデジタル通貨やデジタル決済も日本以上に普及している状況である（宮沢, 2020）。しかし、カンボジアの場合は中国のような社会とは異なり、こうしたICTを使って政府が国民を監視・管理する体制には至っておらず、むしろ「市民社会」の形成を後押しするような要素になっているのではないだろうか。

中国の経済的影響力の拡大は顕著であるが、それがカンボジアの与党である人民党主導の権威主義化にどのように影響しているのかは、より検証が必要である。むしろ、カンボジア独自の内発的要因によるところが大きいのではないか。すなわち、カンボジア社会に歴史的に根ざす「パトロン・クライエント政治」が経済発展とともに「利権政治」の拡大につながり、それが人民党主導の権威主義化につながっているのではないか。

以下では、これらの論点について、関連情報・データをもとにより詳細に検討してみたい。

(2) カンボジアにおける権威主義化の内的要因と外的要因

近年、カンボジアの政権は権威主義体制を強化しつつある。他方で、カンボジアにおいて中国の援助の拡大や経済的関係の強化が進んでいる。第1章で、カンボジアにおける中国のプレゼンスの拡大を示す指標として、「主要ドナーによる対カンボジアODA額の推移」と「中国の対カンボジア投資額の推移」を取り上げた（第1章の図1・2）。ODA額の推移については、中国が2010年に、それまで最大援助国であった日本を追い越し、中国が最大援助国になり、その後も圧倒的なドナーである。一方、投資額の推移については、前章で述べたように、中国は2005年からカンボジアへの投資を拡大し、とくに2017年以降に急拡大しており、圧倒的に大きな投資国である。

しかし、こうした近年の中国の経済的なプレゼンスの圧倒的な拡大が、カンボジアの権威主義体制の強化に影響を与えているのかについては、より客観的にカンボジアの政治社会状況の変化を見ていく必要がある。

①カンボジアにおける人民党支配の強化

この議論を考察するためには、カンボジアの政治状況に関する説明が必要であろう。

カンボジアでは、1993年5月の第1回総選挙の結果、予想に反してフンシンペック党（FUNCINPEC：正式名称は、独立・中立・平和・協力のカンボジアのための民族統一戦線）が最大議席を獲得したが、人民党・フンシンペック党が連立政権を組んだ。1998年7月の第2回総選挙を経て、11月にはフン・センを中心とした人民党・フンシンペック党の連立政権が再び成立するが、第三党としてのサム・ランシー党も一定の組織力を持っていた。2003〜04年になっても、人民党とフンシンペック党の二大政党の連立関係は依然継続するも、地方では人民党の組織が強く、2003年7月の第3回総選挙では人民党が多数を占め、2005年の上院選挙の実施も人民党主導となった。さらに2008年7月の第4回総選挙で人民党は圧勝した（85議席獲得）。人民党の党員数は、過去四半世紀の間に急速に拡大し、党員組織率は2008年時点で人口の約36％、有権者の約59％に達した(3)。こうした圧倒的な組織率の拡大により、入党しなければ不利益を被る社会構造になってきたとされる。

2013年7月28日に第5回国民議会選挙が行われ、フン・セン首相を首班とする政権が発足した。しかし、この選挙では、人民党の得票率は48.8％にとどまり、選挙に先立ってサム・ランシー党と人権党が合流したカンボジア救国党（CNRP）が44.5％の得票率を獲得した。総議席数123のうち、人民党が68、救国党（サム・ランシー党首）が55議席と、予想に反して人民党の勢力が伸び悩んだ。この要因として、人民党政権の近年の腐敗・汚職に対する一般国民の反感が野党の救国党の票に流れたとされる(4)。

②2017年の救国党の解党命令

2017年6月の地方選挙では全体として与党・人民党がかろうじて優勢で（得票率50.8％）、救国党の得票率は43.8％にとどまったものの、都市部では野党に勢いがあった。こうした状況のなか、政権の継続に危機感を抱いた与党は、野党勢力の押さえ込みを図った。野党第一党であったカンボジア救国党に対し、2017年11月に最高裁が解党を命じ、2018年7月に実施された普通選挙では人

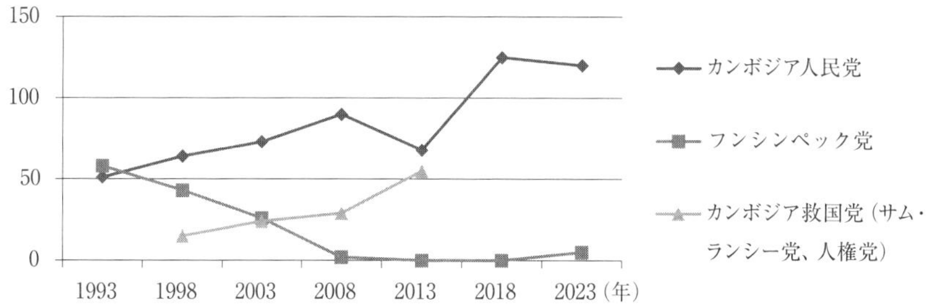

図13　過去の選挙で主要政党が獲得した議席

（出所）公式集計結果に基づき筆者作成。
（注）総議席数125。カンボジア救国党は、前身のサム・ランシー党と人権党の数字を合算しており、現在はキャンドルライト党と改称している。

写真3　2017年11月、救国党解党命令の日の最高裁判所前の警備（筆者撮影）

民党がすべての議席（123議席）を独占し、事実上の一党支配体制となっている[(5)]（図13および写真3参照）。

その後も、フン・セン首相率いる人民党の政権は、政権に批判的な言論を「フェイクニュース」として厳しく取り締まったり、政権に批判的なメディアの発行を禁止するなど、メディアの情報統制を強化している[(6)]。

2023年7月の総選挙では、旧救国党の後継政党であるキャンドルライト党が、党籍原本の不備により最高裁から参加禁止処分を受け選挙から除外された。その結果、全125議席中、人民党が120議席を獲得した。救国党の支持者の中には、投票を棄権した者も多かったと推測されるが、行き場を失った票の一定程度は、その他の野党の中でかろうじて存在したフンシンペック党に流れたと推測されるものの、フンシンペック党は5議席を獲得するにとどまった。

図13は、2023年の選挙結果を加えて作成した「過去の選挙で主要政党が獲得した議席」の変化を整理した図である。

③権威主義化の内発的要因説

第1節で言及したように、カンボジアの政治体制の近年の権威主義化は、世界全体の民主主義の後退の要因とされる外的な要因だけではなく、むしろ、カンボジア独自の構造的な政治変化であるとする見方も可能ではないか。

すなわち、「もともとあった人民党による党派主義的な国家運営が復活した」、あるいは、「フン・セン一族とその取り巻きによる地縁・血縁を中心とするパトロン・クライエント関係による支配強化である」といった説明もできる。これらは、ある意味で、カンボジア政治のある種の「先祖返り」ともいうことができるのではないか。

たとえば、カンボジア研究者であった天川直子は、「クメール社会は階層的な社会であり、パトロン・クライエント関係という主従関係によって上下方向に連鎖的に形成されている社会」であるとその著書で記述している。「派閥主義や縁故主義はカンボジアの伝統的政治風土である」との説明である（天川, 2004）。

筆者は、1992年以来、過去30年にほぼ2年に1回程度の頻度でカンボジア現地調査の経験があり、過去30年間のカンボジアの経済社会の変化を見てきたが、近年の人民党による権威主義化は、「着実な経済成長とともに拡大する経済利権を独占しようとする利権政治の強化」と見ることができるのではないかと考えている。この仮説の検証は容易ではなく、次節では、過去12年くらいの間に実施した、カンボジアの北部および南部の性格の異なる二つのコミューンでの人々の生活状況を紹介しながら、経済社会生活の変化からうかがい知ることのできる政治のあり方の一端を紹介することによって、分析の一部とすることにしたい。

4. ミクロ分析：二つの地方コミューンの事例

(1) 二つのコミューンでの実態調査

①二つの村の特徴の比較

筆者は、カンボジアの二つの村で、2011年、2016年および2022年の3度にわたって現地ヒアリング調査を実施した。二つの村は、図14に示したように、一つは南部の典型的な農村であるBa Baong村であり、もう一つは北部のアンコールワットに近いSiem Reap近郊のWat Damnak村である。後者は観光拠点に近いことから、前者よりも所得が高く、前者の農村住民の大半が農民であるのに対し、後者ではホテルやレストラン、タクシー運転手などに従事する住民も少なくない。2011年には、それぞれの村で200ずつの世帯に対して、「社会関係資本」に関するアンケート調査を実施したが、その結果の詳細については別論文「カンボジアにおける近代化と社会関係資本の変容」で整理したので

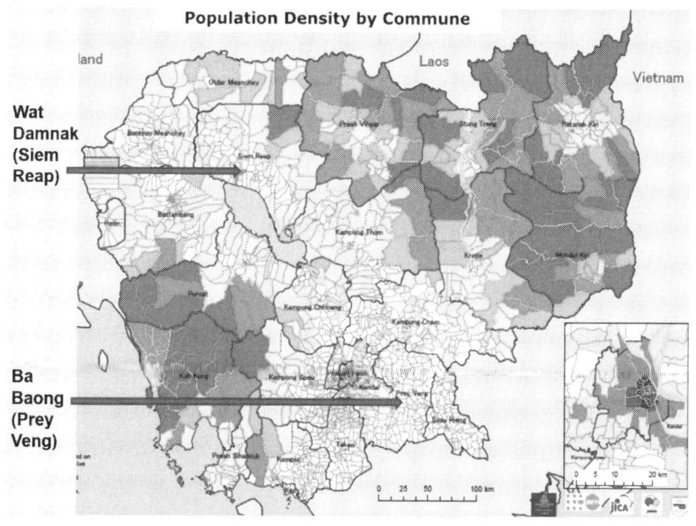

図14　アンケートヒアリング調査を実施した二つの村の位置

（出所）国連（人口密度）統計をもとに二つの対象村の位置を筆者追記。

そちらを参照されたい（稲田, 2013）。

その フォローアップ調査の目的で、2016年9月には南部のBa Baong村で追加のヒアリングを実施し、また2022年12月には、二つの村それぞれで追加ヒアリングを実施した。すなわち、二つの村において2011年から2022年の11年間に生じた変化について現地調査で確認したことになる。

②Ba Baong村の2011年から2022年の変化

南部の農村であるBa Baong村では、2011年にアンケート調査を実施し、2016年フォローアップでヒアリングを実施したが、今回（2022年12月）、その後6年間の村の状況変化についてヒアリングした結果を整理すると以下のようにまとめられる。

経済的変化

・世帯数は576から596に拡大。子どもが結婚して世帯が増えたのが大半である。貧困世帯数はカンボジア政府の世帯生計調査によれば、2017年に115世帯であったのが、2021年に122世帯とむしろ拡大した。その要因は、2020～22年のCOVID-19の拡大による商売の低迷や、燃料・肥料などの価格高騰などであると考えられる。

・2019年（コロナ禍前）まではプノンペンなどで出稼ぎするなど順調に経済成長の波に乗って所得が向上し、年収数万ドルの世帯もあり車やバイクが増加したが、コロナ禍で仕事がなくなった。土地価格も下がり（1m^{2}当たり3～8ドル程度）、コロナ禍前は銀行融資を元手に店を出す世帯もあったが、コロナ禍で商売が低迷し、今や返済が大変である。

・近くに中国の進出工場（縫製業など）があり、若い女性の雇用が拡大したが、中国縫製企業の労働収入は月200～300ドル程度（カンボジアの最低賃金ぎりぎり）と低く、野菜・魚の販売の方が儲かるとのこと。農家収入はこの2～3年、燃料や肥料代の高騰で不安定である。村は老人・子どもが大半で、若い世代が出稼ぎに出て仕送りがある。農家の多くは高齢者のみでトラクター等の機械を購入ないし借りる世帯が多い。

・この村は2011年には全体が比較的貧しい農家であったが、11年間の経済発

写真4（左）　貧困世帯
写真5（中央）スモールビジネス
写真6（右）　店舗経営
（いずれも2016年9月筆者撮影）

展の波の中で、キオスク経営などのスモールビジネスを始めたり、親戚から資金を借りて比較的大きな家を建て店舗経営をする世帯など、村の中でも貧富の格差が拡大しているのが見て取れた（写真4・5・6参照）。

政治的変化

2022年に地方選挙があったが、その地方選挙で選ばれたコミューン評議会7名の内訳は、人民党5名、野党（キャンドルライト党）2名であり、2017年にあった地方選挙の際の構成から変化がない（2017年時点では野党の名称はカンボジア救国党）。村の中でも、人民党支持の世帯と野党の支持世帯が共存しており、写真7・8のようにそれぞれの党の看板が存在する。

写真7（左）　村の中の人民党支持世帯の看板
写真8（右）　キャンドルライト党支持世帯の看板
（いずれも2022年12月筆者撮影）

なお、村長は地方選挙で選ばれるのではなく、村の中での信任で選ばれ11年前から変わっていないが、人民党員とのことである。内戦時代は、ポル・ポト時代を経てその後はヘン・サムリン政権の兵士として戦い、その時代に負った背中の銃弾の痕を見せてくれた。

③Wat Damnak村の2011年から2022年の変化

2011年末にWat Damnak村で生活状況のアンケート調査を実施したのち、2022年にその後の11年間の状況変化について村長（11年前と同一人物）にヒアリングを実施した。その概要は以下の通りである。

経済的変化

- 世帯数は、2011年に764世帯、2022年には約800世帯と増加している。観光都市に近いため、外部から職を求めて流入した世帯がある。平均月収は2011年100ドルから現在280ドル（表向きの統計数値）、全体として生活はかなり良くなった。
- その最大の要因は、観光地のため外国からのホテルやレストランへの投資の増加で地価が急騰したことであり（1m²当たり600ドル程度）、土地の一部を売って大きな家に建て替えたりホテル建設をする世帯が多数存在。実際、大きな立派な家やホテル・コンドミニアムが建ち並んでいる（写真10）。なお、カンボジアでは外国人が不動産を所有することは法律で禁じられているため、カンボジア人の名義で売買がなされており、中国資本が多いが、欧米人の観光客も多いため欧米の資本も少なくない。
- この村はもともと村の基礎的インフラが比較的整備されていた。たとえば、2011年時点で電気が来ていたため、各世帯には電動の給水タンクがあり、また道路は舗装され側溝もあった（写真9）。この村の住民は元公務員の人々が多く、与党の人民党との関係が強く、中央からの予算を比較的容易に得ることができたためだと推測される。2022年時点では、電力供給が安定し停電も減り、また2021年には下水路も整備されたとのことである。

写真9（左）　もともと比較的整備された町並み（2011年9月）
写真10（右）立派な住宅やホテルが建ち並ぶ地域に変貌（2022年12月）
（いずれも筆者撮影）

政治的変化

この村は以前（2011年）から、人民党が完全に支配する地域である。2022年7月に地方選挙があり、11人の評議員全員が人民党であり、人民党支配の状況は11年前と変わっていない。村役場と人民党支部と地元警察の建物が隣接して存在しており、これらが一体となって村の運営をしている実態が如実に現れている（写真11）。これは2011年から不変であり、村役場は改築・増築され、建物・施設全体が立派になっていた（写真12）。

写真11（左）　同じ場所に村役場・人民党支部・警察が同居
写真12（右）　改築・増築された村役場に集まる住民
（いずれも2022年12月筆者撮影）

(2) カンボジアの「社会関係資本」の特徴

図15は、2011年に二つの村のそれぞれで実施した、「社会関係資本」に関するアンケート調査結果をまとめたものである。それぞれ二つの村のランダムに選んだ200世帯ずつに、「困ったときに信頼するのはどこ（誰）ですか、信頼する相手にYesと答えてください（複数回答可）」という質問をし、その回答を集計したものである。すなわち、数値が高いほど、「信頼度」が高いということを示す。

この質問回答結果だけではなく、その他のアンケート結果やヒアリング調査の結果を総合的に分析していえることは、以下のような点である。

①人々が生計・生活を維持する上で困難に直面したとき、カンボジアの社会支援システムはいまだ非公式なネットワークに依存。とりわけ家族と親族に頼っている。
②家族・親族に対する依存度の高さと村・政府関連機関（軍や政党はもとより村評議会・警察・宗教組織・近隣コミュニティも）への信頼度の低さが顕著である。

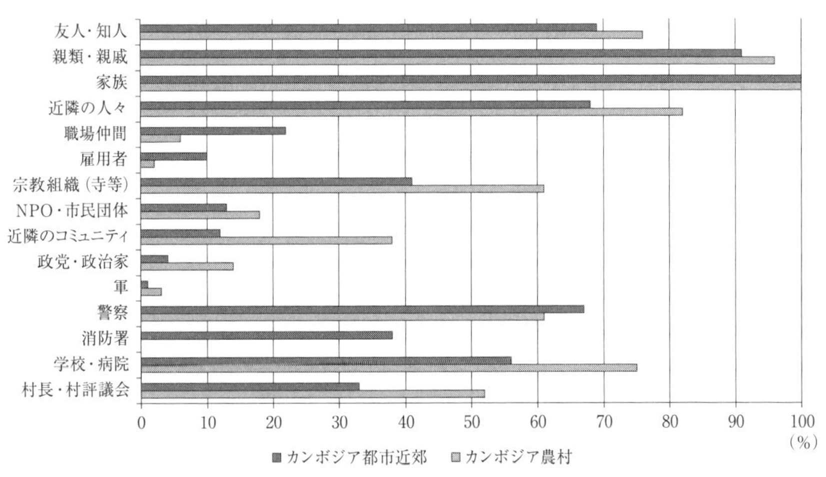

図15　アンケート調査に見る都市近郊と農村の「信頼度」

（出所）稲田（2013: 160）。

職場仲間・雇用者・市民団体といった近代社会的な主体に対する信頼度が低いのは、そうした「市民社会」が未成熟であることを示している。

③「伝統的社会関係資本」（結束型）と考えられるのは家族・親族関係や村の相互扶助、宗教儀式など。これらはカンボジアにおいて、とくに農村において依然として強く残存している。こうした地縁・血縁を中核とした「伝統的社会関係資本」は農村で顕著であり、それは、パトロン・クライエント関係を核とする政治が色濃く残存していることをも示していると推測される。

④「近代的社会関係資本」（橋渡し型）としては、国民生活への政府機関や政党の関与などがあげられ、より市民社会的な新しい社会関係資本として国内外のNGOや民間企業による活動やそれが果たす役割があげられるが、それらはまだきわめて弱い。

⑤人々は国家による枠組み（行政や政治）に関してきわめて警戒的である。その大きな原因の一つは、ポル・ポト時代の既存の社会制度の破壊の傷跡であると推測される。

⑥給水や電気などの生活インフラは次第に改善され、雇用機会も増えてきてはいるが、グローバル経済の波の中で、雇用機会や商売によって村の中でも貧富の格差が生み出されるようになっている。それだけでなく、外国資本の流入によって土地バブルの恩恵を受けた地域や住民と、それらの恩恵を受けなかった地域・住民との間の所得格差は尋常ではないレベルに達している。それらの貧富の格差の拡大は、そうした利権にあずかれる人々とそれに不満を持つ人々の対立を生み出してきており，それが人民党と野党との間の対立の拡大となって現れているように思われる。

5. 結論と含意

(1) カンボジアの権威主義化（民主主義の後退）の要因

カンボジアが権威主義化した時期と、中国がカンボジアへの最大の援助国となった時期は並行して生じている現象ではあるが、近年顕著になってきたフン・セン政権の強権的な姿勢が、中国の援助拡大とどの程度関係しているのかを判断するのは容易ではない。因果関係はもっと複雑である。

全体的に見ると、カンボジアにおける中国の経済的プレゼンスの急拡大と、第1章で指摘した国際援助協調体制の衰退（A)、そして、カンボジア人民党による権威主義政治の強化（B）が、2010年頃から同時進行している。ただし、(A）と（B）の現象に共通する重要な要因として中国要因があげられるが、それ以外の背景要因もある。

前者（国際援助協調体制の衰退：A）については、カンボジアのみならず世界的な国際援助協調の衰退を招いた国際的要因、すなわち、米国・英国など欧米主要国の保守化・内向化や、約10年の経験を経て援助協調の成果が十分に上がらなかったことで援助協調に関する熱意が低下したこと、などの要因にも目を向ける必要がある。そして後者（権威主義政治の強化：B）については、カンボジアの政治・社会に歴史的・継続的に存在してきた構造的要因に目を向ける必要があろう。

① 中国要因

1990年代、カンボジアへの主な援助国は日本と欧米諸国だった。カンボジアの場合、国際機関を含む欧米のドナーは、援助供与の際に考慮すべき要素として、民主的な制度や手続き、人権の尊重、腐敗防止策を重視し、ガバナンス改革の一環としてこうした要素の改善を求めてきた。1993年から2000年代にかけては、経済復興や国の再建のために国際社会、とくに欧米の援助国や国際機関からの支援が不可欠であり、カンボジア政権も民主化要求の圧力を無視することはできなかった。

とくに2000年代に入って、カンボジアは着実な経済発展を遂げてきた。同時にこの時期は、中国の経済的・政治的影響力が急速に高まった時期でもある。中国からの投資は2005年頃から急増し、ODAについても2010年には日本を抜いて中国はカンボジアへの最大の援助国となった（第1章の図1参照)。2000年代後半に中国の影響力が拡大すると、与党・人民党のフン・セン首相は、人権問題の改善を求める国連機関や、フン・セン一族による違法森林伐採を糾弾するNGOを追い出す行動に出た。

フン・セン首相と人民党がこのような独裁的な行動をとるようになった背景

には、2010年以降、中国への援助や投資への依存度が高まったことがあるといえる。中国が内政不干渉の原則のもとで多額の援助を供与することは、中国がそれを意図していたとまではいえないが、国際的な外交圧力を無力化する副次効果を有したことは間違いない。

また、中国関連事業において、事業の実施や受注のために、カンボジア政府の権限のある監督・規制官庁の高官・担当者などに賄賂を渡すことをいとわない中国企業のビジネス慣行が、カンボジア政治における腐敗の温存につながってきた可能性も否定できないであろう。開発プロジェクトの契約や許可を得るために、中国企業が相手国の役人に賄賂を提供するビジネス慣行があることを示す、いくつかのミクロレベルの証拠を見つけることができる。

②内発的要因

1992年以来約20年間、米国、欧州諸国、国際機関などの伝統的な援助国は、カンボジアにおける民主的制度の定着と強化を支援してきた。しかし、上記のように、その後の中国の援助拡大が、カンボジア政府に対する伝統的な援助国の民主化圧力を弱めた面があることは否定できない。

しかし、少数の特権政治家と権限を持つ官僚が経済利益を独占する傾向、広く蔓延する汚職は、カンボジアの政治と社会における伝統的な構造的要素であり、カンボジアが完全独立した1953年以来、指摘されてきたことでもある。独立後、1970年までは王政による支配体制が続くが、そのもとでも同様な指摘はあった。その後、ロン・ノルによるクーデター、クメール・ルージュによる全国支配、ヘン・サムリン政権による権力奪取・内戦と混乱する時代が続くが、中国の経済的プレゼンスの増大は、近年指摘されるカンボジアの権威主義化の主要因ではないかもしれない。

もちろん、大量の中国関連プロジェクトによって汚職が深刻化し、急速な経済発展によって経済的な利権が拡大し、レント・シーキング政治が深刻化した可能性は否定できないが、そうした汚職構造やパトロン・クライエント関係に基づく政治・社会構造は、カンボジアには古くから存在していた。中国が「内政不干渉」の原則を守りながら、カンボジアへの最大の援助国として登場したことは、もともと存在していたパトロン・クライエント関係や1975年以降の社会主義的な国家運営に基づく政治・社会システムの復活と見ることもできよう。言い換えれば、それは一種の「カンボジア政治の伝統的な様式への回帰」と見ることができる。

すなわち、フン・セン政権や与党である人民党を中心とする権威主義体制の強化は、着実な経済成長に伴って拡大する経済的利益を独占しようとする「レント・シーキング政治」の強化と見ることができる。不透明な開発プロジェクトの手続きや汚職といった問題は、もともとはカンボジア国内の政治システムの問題から派生したものである。国外（外部ドナーなど）からの政治への影響やインパクトは軽視できないものの、本来は国内からの対応・対策として、民主的な政治チェック機構が整備されることが重要である。

一方、「権威主義開発体制」が開発を効率的に進める一つの道であるという考え方も、かつて1960年代から80年代にかけてないわけではなかったが、近年では東南アジアの多くの国が紆余曲折を経ながらも民主的な社会に向けて努力している。また、開発を進めていく過程で、国民・住民の意見の尊重や腐敗・汚職を防止するメカニズムとして、議会やメディア・市民社会によるチェック機能は不可欠であり、「債務の罠」に陥るリスクを軽減する観点でも、民主的な政権交代や議会・マスメディア等のチェック機能は重要であろう。

(2) 日本の近代化との比較の視点

最後に、カンボジアの「近代化」と社会変容を考える際に、日本の「近代化」に伴う社会変容の歴史との比較の視点を追記しておきたい。

日本自身、19世紀後半の幕末の混乱期と明治維新を経て20世紀初頭にかけて急速な（西洋的）近代化と社会変容を経験してきた。日本も米作を中心とする農村社会と武士を中心とする階層社会が基盤にあったが、西洋的近代化とともに社会の大きな変容を経験した。

約1世紀前の20世紀初頭の国際経済は、実は経済のグローバル化が急速に進んだ時代であったといわれている。GDPに占める貿易（輸出入）額の比率は欧米諸国間だけでなく世界全体の統計で50%を超えていたとされるし、当時の日本もそうしたグローバル経済の波の中で、生糸や織物等の生産・輸出が増えるとともに工場労働者層が拡大し、社会運動や市民意識も台頭してきた。

カンボジアが20世紀後半の独立前後以来経験している社会変化は、日本が幕末や明治維新以来20世紀を通して経験した社会変化に相当するのではないか。カンボジアが独立した1953年から国連統治下に置かれた1992年までの約40年間は、日本の幕末から第二次世界大戦を経て連合軍に占領された1951年頃までの約80年間に相当し、1993年の選挙以降、過去30年のカンボジアの新しい国づくりの過程は、日本の第二次世界大戦後の1951年以降の新たな民主主義体制のもとでの国の再建の時期に相当すると考えることもできる。そのようにとらえると、カンボジアの過去50年間の近代化のプロセスは、日本が幕末以来経験してきた急速な近代化と社会変容の100年以上（約150年）に及ぶ近代化過程を、およそ3倍くらいのスピードで経験しているようなものだといえるのではないか。

日本もカンボジアも、その近代化過程は「内発的」というよりは、グローバル経済の巨大な波に飲み込まれる中での急速な社会変容のプロセスであった。日本社会もまだまだ伝統的な農村社会の要素を残しながらも、急速な西欧的近代化を遂げてきた。その過程では戦争の混乱もあったし、米国による占領下での「上（外）からの近代化」の圧力も経験した。カンボジアも、まだまだ色濃く農村社会の性格を残しながらも、グローバル経済の波の中で急速な社会変容を経験している。急速な経済発展による社会のひずみや政治的な混乱も、今まさに直面している最中である。

こうしたカンボジアの社会が経験している急速な近代化の社会変容を、中・長期的な視点で冷静にとらえながら、カンボジアにいかに関わるべきかについて考えることも重要だと思われる。

注記

(1) 以下の図5から図9は、2020年の論文（稲田, 2020）に掲載したものを、最新データを追加して更新したものである。

(2) 2018 update of the Polity IV dataset (annual time series) より。

(3) 山田裕史（2011）「国連暫定統治後のカンボジアにおける民主化と平和構築の再検討」

日本国際政治学会・2011年度研究大会・部会8「紛争後の国家建設と民主的統治」(2011年11月12日）報告論文、10-11頁。

(4) 2013年の選挙に際して、40以上のNGOが参加するプラットフォームが設置され、組織的な連携が実現したことも指摘されている（植村, 2014)。

(5) 2018年選挙では、カンボジア人民党以外に、フンシンペック党、民主主義同盟党、クメール未来党が選挙に参加したが、人民党の得票率84.5%に対して、それぞれ6.5%、5.3%、3.7%であり、議席獲得はできなかった。

(6) *Cambodia Daily*の発行を禁止し、*Phnom Penh Post*や*Khmer Times*（いずれも英字新聞）は存続しているが、政権に批判的な記事を発表した編集長などが更迭された。

参考文献

阿曽村邦昭編（2023）『カンボジアの近代化』文眞堂。

天川直子編（2004）『カンボジア新時代』日本貿易振興会アジア経済研究所。

稲田十一（2013）「カンボジアにおける近代化と社会関係資本の変容」『専修大学・社会関係資本研究論集』第4号。

稲田十一（2014）「新興ドナーとしての中国の台頭と東南アジアへの影響」、黒柳米司編『米中対峙時代のASEAN』明石書店、第3章。

稲田十一（2020）「ドナーとしての中国の台頭とそのインパクト――カンボジアとラオスの事例」、金子芳樹・山田満・吉野文雄編『一帯一路時代のASEAN――中国傾斜の中で分裂・分断に向かうのか』明石書店、第7章。

稲田十一（2022）「カンボジア開発過程への中国の影響――国際援助協調の衰退と権威主義化の連動の分析」『専修大学社会科学年報』第56号。

インターバンド（2023）『2023カンボジア総選挙・選挙監視活動報告書』NPO法人インターバンド。

植村未来（2014）「2013年カンボジア総選挙における市民社会の戦術転換」『アジ研ワールド・トレンド』No.219。

末廣昭・大泉啓一郎・助川成也・布田功治・宮島良明（2011）『中国の対外膨張と大メコン圏（GMS）／CLMV』東京大学社会科学研究所。

湊一樹（2020）「民主主義指標にみるアジア諸国の民主主義の現状」『アジア研究』(Vol.66, No.2、特集：アジアで民主主義は後退しているか？)。

宮沢和正（2020）『ソラミツ――世界初の中銀デジタル通貨「バコン」を実現したスタートアップ』日経BP。

Barro, Robert J. (1999), "Determinants of Democracy," *Journal of Political Economy*, Vol.107, No.6.

CDRI (2011), *Assessing China's Impact on Poverty Reduction in the Greater Mekong Sub-region: The Case of Cambodia*, CDRI (Phnom Penh).

DfID (2006), *Drivers of Change: Refining the Analytical Framework: A Framework for Political Analysis*, DfID (London).

Diamond, Larry and Mark F. Plattner (eds.) (2015), *Democracy in Decline?* (Journal of Democracy), Johns Hopkins University Press (Washington D.C.).

Diamond, Larry, Mark Plattner, and Cristopher Walker (2016), *Authoritarianism Goes Global: The Challenge to Democracy*, (Journal of Democracy), Johns Hopkins University Press (Washington D.C.).

Diamond, Larry (2019), *Ill Winds: Saving Democracy from Russan Rage, Chinese Ambition, and American Complacency*, Penguin Press.（ラリー・ダイヤモンド著、市原麻衣子監訳（2022）『浸食される民主主義――内部からの崩壊と専制国家の攻撃』勁草書房。）

Greater Mekong Subregion Development Analysis Network (2014), *Inclusive Development in the Greater Mekong Subregion: An Assessment*, A GMS-DAN Publication (Phnom Penh).

Halper, Stephan (2010), *The Beijing Consensus: How China's Authoritarian Model will Dominate the Twenty-first Century*, Basic Books.

Hossein, Jalilian (ed.) (2013), *Assessing China's Impact on Poverty in the Greater Mekong Subregion*, Institute of Southeast Asian Studies (Singapore).

Hughes, Caroline and Tim Conway (2003), *Understanding pro-poor political change: the policy process Cambodia*, Overseas Development Institute (London).

Human Rights Watch (2015), *30 Years of Hun Sen: Violence, Repression, and Corruption in Cambodia*, Human Rights Watch.

Leftwich, Adrian (2008), *Developmental States, Effective States and Poverty Reduction*, UN Research Institute for Social Development.

Levitsky, Steve and Lucan Way (2015), "The Myth of Democratic Recession," in Larry Diamond, *Democracy in Decline*, Johns Hopkins University Press, pp.58-76.

OXFAM (2014), *Political Economy Analysis of Civic Space in Cambodia*, OXFAM (Phnom Penh).

Paris, Roland and Timothy D. Sisk (2009), *The Dilemmas of Statebuilding: Confronting the Contradictions of Postwar Peace Operations*, Routledge.

Robinson, Mark and Gordon White (eds.) (1998), *The Democratic Developmental State*, Oxford University Press.

Schedler, Andreas (ed.) (2006), *Electoral Authoritarianism: The Dynamics of Unfree Competition*, Lynne Rienner Publishers.

Sivhuoch, Ou and KIM Sedara (2013), *20 Years' strengthening of Cambodian Civil Society: time for reflection*, CDRI Working Paper Series No.85.

Strangio, Sebastian (2014), *Hun Sen's Cambodia*, Yale University Press.

Unteroberdoerster, Olaf (ed.) (2014), *Cambodia: Entering a New Phase of Growth*, International Monetary Fund (USA).

Walker, Christopher and Jessica Ludwig (2017), "From Soft Power to Sharp Power: Rising Authoritarian Influence in the Democratic World," in *Sharp Power: Rising Authoritarian Infuluence*, National Endowment for Democracy.

World Justice Project (2023), *Rule of Law Index*, World Justice Project (Washington D.C.).

Woo Cummings, Meredith (ed.) (1999), *The Developmental Sate*, Cornell University Press.

第2部

アジアのインフラ開発と日中の競合

第2部では、アジアのインフラ開発をめぐる中国と日本の競合の状況を主たるテーマとして取り上げる。第二次世界大戦後のアジアのインフラ開発では、歴史的には日本が大きな役割を果たしてきた。しかし、2000年を越えるあたりから中国の台頭がめざましく、とくに2013年に「一帯一路構想（Belt and Road Initiative: BRI）」を打ち出したあとは、中国の交通インフラやエネルギー・通信分野での進出が顕著であり、全体的に日中の役割交代が見られる。

そうした中で、とくに日本政府が近年主張しているのが「質の高いインフラ」である。中国のインフラ支援は、価格が安くかつ工期が短く、競争入札になると日本企業が受注できない事例が多くなる中で、中国のインフラ事業は「早い、安い、しかし質はあまりよくない」ということを強調するような論理である。現実には中国のインフラ建設の質は決して低いとはいえないけれども、その事業の進め方、とくに情報の透明性や説明責任、あるいは、事業にあたっての環境や住民移転などの社会配慮に問題があるといった点が指摘されてきた。また、近年は、「一帯一路」以降、中国のインフラ関連の融資が急拡大し、借り入れ国の途上国政府が債務の返済に窮して、運営権を中国側に渡したり、返済猶予を求めざるを得ないなどの債務問題が国際的にも大きな課題として取り上げられるようになっている。

途上国でのインフラ整備にあたって「質の高いインフラ」や「債務持続性」といった国際規範が強調される中で、中国は「国際規範の破壊者」といった位置づけで受け止められてきたように思われるが、近年、中国自身もこうした国際規範への歩み寄りの姿勢が見られないこともない。

以下では、まず第3章で、アジアのインフラ開発をめぐる日中の競争と競合の全般的な状況を整理し、いくつかの国の特定の分野のインフラ支援の現実の状況を取り上げる。具体的には、とくに鉄道案件に関してフィリピン事例について、道路・港湾整備に関して東ティモールについて言及する。

第4章では、とくにスリランカの事例に焦点を当てる。スリランカでは、ラジャパクサ大統領の時代に中国が支援したハンバントタ港の整備事業について、やがて債務の返済に窮し、整備した港の運営権を99年間の期限で中国企業に渡すことによって債務の一部削減を行ったことから、「債務の罠」ではないかという国際的な批判が高まったことでも知られる。第4章では、スリランカのインフラ整備における中国の台頭の状況や背景、日本との比較、債務問題の対応状況や課題などについて分析整理した。

また、第5章では、ミャンマーのミッソンダムの事例を取り上げる。中国はミャンマーにおいて、とくに軍事政権下で大きな経済的プレゼンスを示してきたが、ミャンマーにおける巨大インフラ整備事業の典型的な事例の一つが、ミャンマー北部のカチン州で建設されつつあったミッソンダムである。この水力発電を目指したダムは軍事政権下の2009年に着工されたが、環境への影響の懸念や地元周辺住民の反対などを受けて、2011年に工事が中断され今日に至っている。中国のインフラ事業の「質」に関連する典型的な事例として、2020年に実施した現地調査をもとに、その問題状況とともに、中国がこうした事例の頻発を受けて、より「質の高いインフラ」に向けて、その姿勢や政策を変化・改善させてきたことを論ずる。

日本国際問題研究所で2020年度から2022年度までの約3年間、「経済と安全保障のリンケージ」と題する研究会が組織され、第3章は2023年3月にその研究会の最終報告書で執筆した報告論文がもとになっている。内容的には、フィリピンについては、2019年度に外務省「対フィリピン国別ODA評価」の評価主任として、同年10〜11月に実施したフィリピンでのヒアリングなどの現地調査を参考にしている。また、東ティモールについては、独立直後の2002年夏以降、10回程度の現地調査の経験があり、直近では2022年5月に、ラモス・ホルタ氏が新大統領に就任した際の大統領就任式に参加し、その際に第3章で取り上げる国道1号線をはじめいくつかの事業を実査した。

第4章のスリランカについては、2019年に専修大学社会科学研究所の現地調査としてコロンボ港などを視察、2020年には外務省ODA評価室の「個別案件の評価」としてトリンコマリーの港湾整備事業の評価チームの評価主任として関わり、その報告書で記載した「所感」の一部も記載した。

第5章は、2020年2〜3月に実施した、ミャンマー北部のカチン州で大きな問題となっていた中国支援のミッソンダムに関連した現地調査に基づくものである。なお、2021年2月、ミャンマーでは軍部による一方的な政権奪取が強行され、NLD（国民民主連盟）が主導してきた民主化後の政権は軍部によって取って代わられた。そのため、2020年に実施したミャンマーでの現地調査は、現時点では置かれた状況が異なってしまっているが、当時のまだ現地調査が実施できた時期の記録として、原則としてそのまま記載することにした。

第3章

アジアのインフラ開発をめぐる日中の競争と協力

はじめに：途上国のインフラ開発を見る視角

開発途上国の経済発展や国際開発を推進する上で、インフラ建設は最も重要な要素の一つである。また、そのための資金をどのように工面するかは国際開発の重要テーマであり続けてきた。

近年、こうした開発途上国のインフラ建設のための資金を提供するドナーとして急速にその存在感を高めてきたのが中国である。中国政府は2013年に「一帯一路構想（BRI）」を公表し、2017年に公式の政策とした。その後、鉄道・道路・港湾・空港などの「連結性（connectivity）」に関連する運輸・交通インフラを中心に、その開発資金の供給を拡大してきた[(1)]。中国の融資と企業による途上国でのインフラ事業が急拡大する状況を受けて、欧米からは、中国の途上国への経済協力の拡大は自国の経済利益を追求するものであり、新重商主義あるいは新植民地主義的であるとの批判がなされている。他方で、こうしたアプローチは途上国の開発に資するものだとの議論もあり、こうした論争は、1970年代に日本の途上国への経済協力の拡大に対してなされた議論を彷彿とさせるものである。

一方、近年、途上国のインフラ建設支援を「経済安全保障」の観点から再検討する考えもある。ただし、「経済安全保障」は万が一の際に物流などが途絶した場合のリスクを想定するが、途上国のインフラ建設支援はむしろ「経済開発」という観点に加え「経済的利益の拡大」「ビジネス上の競争」の観点から議論されるのが普通であり、近年、後者の観点からの議論が高まっている。これは、途上国でのインフラ建設を広義の「Economic Statecraft」の観点からとらえる見方というべきかと思われる。その場合、政府主導でインフラ輸出を支援することが、そうした「経済的利益の拡大」「ビジネス上の競争」を有利に進める上で本当に有効かという点も検討しておくべき課題であろう。

他方、国際的な製造・流通のサプライチェーンや連結性の維持・確保は国の「総合安全保障」の観点から重要であるとの議論は、1980年代からある。途上国でのインフラ建設支援が中国とその国との外交的な関係強化につながっているという議論は以前からあるが(2)、それだけでなく政治・安全保障上の観点からは、開発途上地域の港湾・電力・鉄道・通信などのインフラに対する支配力は、平時における政治的影響力とも密接に関連し、また万が一の有事の際には政治的圧力のツールとして軍事的意味も持ちうるとの見方もある。ただし、途上国地域でのインフラ建設への支援が有事における戦略的意義の観点からどのような意義を持つかについては議論が煮詰まっているとは言いがたく、また具体的な実証的分析は、いくつかのシミュレーションの試みはあるものの、実際に有事になってみないことには予測不可能な面があり、なかなか困難である。

1.　日中欧米のインフラ輸出戦略

(1)　中国のインフラ輸出の拡大：BRI

中国の経済協力の拡大は、単に中国政府による対外援助支出の拡大に限定されるわけではなく、外交部・商務部の無償・無利子借款、中国輸出入銀行などによる優遇借款の拡大（1994年以降）なども含め、援助だけでなく、貿易、直接投資、対外経済合作契約の拡大が同時に進行し、それが中国の外貨準備の拡大にもつながっている。中国の多くの援助・融資案件が、中国企業が請け負うことが義務づけられている「中国企業タイド」であり、こうした経済協力のあり方を「三位一体」、あるいは海外での中国人工事労働者の拡大とあわせて「四位一体」の海外進出と呼ぶこともある（稲田, 2013）。

他方で、とくに2013年に「一帯一路構想」が打ち出されて以来、中国による途上国地域での産業・経済インフラ関連事業が拡大しており、これは途上国にとっては多様な資金源の追加あるいは選択肢の拡大として歓迎されている側面もある。

また、インフラ資金提供国としての中国の急速な台頭は、それまでの国際開発金融の秩序を攪乱する側面も含むものである。近年では、中国の開発途上国のインフラ建設のための資金提供は、その融資条件が不透明であり、被融資国の「債務の罠」につながってきているとして問題視する議論も出ている（Parker & Chefitz, 2018）。

（2）日本政府のインフラ輸出戦略

開発途上国へのインフラ輸出は、歴史的には日本企業に競争力があり、とくに1960〜70年代は、日本政府のODA供与の支援を受けながら、港湾・発電所・道路・鉄道・電話網など数多くのインフラ事業を実施してきた。しかし、1970年代になると、日本政府（とくに当時の通産省）は「貿易・投資・援助の三位一体」のインフラ開発は途上国の開発促進の有効なアプローチであるとの主張をしたものの、欧米からは「新重商主義」的な自国の経済利益増進のツールであるとの批判を受け、1976年に円借款は原則アンタイドとされた。

そうした状況の中でも、日本は、1970年代から2000年代まで、とくにアジアの交通インフラ分野（近年ではこうした分野を「連結性（connectivity）」の強化という観点からとらえることが多い）で、大きな存在感を示してきた[(3)]。しかしながら、2000年代後半以降、中国のとくにインフラ分野でのドナーとしての急速な台頭を受けて、日本の存在感は次第に低下しつつある。とくに価格面での安さや実施のスピーディーさなどの点において、中国のインフラ投資の競争力に太刀打ちできない事例が増えてきた。

そのため、日本政府はインフラ輸出を促進する政策をとってきた。具体的には、たとえば、2013年3月には、内閣官房に「経協インフラ戦略会議」が設けられ、同年に「インフラシステム輸出戦略」を策定した。それを受けて、日本企業の海外展開を推進するために官民一体の戦略的対応やインフラ輸出に直結する公的支援ツールの強化、日本のインフラ輸出のトップセールス、各種公的支援制度の整備・改善などを通じて、日本企業の海外インフラ案件の受注機会を拡大する努力をしてきた。

2021年には、政府の「インフラシステム輸出戦略」において、今後5年間の新たな目標を掲げ、これまで対象としてきたインフラ分野である電力、鉄道、情報通信、農業・食品、環境など14分野に加え、複数の関連サービスを一括で提供する事業モデルや、インフラを通じてサービスを提供するソフトウェア・アプリケーション等も追加対象候補として明記した(4)。受注実績は、2010年の10兆円を基準として2020年に約30兆円の受注を獲得するとの目標に対し、2013年に約15兆円、2015年に約20兆円、2018年に約25兆円と増加基調を維持しており、こうした戦略は一定の成果を上げてきたとする見方もある(5)。

また、国際社会のインフラ開発に関する議論の場においても、2015年5月には「質の高いインフラパートナーシップ――アジアの未来への投資」を発表し、2016年5月には「質の高いインフラ投資の推進のためのG7伊勢志摩原則」を主導して、「質の高いインフラ」の重要性を国際的に訴えてきた。その結果、2019年6月のG20大阪サミットでは本格的な議題として取り上げられることになり、「質の高いインフラ投資に関するG20原則」が承認されるに至った。同原則の具体的内容として、以下の6項目があげられている。①持続可能な成長と開発へのインパクトの最大化、②ライフサイクルコストから見た経済性、③環境への配慮、④自然災害等のリスクに対する強靭性、⑤社会への配慮、⑥インフラ・ガバナンス（調達の開放性・透明性、債務持続可能性等）、である。

他方、日本政府は当初、中国の「一帯一路構想」に対して積極的な姿勢を示していなかったが、安倍首相（当時）は、2017年5月に北京で開催された「一帯一路・国際協力フォーラム」に政府代表団を派遣し、同年6月には東京で「一帯一路構想」に対して以下のような条件付きで支持を表明した。すなわち、「一帯一路が自由で公平なアジア太平洋地域の考え方と調和したものであること、インフラへの開放されたアクセスや透明かつ公平な入札方式を採用すること、経済的・金融的に返済可能なプロジェクトを支援すること」等である。

以来、日本政府は、第三国における日中企業間の共同事業を進めるにあたっては、①プロジェクトの経済合理性、②開放性、③透明性、④借入国の債務持続可能性、の4条件を満たすことが必要だとする立場を繰り返し示している。国際社会で広く共有されている考え方に留意し、「質の高いインフラ」が正当に評価され、相手国に導入されやすい環境整備を図るべく、「質の高いインフラ」の国際スタンダード化を推進するとしている。

(3) 欧米によるインフラ支援対抗策

中国の世界的なインフラ建設分野での存在感の拡大に対抗して、欧米各国もそれぞれ独自の国際的なインフラ建設を支援するイニシアティブを打ち出してきている。

たとえば、2021年6月のG7会合で、米国は「Build-Back-Better World」構想を表明し、これは2035年までに4兆ドルの資金を目標にインフラに投資するというもので、とくに「Blue Dot Network」と称する環境・気候変動や労働・社会基準などの分野に重点がある。また、2021年11月のCOP26会合では、英国が「Clean Green Initiative」と称して環境関連の「clean infrastructure」事業に対して5年間に30億ポンドの規模の支援を行うとしている。さらに、2021年12月には、EUが「Global Gateway」と称して、2021～27年の期間に合計3000億ユーロ規模で「smart clean secure investment」を支援する構想を打ち出した。これらのインフラ建設支援構想に共通するのは、デジタル・環境・エネルギーなどの今後の成長分野への投資に重点が置かれていることであり、ODAにとどまらず民間資金の動員を含み、また、透明・公正な手続き・国際ルールを重視している点である。

2021年12月には、英中部のリバプールで先進7カ国（G7）外相会合が開かれたが、討議を総括した議長声明では、民主主義や国際秩序の擁護を訴え、インフラ投資で途上国に多額の借金を負わせ、債権国として影響を強める中国への懸念が強調されている。ASEAN（東南アジア諸国連合）各国の外相を招いた初の拡大会合も開かれ、トラス英外相（当時）の議長声明要旨では、「インフラプロジェクトは、経済成長と持続可能な開発を支援し、将来の産業の雇用創出とともに、持続可能で弾力性があること」を指摘している。

2. ASEANに対する主要ドナーの開発資金供与の動向

オーストラリアの有力シンクタンクであるローウィ研究所（Lowy Institute）

が、2023年7月に「東南アジア援助マップ」というレポートを作成し、そこで東南アジア（ASEAN10カ国と東ティモール）への開発資金の詳細なデータ集を公開している（Dayant et al., 2023）。東南アジア諸国の多くはまだ開発途上であり、域外からの開発資金の支援は経済発展にとって依然としてきわめて重要であり、資金需要も膨大である。

この統計の「政府開発資金（ODF）」には「ODA（政府開発援助）」だけでなく「OOF（その他政府資金）」を含めており、そのため、正確なODA統計を把握しにくい中国からの資金について、中国輸出入銀行や中国開発銀行などの国営政策融資機関の非譲許的融資を含めた一体的な統計を見ることができる（中国資金の約5%のみがODA相当資金とされる）。統計データは2015年から2021年までの7年間の数値である。

その統計によれば、東南アジア11カ国への域外からの政府開発資金（支出金額）は、2015〜21年全体の数値としては約2000億ドル、そのうち中国の比率が19%、アジア開発銀行（ADB）16%、世界銀行14%、日本14%、韓国10%、その他（独・米・豪・仏・EU等）27%となっている。中国の比率が高いことがわかるが、世界銀行やADBなどの伝統的国際機関の比率もかなり高い。なお、コミットメントベースの数値では合計約2980億ドルで中国が全体の32%を占めているが、中国の場合はコミットしたものの実績額の比率がかなり低いのが、他のドナーと比較した際の特徴の一つである。また、中国の開発資金の大半はインフラ（とくに交通分野とエネルギー分野）である。

これら主要ドナー（中国、日本、世界銀行、ADB）の2015年から2021年までの東南アジア11カ国に対する各年別の支援額を整理したのが図1である。これを見ると、2019年以降、中国の比率が下がっており、むしろ世界銀行やADBの資金供与額が大きいことがわかる。日本は世界銀行とほぼ同レベルである。中国の資金供与が近年低下している背景には、マレーシアやミャンマーなどで大型案件の見直しが相次ぎ、全体として新規融資に慎重になっていることがあると見られる。

東南アジア11カ国の中で、この期間（2015年から2021年まで）に政府開発資金の受け入れ国として金額が大きいのは、インドネシアが最大で699億ドル、次いでベトナム356億ドル、フィリピン314億ドル、ミャンマー172億ドル、

図1　東南アジア11カ国に対する主要ドナーの政府開発資金（ODF）供与額の推移（2015〜21年）

（出所）Dayant et al.（2023: 3）より引用（seamap.lowyinstitute.org）。
（注）支出額、2021年の米ドル基準。

カンボジア133億ドル、ラオス110億ドル、以下、タイ、マレーシア、東ティモールの順で、シンガポール、ブルネイはごくわずかである。

このうち、インドネシアでは中国資金の比率が21%、世界銀行17%、ADB16%、韓国11%、日本9%となっている。一方、ベトナムでは韓国と日本がそれぞれ21%、世界銀行20%、ADB12%、中国7%、フィリピンにおいてはADB34%、世界銀行24%、日本17%で、中国については巨額の支援表明（2016年に当時のドゥテルテ大統領が中国を訪問した際に総額約90億ドルの支援の表明がなされた）はあるものの、とくに非譲許的資金の実績額が不透明であるため実績額の数値はきわめて低い（約1%）。これら両国において実際に供与された政府開発資金における中国の比率がかなり低いのは、中国との南シナ海をめぐる外交問題の影響もあると考えられる。また、ミャンマーではこの期間全体で見ると日本が25%、中国13%、世界銀行8%、米国7%、英国6%であり、2012年の民主化以前の軍事政権下で最大支援国であった中国の資金供与は、2018年以降急減している。

他方、カンボジアでは中国が32%、日本12%、ADB10%、フランス7%、米国7%となっており、またラオスでも中国が58%、日本が5%と、両国では中国の資金が圧倒的であり、1990年代および2000年代に最大支援国であった日本の存在感はかなり低下している。

3. 日中のインフラ開発の主要分野の状況

さて、日本や中国が途上国のインフラ開発において、とくに競合が顕著になってきている分野として、港湾・鉄道・道路・通信・電力などがある。これらの分野の多くは、その国の経済開発における公共財として政府資金投入の必要度が高い分野と、もはや政府資金の投入ではなく民間活力にゆだねられるようになってきた分野に分けられる。前者の典型的な分野が港湾・鉄道・道路といった交通インフラであり、後者の代表的な分野が電力や通信分野などである。

(1) 鉄道：日中の競合

途上国での鉄道建設も、歴史的には日本が円借款などを活用し力を入れてきた分野である。しかし、近年では、中国が途上国での高速鉄道事業を推進し受注する事例が増えている。

最近では、2021年12月に、中国の融資による中国国境からラオスの首都ビエンチャンまでを結ぶラオス高速鉄道の完成が報じられた。また、近年の話題となった事例として、インドネシアのジャカルタからバンドンまでの高速鉄道建設事業がある。この事業は、日本が技術協力にてマスタープランを作成していたものの、中国が中国開発銀行の借款を供与しインドネシア政府資金の保証が不要ということで受注した。2019年の完成が予定されていたが、コロナ禍や土地収用の困難さなどの影響を受け工期が遅延・延長されるとともに、工事費用も高騰し、インドネシア政府の資金を受けながら、結局2023年10月に完成を見た。

他方、日本による事業として、インドに対して2015年末以来、きわめて譲許的な条件で多額の円借款を供与し、新幹線建設（ムンバイ―アーメダバード間）を支援・受注したケースがある。他方で、ベトナムでの南北高速鉄道計画は、同様にきわめて良い条件の円借款供与を提示したにもかかわらず、高額となることを理由に新幹線建設計画がベトナム国会によって否決されたケースもある。ただし、ベトナムの南北高速鉄道に関しては、その後、日本の支援の可能性も含め、再度検討されることになった。

こうした鉄道案件で、日本の支援の存在が際立っているのが、フィリピンの事例であり、以下でやや詳細に取り上げたい。

①フィリピンをめぐる日中の外交

日本は長年にわたって、フィリピンに対する最大のODA供与国である。日本の対フィリピンODAの歴史は、第二次世界大戦の戦後賠償から始まる。1951年のサンフランシスコ講和条約に基づき、フィリピンはインドネシア、ミャンマーと並ぶいわゆる三大賠償対象国の一つとなり、日本のフィリピンに対する戦後賠償は1977年まで続くことになる。戦後賠償を通じて、戦争直後には悪化していた日比間の外交関係は次第に改善され、また経済的には日本企業がフィリピンと経済的な関係を結ぶ土台ともなった。

賠償による事業が次第に減少するにつれ、日本政府はODAを通じて、フィリピンに対する経済支援を継続的に拡大していった。道路や港湾整備、発電所、河川の災害対策など、インフラを中心にさまざまな支援がなされ、日本は長い間、フィリピンに対する最大のODA供与国となっている。ただし、民間の直接投資に関しては、米国が最大の投資国であり続けており、とくにデルモンテやドールなど食品関連の世界的企業はフィリピン経済においてきわめて大きな存在である。

フィリピンにおいては、米国および日本のプレゼンスが大きかったが、近年中国のとの経済的な関係が拡大している。2016年に登場したドゥテルテ政権は、こうした中国の拡大する経済力を利用し、日本や米国をむしろ牽制する観点からも、その政権下で中国との経済協力協定の締結を進めた。2016年10月にドゥテルテ大統領が訪中した際に、約90億ドルにのぼる経済協力の供与が合意され、その結果、数多くの経済協力事業への支援が表明された。

それらの中には、後述するマニラを起点とする鉄道南方線、マニラ北部のクラーク—スービックを結ぶ貨物鉄道、ドゥテルテの政治的な地元のダバオの鉄道案件など、多くの事業への融資がコミット（表明）された。また、中国企業のフィリピンへの進出もめざましく、とくに電力分野では送電部門を中心に中国企業の進出が進んでいる。送電事業は全国展開されているものであり、中国企業が資本参加する送電会社が電力の大半を供給しており、中国との関係が悪化した場合の脆弱性・リスクを指摘する報道もある。そのためか、2022年3月には、公共サービス法が改正され、重要な分野においては外資の参入は全体資本の4割までとされた。

②フィリピンにおける鉄道インフラをめぐる競争

日本はフィリピンの鉄道建設において多額の支援を行ってきた。フィリピンでは、DAC（開発援助委員会）により低所得国において調達を日本タイドにすることが容認されている「STEP円借款（本邦技術活用条件）」の枠組みを活用し、マニラを起点とする南北通勤鉄道事業に対し4000億円を超える円借款を供与して鉄道整備事業が進められている(6)。これはマニラ市内の道路の慢性的な大渋滞の緩和を目指す事案で、「南北通勤鉄道事業」（2420億円、日本タイド、2015〜21年）は、「南北鉄道計画」のうち、北方のブラカン州マロロス市とマニラ市ツツバン間を新たに整備（線路の敷設や車両調達等）するもの、さらに「南北通勤鉄道延伸計画（第1期）」（1672億円、日本タイド、2018年より）では、南北通勤鉄道を南方はラグナ州カランバまで、北方はクラーク国際空港まで延伸する事業が進んでいる。これらと並行して、JICA（国際協力機構）の技術協力プロジェクト（7.3億円、2018〜22年）にて、フィリピン鉄道訓練センターを設立し、日本のコンサルタント会社により鉄道運行能力の強化プロジェクトを実施してきた。

また、マニラ首都圏地下鉄事業（フェーズ1、2017〜22年、1045億円、さらに合計6000億円の借款検討を表明）がSTEP円借款（日本タイド）で進められている。フィリピンの中所得化に伴い、今後はこのSTEPの枠組みが使いにくくなることが予想されているが、きわめて低利の借款であることからフィリピン政府としてもこのSTEP支援枠組みの活用を受け入れてきた。

中国政府もマニラ「南北通勤鉄道延伸計画」のさらに北側を支援してきたが、フィリピン政府は日中を天秤にかけながらより良い条件を模索してきた。中国側も2004年頃からフィリピンとの関係強化を目指す中で、北部鉄道第1期・1区を支援し（2007年より2014年まで）、中国輸出入銀行のバイヤーズ・クレジットで計画金額4億ドルに対し実績1億8000万ドル、その融資条件は20年返済・8年据置・3%金利というものであった。2区についても5億ドルの融資が提示され合意したが、2012年にはキャンセルされている(7)。賄賂・汚職が表沙汰になったことが中止の原因の一つだとされている。

2018年11月に習近平国家主席が中国国家主席として初めてフィリピンを訪問、2019年4月にドゥテルテ大統領が中国訪問する中で、さまざまな援助案件が提示され、その一環として、首都圏―ルソン島南端間の長距離鉄道（639km、1753億ペソ、2019～23年）、スービック―クラーク貨物鉄道（71km、500億ペソ、2019～22年）も合意され、その総額は当時の日本円に換算して合計約4500億円に達した(8)。ただし、これらの中国借款を使った鉄道事業はドゥテルテ政権末期にいったんキャンセル（要請取り下げ）された。この巨大案件への中国からの融資がキャンセルされた理由としては、2022年の大統領選挙を受けて大統領が交代し新政権に代わるためとの説明がなされたが、中国輸出入銀行のドル建て融資の金利が3%と高かったためであると推測されている。2022年6月に新大統領となったボンボン・マルコス大統領は、中国支援の鉄道プロジェクトの借款再交渉を指示したと報じられているが、その後目立った進展は報じられていない(9)。

写真1（左）　大渋滞のマニラ市内の道路とLRT（ライトレール）駅
写真2（右）　日本が運営改善を支援するマニラLRT
（いずれも2019年11月筆者撮影）

(2) 港湾：中国の台頭

途上国での港湾整備は、歴史的には日本企業が大きな役割を担ってきた分野であるが、近年は中国企業が受注する事例が増えてきている。近年の主要な例をあげると、パキスタン・グワダル港（China Overseas Port Holdingsが建設受注、運営は40年リース契約）、スリランカ・ハンバントタ港（同社が建設受注、70%所有、99年リース契約）、ミャンマー・チャウピュー港（CITICが建設受注、70%所有、50年リース契約）、カンボジア・コーコン港（UDGが建設受注、70%所有、99年リース契約）、ジブチ港（中国海軍が所有・運営）などがある。中国がインド洋周辺を中心に、この地域でこれほど多くの一連の港湾整備を進めたことに関しては、その目的が、中国企業の経済利益によるものか、あるいは中国経済にとって重要な海路の連結性確保のためか、あるいはインド洋における軍事戦略（インドを取り囲む「真珠の首飾り戦略」とも呼ばれる）が背後にあるとも指摘され、明確な証明は困難であるが、いずれの側面をもあわせ持つということはいえそうである。

とくに、スリランカで中国が進めたハンバントタ港の事業は国際的な注目を浴びた。スリランカでは、コロンボ港の整備など、かつては日本の円借款が先行していたが、近年は中国の融資による港湾整備事業が進められている。スリランカ南部のハンバントタ港は中国輸出入銀行の借款やバイヤーズ・クレジットにより支援され、その債務削減の代償として港の運営権が（99年間）中国企業に移ったことで有名である（悪名高い）が、その中国輸出入銀行の融資（6億ドル）の条件は、20年返済、7年据え置き、金利2%というものであり、日本の円借款ほど有利な条件ではないにしても、譲許的資金（ODA）のカテゴリーに入るものである[(10)]。スリランカでのハンバントタ港を中心とする中国融資・投資事業とその債務問題の背景については、次章（第4章）でより詳細に取り上げる。以下では、日本が無償資金で首都ディリの港湾整備を支援し、中国が民活・官民連携（Public Private Partnership: PPP）事業として港湾整備に関与した東ティモールの例を取り上げたい。

①東ティモールにおける日中の支援

東ティモールは2002年に独立した新しい国である。独立に至る過程で、国連は1999年にUNTAET（国連東ティモール暫定行政機構）を設立して、独立に向けて国家としての行政機構・司法制度づくりのほか、経済復興・開発のとりまとめをするなど、広範な「平和構築活動」を行う役割を果たす包括的なPKOを展開した。2002年の独立後は、UNMISET（国連東ティモール支援ミッション）として、生まれたばかりの東ティモールの国づくりを引き続き支援した。

日本政府は独立後の東ティモールに対し、ODAによりさまざまな支援を行った。ディリ港の改修、灌漑施設、東ティモール大学工学部の施設再建・教員人材育成などインフラ分野にとどまらず、さまざまな分野で専門家を派遣するなど技術協力にも力を入れた。ただし、東ティモールに対する最大支援国は隣国のオーストラリアであり、また旧宗主国のポルトガルやEU、米国などの支援も大きく、日本はODA額としてはこれらの国に次ぐ規模である。

他方、中国は、2002年に東ティモールが独立した際に最初に国家承認をし大使館を開設した国であり、積極的な外交を展開した。その援助額の詳細は不明であるが、東ティモールの大統領府、外務省ビル、国防省ビルなど、政府庁舎の建設を無償援助で支援した（写真3・4・5）。また農業分野の支援も継続して行っている。中国の場合は、中国企業の進出が顕著であり、とくに東ティモールの全国の電化事業は中国企業が請け負い、大型（ディーゼル）発電機のほか、津々浦々に延びる電力網の建設を行った。

写真3（左）　大統領府（2010年11月）
写真4（中央）　外務省ビル（2011年9月）
写真5（右）　軍司令部の建設（2012年2月）

（いずれも筆者撮影）

②東ティモールにおける港湾整備事業

東ティモールの港湾整備についても、日本政府はODA（無償資金協力）で継続的な支援を行ってきた。2002年の東ティモールの独立ののち、2006〜10年に首都ディリ港の「緊急改修計画」（無償資金協力、約15億円）で老朽化していたディリ港の改修を実施し（写真6）、2016〜18年にはディリ港の「フェリーターミナル緊急移設計画」（無償援助、約22億円）で、3隻のフェリー着桟に対応する旅客ターミナルの整備を行った。

一方で、東ティモール政府は、ディリ港の西に位置するティバールにて、PPP方式を採用した貨物専用の新港を整備する計画を推進し、フランス企業の資金で中国国営企業が工事を受注し2022年末に完成した（写真7）。

日本の支援が無償資金協力によるものであるのに対して、ティバールのコンテナ港の整備は事業採算がとれる可能性があるとして、東ティモール政府は民間主導の開発手法を採用した。日本のODA（無償資金協力）によるインフラ整備は政治外交的には歓迎されるが、近年は後者のようなPPP方式により民間企業を巻き込んだ独自採算を目指した開発事業がより効率的な事業として活用される傾向がある。

写真6（左）　日本の（無償）支援によるディリ港の改修
写真7（右）　PPP方式で中国企業が進めたティバール港整備

（いずれも2022年6月筆者撮影）

(3) 道路：中国企業の優位（東ティモール事例）

道路整備の分野では、JICAはこれまで多くの途上国で円借款の支援枠組みを活用して支援をしてきた。しかし、近年では、道路建設を日本企業が受注することはなく、アンタイドの円借款の競争入札で受注するのは中国企業ないし中国企業を中核とした現地企業との合弁での事業が大半である。道路整備の分野で日本企業が競争力を失ってきていることを象徴する事例が、東ティモールでの国道整備事業である。

東ティモールにおける唯一の円借款事業である「国道1号線改修事業」（2012年交換公文締結、約71億円）は、最終的に2019年に完工した。この案件の実施に際して、公示入札では日本企業の応札はなく、中国企業2社が建設工事を受注した。コストの高騰により、当初の国道1号線の工事区間のうち西側（首都ディリからマナットまで）をJICAの円借款、東側（マナットからバウカウまで）をADB融資で整備することになった。

JICA融資部分およびADB融資部分のいずれも中国企業が建設受注し、コンサルティング部分は日本であるが、日本のコンサルティング企業は工事完成前の2017年に撤退し、受注した中国企業主導で道路整備がなされ、その意味で2019年に完成した道路は、日本の資金ではあるが「China quality」ということができる。以前は「China quality」は「安かろう悪かろう」というイメージで語られることが多かったが、決して質が悪いわけではなく、中国企業は山がちな途上国での道路建設に関して多くの経験を持ち、実際、東ティモールの国道事業も質的に問題のないものである[(11)]。この工事を中国企業が受注し、その工事期間、現場では中国人の労働者が働き、現場事務所には中国の国旗が

写真8（左）　工事前の国道1号線（日本工営提供資料より。2011年時点）
写真9（右）　完成後（2022年5月筆者撮影）

掲げられていたこともあって、地元住民は日本のODAによるものではなく中国の支援事業であると認識していたとの指摘があり、この事業の政治外交的な面での意義を問題視する見方も出された[(12)]。

(4) 電力・通信：民間主導の分野

途上国での電力開発や通信網整備も、歴史的には日本が大きな役割を果たしてきた分野であるが、近年はこうした分野は民間資金でインフラ整備が進められており、公的な資金、とくにODA資金の役割は低下しつつある。こうしたなか、電力・通信のいずれの分野でも、中国国営企業の進出が顕著である。

たとえば、ラオスの電力開発では、日本は第二次世界大戦後の賠償を含め、ナムグム・ダムなど水力発電所の建設のために多額の円借款を供与してきた。しかし、近年ではラオスでは多数の中国資本の発電所が建設され、ラオスの発電の多くを担うようになっている。JICAはラオスの統一的な電力基準への技術協力も実施してきたが、現実にはこれら中国企業が採用する電力基準が民間主導で実質的な標準となっているのが実態である。

フィリピンの電力開発においても、日本は地熱発電所やCO_2排出量の少ない火力発電所の建設などを円借款により支援してきたが、必ずしも日本企業の受注につながっているわけではない。むしろ、マニラなど主要な電力消費地の電力供給は中国国営企業の進出が顕著であり、それ自体は電力開発の観点からは肯定的な見方ができる一方で、こうした中国資本への電力供給での依存状況のもとで、仮に中国側に政治外交的な思惑で影響力を行使する意図があった場合のリスクについて懸念する見方もないわけではない。

また、パキスタンの電力セクター改革に対しては、日本（JICA）は世界銀行やADBと協調して多額の政策支援借款を供与してきたが[(13)]、発電分野では中国企業の発電所が多数建設され、パキスタンの電力供給を実質的に左右するようになっている。

通信分野においても、日本は歴史的には、円借款を活用して途上国で多くの固定電話網や光ファイバー網の整備支援を行ってきた。

たとえば、スリランカの通信網整備に関して、2000年前後にコロンボ首都圏の固定電話網整備を円借款で支援し、電話交換機などについて日本企業（富士通など）の高価な機材を調達した[14]。しかし、その後、携帯電話網が圧倒的な価格低下の状況の中で急速に普及して固定電話網は陳腐化し、中国製を中心とする携帯電話網が拡大していった。

アンゴラにおいても中国企業のビジネスは顕著であり、中国輸出入銀行の融資で約7000kmに及ぶ光ファイバー網の整備事業が、中国企業が請け負う形で実施された。この光ファイバー網の整備事業に際して、日本の大手通信企業の子会社が技術助言のため中国企業の下請け業務に関与しており、日本企業には技術力はあるものの、途上国での事業受注に関しては、価格や経験の積み重ねなどの面においてもはや競争力を失っているのが現状であるといえよう。

(5) インフラ建設分野における中国の競争力

実際、日中のインフラ関連企業における競合の実態はどうなのであろうか。開発途上国での現場の実態として、インフラ建設事業において中国企業が競争力を有するようになってきたことは否定しがたい。

日中企業の優位性を比較したレポートでは、「中国企業の強みは、資金量、意思決定の速さ、多様な気候・施工条件でのプロジェクト経験、新興国でのプレゼンスなどである。一方で日本企業は、リスク評価能力や技術力、国際信用力などに優位性があると考えられる。このような双方の優位性を踏まえると、日中企業が正面から競合した際に、日本企業が劣勢になることは容易に理解できる」と指摘されている（野村総合研究所, 2017: 49-50）。

要するに、中国のインフラ輸出の強みは、中国政府の借款を供与する場合、DACのアンタイド・ルールに従わなくてもよく、中国企業タイドで資金が供与されているだけでなく、競争入札においても価格、速さ、柔軟な交渉などの点で優位性があり、日本の円借款に際してもアンタイドでの国際競走入札になった場合、中国企業が受注することが多い。

日本政府（JICA）は、ODAにおけるSTEP円借款の供与スキームのように、日本タイドで日本企業の受注を支援する枠組みを活用してはいるが、DACルールにより、これは低所得国に限定され大半はアンタイドである。その結果、円借款による開発途上国のインフラ建設支援事業の現地での調達の多くは中国企業が受注する事例が多くなっているのが実態である。近年では、現地での国際競争入札に参加しても価格面で到底太刀打ちできないことから、日本企業が応札すらしない事例も出てきている。

(6) 日中のインフラ整備の相乗的な開発効果

開発途上国におけるインフラ整備事業において、日本と中国は競争状態にはあるが、資金が不足する中でインフラ整備を少しでも早く進めたい途上国にとっては、日本と中国がそれぞれに競争しながらインフラ整備事業を支援してくれることはプラス面ももちろんある。

そうした、日本のインフラ整備支援事業と中国のインフラ支援事業が相乗効果を持っていると考えられる事例も少なくない。以下では、1992年から2009年まで日本が最大支援国であったが、2010年以降中国が最大支援国となったカンボジアを例に、二つの事例を紹介したい。

①プノンペン郊外の橋（チュルイ・チョンバー橋）

日本政府は1992年のUNTAC（国連カンボジア暫定統治機構）の展開以来、カンボジアの新たな国づくりを熱心に支援してきたが、その最初の支援案件の一つがプノンペン郊外の橋であるチュルイ・チョンバー橋である。この橋は、首都プノンペンから対岸に渡る重要なインフラであるため、1963年に建設されたが、内戦時代の1972年に破壊された。そのため、日本政府は30億円の無償援助を供与し、1992年から1995年の3年間で、約709mに及ぶ橋を再建した（写真10）。

その後の急速な経済発展とともに、この橋を利用する交通量が急拡大したため、2010年にカンボジアに対する最大支援国となった中国は、2010年にこの橋に併設する形で新たな橋の建設を表明、約2670万ドル（約30億円）の優遇バイヤーズ・クレジットを供与し、2011年から中国企業であるChina Road & Bridge Corporation（CRBC）により建設が進められ、2014年に完成した。中国の融資条件は、20年返済（7年猶予期間）、金利2％であり、中国はDACに非

写真10（左）日本支援によって再建された橋の状況（2001年）
写真11（右）左側が日本支援・右側が中国支援の橋（2016年）
（いずれも筆者撮影）

加盟でODAの枠組みに拘束される必要はないが、ODAのカテゴリーに含まれうるものである。

他方、日本政府は、日本が支援して整備した橋が老朽化したため、2017〜19年に25億円の無償援助によって改修工事を実施した。受注したのは、大林組・新日本製鉄・横河ブリッジ、および現地カンボジアのソム社の共同企業体である。

現在では、片側は日本支援の橋、もう一方の片側は中国支援の橋となっており、橋の仕様はほぼ同じである（写真11）。これは、日本と中国のカンボジアにおける役割交代を象徴するものといえないこともないが、考えようによっては日中の協力、相互補完の象徴ともいえる。なお、これらの日中支援の橋の約1km南方で韓国の無償援助によって橋が建設されている（Ngin, 2022）。

②シアヌークビル港湾整備（日本支援）とプノンペン―シアヌークビル高速道路（中国支援）

日本政府は、カンボジア最大の港であるシアヌークビルの港湾整備を長年にわたり継続的に支援してきた。日本政府は、1999年にシアヌークビル港緊急リハビリ事業、2004年に緊急拡張事業、2009年に多目的ターミナル整備事業（約72億円）として継続的に円借款を供与してきた。さらに、2017年8月にコンテナターミナル整備事業として約235億円の円借款を供与、2022年8月には新

写真12（左）日本支援（円借款）のシアヌークビル・コンテナ港
写真13（右）中国支援のプノンペン―シアヌークビル高速道路
（いずれも2022年12月筆者撮影）

コンテナターミナル拡張のために約424億円の円借款を供与するなど、継続的にシアヌークビル港の整備・機能拡張を支援してきた。

他方で、近年急速に支援を拡大してきた中国は、カンボジア初の高速道路である、プノンペン―シアヌークビル間の高速道路（全長約190km、片側2車線）の建設を支援した。これはBOT（Build Operate and Transfer：一括事業請負後譲渡）方式で、実施主体は先のチュルイ・チョンバー橋と同じくCRBCであり、投資額は約20億ドル（うち中国政府の無償資金協力1.5億ドル）で、資金は中国開発銀行をはじめとするシンジケートローンである。工期は当初計画で48カ月、2023年完成予定であったが、予定よりも早く2022年10月には開通し、11月から営業を開始した。

この高速道路の開通によって、当初国道4号線を使っておよそ6時間かかっていたものが、2時間程度に移動時間が短縮された。また、中国はシアヌークビル近辺の新たな経済特区の設立にも関わり、多くの中国系企業が進出してきている。また、シアヌークビルの港湾は、カンボジアの輸出基地としてますます便利になり、今後の経済発展の基礎的インフラとしての役割の拡大が見込まれる。日本の円借款によるコンテナターミナル建設支援と、中国の支援による高速道路が相乗効果をもって、カンボジアの経済発展への貢献が期待され、日本支援事業と中国支援事業とが補完関係と相乗効果をもちうる、よい事例としてとらえられるであろう。

4.「質の高いインフラ」をめぐる議論

中国は援助や融資の提供に際して内政への不干渉を唱えており、援助にあたって相手国の意思決定プロセスの透明性や腐敗のないこと、民主的な手続きを求める欧米の姿勢とは一線を画していることから、中国の援助の拡大は、途上国の腐敗と汚職を助長したり、権威主義的な政権を結果として支えるものであるといった批判もある（第2章参照）。

そのため、最低限、情報の公開やルールの共通化やその遵守を中国に対して求める国際的圧力は高まっている。実務的な面でも、事業にあたっての適切な資金計画の判断や経済合理性に基づく決定、決定プロセスの透明性の確保や汚職の排除、適正な環境アセスメントの実施などに関して、課題が指摘されている。近年、中国が途上国で進めるインフラ整備に関して、「質の高いインフラ」が国際的に求められるようになっているゆえんである。

(1) 中国事業の見直し事例の頻発と姿勢変化の兆候

実際、近年、開発途上国での中国関連事業が中断あるいは見直しを迫られた事例が頻発している。その一方、中国の経済協力・投資案件が、相手国の政情変化とともに頓挫するケースが頻発する事態に直面して、中国の政策が国際社会の共通ルールを共有する方向に変化してきている兆候もないではない。

第5章のミャンマーでのミッソンダムの事例で述べるように、2010年代以降、中国の経済協力の拡大に伴って、中国の投資に対する住民の反発がメディアで取り上げられたり、国内の政治権力争いに伴う政変や政治家の逮捕によって中国企業の汚職が表面化する事例が多くの国で見られた。

それに伴い、中国の途上国事業実施にあたってのスタンスに変化の兆候があり、ミャンマーのミッソンダムの中断事例に見られるように、中国政府や経済協力事業を進める国営企業が、相手国での事業に伴う環境問題や住民移転の制約をより認識し始めたように見受けられる。相手国でのインフラ建設などの事業実施に際して、中国国内のように政府の一方的な決定で住民移転を実施できるわけでもなく、住民や世論の反対で事業が頓挫することもあり、住民の意向や環境への配慮なしでは事業が進められないとの認識を強めてきた可能性がある（第5章参照）。

また、中国開発銀行や中国輸出入銀行の融資事業に際しての調達の入札手続きがより透明になったり、事業の審査が慎重になってきた兆候がある。たとえば、バングラデシュの中国事業において、中国企業タイドなので中国企業間ではあるものの競争入札方式がとられたり、ケニアの「北部回廊鉄道ネットワーク（ケニア標準軌鉄道）事業」の第2期（ナイロビ―マラバ鉄道部分）の後半部分は、事業の採算性などへの懸念から中断となった[(15)]。

2019年4月25～27日に北京で開催された「第2回一帯一路・国際協力フォーラム」では、習近平国家主席は閉幕後の記者会見で、一帯一路に関わるインフラ事業について「国際ルールや標準を幅広く受け入れることを指示する」と述べ、また、「質が高く価格が合理的なインフラ設備を建設する」とも語った。中国側も、事業にあたっての適切な資金計画の判断や経済合理性に基づく決定をより重視しつつあるように見受けられる。ただし、多くの一帯一路関連事業ごとに、国際ルールを遵守する仕組みがどのように構築されるのか、されているのかについては、今後の状況をよく見極める必要がある。

(2) 国際基準としての「質の高いインフラ」の主張

日本企業は開発途上国におけるインフラ建設において、急速に台頭してきた中国企業に価格だけでなく事業のスピードなどにおいても国際競争力を失いつつあることはすでに述べた通りである。日本政府は「質の高いインフラ」を主張して、日本企業のインフラ輸出においてその強みを生かそうとしているが、「質の高いインフラ」を声高に叫んでも必ずしも日本企業の受注につながるわけではない。

むしろ、インフラ建設の国際ルールの普及と定着、すなわち、より良い開発を進める国際的取り組みを推進し支援する観点からこそ、こうした方針を堅持し、中国をもそうした国際的な基準に取り込む努力をすべきであろう。国際基準としての「質の高いインフラ」の普及・定着は、「国際公共財」として国際的な共通利益かつ目標であり、入札の透明性、環境・社会セーフガードの遵守、債務の持続性（経済性や開発効果）を個別事業において確保するだけでなく、当該国に適した質の高いインフラ事業が確保されるような国際的な枠組みを強化していく必要がある[16]。

他方で、日本政府の政策について、日本企業が国際競争力を失ってきている分野のインフラ輸出をODAで支援することが適切で有効な手段かどうかについて、今一度再検討することも必要なのではないか。途上国が必要とするインフラを公的な譲許的資金で支援するということは、途上国開発を進める立場からは、それが日本企業でなくてはならないわけではない。また、PPP方式など、民間の効率性原理（競争原理）を生かしながらインフラ建設を効率的に進める考え方をより柔軟に検討していくことも必要ではないだろうか。

要は、「質の高いインフラ」の推進にしても途上国債務問題への対応にしても、国際的な協調した枠組みの中で議論を進めることが大切であり、日本自身もそうした国際的な枠組みを使った課題への対応を重視し、中国をもそこに引き込む努力をすることが大切であるということである。こうした国際的ルールづくりとその強化こそが、結局のところ巡りめぐって日本の「経済安全保障」につながるといえるのではないだろうか。

注記

(1) 2022年3月の時点で146カ国と32の国際機関がBRIの枠組みでの協力協定を締結している。なお、2023年12月にイタリアが離脱を表明した。

(2) たとえば、Lina Benabdallah (2021), “China's Soft-Power Advantage in Africa: Beijing Isn't Just Building Roads—It's Making Friends,” *Foreign Affairs*, December.

(3) 山田（2021）等を参照されたい。

(4) 日本政府「インフラシステム輸出戦略」改定（環境金融研究機構、2020年7月9日）。

(5) 内閣官房副長官補室（2021）「インフラ海外展開に係る基礎資料」。なお、受注額にはインフラ関連の輸出額および海外での事業投資による収入額等を含む。

(6) 本邦技術活用条件（STEP）の円借款とは、「インフラシステム輸出戦略（平成30年度改訂版）」において、競争力の向上等を図るべく制度改善を行ったもので、本制度により「我が国の優れた技術やノウハウを活用し、開発途上国への技術移転を通じて、我が国の

『顔が見える援助』を促進する」ものとして日本タイドとされている円借款のことである。

(7) AidData（Project ID: 63576, 63583, 63805）より。

(8) AidData（Project ID: 63610）より。

(9) マニラ 2022年7月16日 ロイター。マルコス大統領は、前政権が中国と結んだ鉄道プロジェクト（49億ドル相当）の借款契約について再交渉するよう運輸省に指示。運輸大臣によれば、上記事業をめぐる中国政府借款は、ドゥテルテ政権（当時）による「資金要請に応じなかった」ことを受け撤回されたと考えられる。PPP（民活・官民連携）方式など民間資金の活用を含む他の資金調達オプションも検討中。中国政府関係者は、「鉄道をめぐる中比協力は今後も続く。中国はフィリピンとの話し合いに前向きだ」と述べた。

(10) AidData（Project ID: 39023）より。

(11) 2022年5月、東ティモールにおける現地調査にて確認。

(12)『毎日新聞』2017年8月2日「東ティモール 中国の存在感、高まる 首都に人・モノ・金 かすむ日本支援」。以下の内容である。「日本政府援助だと知っているか尋ねると、『現場で中国人を毎日のようにみかけるので、中国の計画だと思った』。錯覚した理由は本体工事を落札した土木会社が、中国国営『中国水電』だったから。東ティモールは政府援助の国際ルールに従って、競争入札で発注先を決めた。この結果、価格競争力のある中国企業が殺到。日本企業は1社も入札に参加しなかった」。

(13) 円借款「電力セクター改革プログラム」(2014年)、「電力セクター改革プログラム(Ⅱ)」(2016年) 等。

(14) 円借款「コロンボ首都圏電気通信網整備事業」(1997～2004年)。

(15) 北野尚宏（早稲田大学理工学術院教授）の研究会での報告より（専修大学社会科学研究所「中国の国際経済体制へのインパクト」研究会、2020年10月3日）。

(16) 国際金融ルールに精通した専門家である河合正弘は、「中国当局はそうした批判を真摯に受け止め、運営原則・方式を大きく改善すべきである。この事業を、開放性、透明性、持続可能性、多国間主義の指針の下で再構築していくことが欠かせず、そのことが一帯一路構想を国際公共財に押し上げることにつながろう」と指摘している。河合正弘「一帯一路とユーラシア新秩序の可能性」(中国総合研究・さくらサイエンスセンター, 2019: 28)。

参考文献

朝日新聞取材班 (2019)『チャイナスタンダード——世界を席巻する中国式』朝日新聞出版。

稲田十一 (2013)「中国の四位一体型の援助——アンゴラ・モデルの事例」、下村恭民・大橋英夫編『中国の対外援助』日本経済評論社。

稲田十一 (2014)「新興ドナーとしての中国の台頭と東南アジアへの影響」、黒柳米司編『米

中対峙時代のASEAN』明石書店、第3章。
稲田十一（2020）「ドナーとしての中国の台頭とそのインパクト――カンボジアとラオスの事例」、金子芳樹・山田満・吉野文雄編『一帯一路時代のASEAN――中国傾斜の中で分裂・分断に向かうのか』明石書店、第7章。
北野尚宏（2020）「中国の対外援助の現状と課題」、川島真・21世紀政策研究所編『現代中国を読み解く3要素――経済・テクノロジー・国際関係』勁草書房。
交通経済研究所（2018）『運輸と経済』（特別：「一帯一路」をどう読み解くか？」）12月号。
中国総合研究・さくらサイエンスセンター（2019）『一帯一路の現況分析と戦略展望』科学技術振興機構。
野村総合研究所（2017）「インフラ輸出における日中の競合と補完」『知的資産創造』11月号。
廣野美和編（2021）『一帯一路は何をもたらしたのか』勁草書房。
町田一兵（2016）「アジアの国際交通インフラの開発と物流」、平川均・石川幸一・山本博史・矢野修一・小原篤次・小林尚朗編『新・アジア経済論――中国とアジアコンセンサスの模索』文眞堂。
山田順一（2021）『インフラ協力の歩み――自助努力支援というメッセージ』東京大学出版会。
AidData (2021), *Banking on the Belt and Road Insights from a new global dataset of 13427 Chinese development projects*, A Research Lab at William & Mary.
Chhabra. Tarun, Rush Doshi, Ryan Hass, and Emilie Kimball (eds.) (2021), *Global China: Assessing China's Growing Role in the World*, Brookings Institution Press.
Copper, John F. (2016), *China's Foreign Aid and Investment Diplomacy, Volume I: Nature, Scope, and Origins*, Palgrave Macmillan US.
Dayant, Alexander, Grace Stanhope, and Roland Rajah (2023), *Southeast Asia Aid Map (Key Finding Report)*, Lowy Institute (Australia). https://seamap.lowyinstitute.org
Hurley, John, Scott Morris, and Gailyn Portelance (2018), *Examining the Debt Implications of the Belt and Road Initiative from a Policy Perspective*, CGD Policy paper 121.
Inada, Juichi (2013), "Evaluating China's Quaternity Aid: The Case of Angola," in Shimomura Yasutami and Ohashi Hideo, *A Study of China's Aid*, Palgrave, pp.104-121.
Institute of Development Studies (Sussex University) (2014), "China & International Development: Challenges & Opportunities," *IDS Bulletin*, Vol.45, No.4, June.
Leung, Denise, Yingzhen Zhao, Athena Ballesteros, and Tao Hu (2013), *Environmental and Social Policies in Overseas Investments: Progress and Challenges for China*, World Resources Institutte.
Ngin, Chanrith (2022), "The Undetermined Costs and Benefits of Cambodia's Engagement with

China's Belt and Road Initiative," I*SEAS Perspective Issu*e, No.84, 23 (August).

Parker, Sam and Gabrielle Chefitz (2018), *Debtbook Diplomacy: China's Strategic Leveraging of Its Newfound Economic Influence and the Consequences for U.S. Foreign Policy*, Harvard Kennedy School.

第4章

中国「一帯一路」事業のスリランカへのインパクト

はじめに：本章の焦点

近年の中国の経済成長は著しく、その政治的・経済的影響力の拡大はグローバルな課題にもなっている。とくに、中国の習近平国家首席が2013年にカザフスタンと東南アジア歴訪時に打ち出し、2017年に中国政府の公式の政策としても打ち上げられた「一帯一路構想（BRI）」の、東南アジアや南アジア諸国への経済的インパクトは大きい(1)。同年5月に北京で開催された一帯一路・国際協力フォーラムには、29カ国の首脳をはじめ合計130の国・国際機関の代表が集まり、国際的な注目を浴びた。他方で、パキスタンやマレーシアでの関連事業やその過大な債務負担に起因する課題は「債務の罠」として国際的にも大きな議論となっている。

スリランカは2000年代に入って、こうしたBRIの関連事業が数多く行われ、債務が拡大し、その是非が議論となってきた。中国の「一帯一路」は、「一帯（one belt）」である陸のシルクロードにあたる中央アジア諸国で中国の政治的・経済的影響力の拡大が顕著であり、「一路（one road）」にあたる海のシルクロードの沿岸国である、スリランカのハンバントタ港やパキスタンのグワダル港の中国国営企業による開発と運営権の獲得など、中国のプレゼンスの拡大が国際的に注目される問題となっている(2)。

本章では、スリランカにおける中国の「一帯一路」関連事業とその政治的・経済的インパクトについて取り上げる。とくに以下のようなポイントに焦点を当てて、その実態と是非について、議論を整理することにしたい。

①中国のBRIはスリランカの経済社会にどのようなインパクトを与えているのか。
②スリランカの内政や政治変化とどのように関連しているのか。

図1　中国の「一帯一路構想」の地理的位置

（出所）https://srilankabrief.org/2017/05/sri-lanka-in-a-balancing-act-over-chinas-one-belt-one-road-project/

③「債務の罠」の状況はいかなるものか。
④スリランカにおける中国の影響力拡大には、どのような功罪があるのか。
⑤かつて最大支援国であった日本はどのように対応しているのか。

1.　スリランカと中国の関係

(1)　政治経済関係の深化

中国とスリランカは1957年2月に外交関係を樹立し、1962年に最初の経済技術協定を締結した。1972年にはバンダラナイケ首相が訪中し、中国からの援助を受けるようになり、バンダラナイケ国際会議場は、当時の（無償）援助を象徴する案件である。

スリランカが中国との関係を急速に強化し始めたのは、およそ2005年以降である。2005年に当時の中国の温家宝首相がスリランカを訪問、同年スリランカのクマラシンゲ大統領（当時）が北京を訪問して関係強化に踏み出し、とくに2007年に当時のラジャパクサ大統領が北京を訪問した際には八つの経済協力協定を締結した。2015年にラジャパクサからシリセーナに政権が交代して中国への過剰な傾斜を修正し、中国とインドのバランスをより考慮するようになったが、前政権時代に築かれた中国との緊密な経済関係は継続している。

具体的な数値で見ると、スリランカの輸入に占める比率は中国が第1位であったが、2016年21.9%、2019年20.2%、2022年18.0%とやや減少傾向にあり、2016年と2019年に19.6%でいずれも第2位であったインドが2022年には25.9%と第1位になっている。他方、輸出先は米国が第1位で、2016年26.6%、2019年26.3%、2022年25.3%であり、中国はいずれの年も2.0%で第8位にとどまっている(3)。投資に関しては、2009年の内戦終了後に中国の投資が拡大し、2013〜17年の海外直接投資（FDI）の国別比率を見ると、中国が15.1%で第1位であり（シンガポールが11.1%で第2位）、2018年には46%を占めている。

援助額を見ると、日本は2009年までスリランカに対する最大の二国間援助供与国であったが、2010年に中国に抜かれ、その後は中国の援助の比率は急速に高まった。DAC加盟諸国と中国の両方を統合した統計を見ると、2016年時点で、融資額は中国が17%でADB・フランスに次いで第3位（日本は15%で第4位）、贈与額は中国が33%で第1位（EUが18%で第2位、日本が15%で第3位）、総支出額で見ると、中国が36%で第1位である（ADBが27%で第2位、世界銀行が12%で第3位、日本が8%で第4位）（Institute of Policy Studies, 2018: 132-134）。

中国の援助額（支出ベース）は2019年には2010年に比して約5倍となる約6億5000万ドル（すべて借款）に達し、同年のスリランカが受け入れた援助総額の約40%を占めたが、2022年には5.7%と急減している。2019年の第2位はADB（約17%）、第3位は日本（約11%）であり、隣国インドは全体の約2%にとどまっていたが、2022年にはインドが80.1%と圧倒的である（スリランカ財務省年次報告）。後述するように、2022年には外貨不足をきっかけに経済社会が大混乱に陥るが、そこで救いの手をさしのべたのは中国ではなく隣の大国インドであったということになる。

中国の融資案件は、電力、灌漑・水供給、港湾、空港、鉄道、高速道路、などのインフラ整備事業が中核である。贈与案件としては、国立劇場、最高裁判所ビル、などがある。中国の援助は、後述するハンバントタ港（同地はマヒンダ・ラジャパクサ元大統領の出身地）のほか、ハンバントタ国際空港、南部の主要都市ゴールとハンバントタを結ぶ高速道路、当国最大の石炭火力発電所、コロンボ市で目を引く電波塔（蓮の花をかたどりロータス・タワーと呼ばれる）など、目立つ案件が多い。なお、中国が主導して設立されたAIIB（アジアインフラ投資銀行）のスリランカ初の案件2件の貸付が2019年になって合意された。その2件とは「土砂崩れ脆弱性緩和事業」（1.1億ドル）と「コロンボ都市再開発事業」（2.87億ドル）である[4]。

(2) 中国のプレゼンス拡大の背景

近年、スリランカは中国の経済支援への依存を急速に高めつつあるが、スリランカに対する経済支援に関しては、2000年代までは世界銀行の融資が多く、二国間支援では日本が主要なODA供与国であった[5]。中国は2000年代前半までは主要な援助供与国ではなく、中国のスリランカに対する経済支援が拡大するのは2000年代後半からである。

中国は2004年末に発生したインド洋津波関連の支援をいち早く表明し、復興支援策も積極的に行った。経済関係では、ハンバントタの石油貯蔵地区建設などの合意がなされ、その後、南部のハンバントタ港とともに北西部沿岸に位置するノロッチョライ火力（石炭）発電所の建設も中国が行った。このように中国は津波支援をきっかけにしてスリランカへの大規模インフラ開発に関与し始めた。

スリランカでは、長年にわたり多数民族のシンハリ人と北部・東北部を中心に居住するタミール人との間で対立があり、とりわけ「タミール・イーラムの虎（LTTE）」と中央政府との内戦は長く続いた。ラジャパクサ政権はLTTEに対し強硬な対応を進め、スリランカ軍はLITEを徐々に追い詰めていった。そうした政府軍の攻勢（LTTEにとっての戦況の悪化）とともに、北部に住む人々の生活状況は悪化することになった。2007年12月には米国が北部の人権状況の悪化に鑑みてスリランカへの軍事援助を停止し、インドもそれに同調せざるを得ず、そのタイミングで、中国はスリランカに対する軍事支援を強化した（荒井, 2016b: 110）。

中国の支援は、津波復興も軍事支援も、スリランカ政府にとってタイミング良くかつ大規模であった。内戦の終結に向けた武器供与やインフラ開発の資金供与をしただけでなく、内戦末期の人権問題で国際社会から批判されるスリランカを国連の場において擁護した[6]。そうした状況の中で、スリランカは徐々に「中国依存」ともいえる状態になっていった。内戦終結直後の2009年6月にはラジャパクサが「国の尊厳と主権に反するような条件を出す国や援助機関の援助は受けない」と発言し、2010年7月末、コロンボで開催された国際会議で財政計画副大臣は、「もはや西欧や国際機関からの微々たる援助に頼る必要はない」と発言した。そして、2010年にはついに中国は対スリランカ援助（融資額）において日本を抜いてトップドナーになった（荒井, 2016b: 112）。

2010年は10月末から11月にかけてラジャバクサら主要閣僚が訪中し、同月、中国の建設によるハンバントタ港が開港した。ラジャパクサ政権下では中国との関係が深まり、「一帯一路構想」への協力表明、後述するコロンボ国際金融センターの建設開始、中国潜水艦の寄港といった2015年の政権交代までのラジャパクサ政権下での一連の動きは、ラジャパクサの中国依存ともいえる密接で強固な関係を明確に示している。

2011年にはコロンボの中心部に中国が無償援助で建設したマヒンダ・ラジャパクサ国立劇場（写真1）が完成するなど、中国の存在感はますます高まった。2013年には大きなプロジェクトの完成が相次いだ。3月にはハンバントタの国際空港、8月にはコロンボ港南ターミナル、10月にはバンダラナイケ記念国際会議場の改修、およびコロンボ―空港間の高速道路の開通（工事開始は2009年9月）などがあった。その後も、コロンボ市内の高速道路網の建設を支援している（写真2）。

写真1（左）　ラジャパクサ国立劇場
写真2（右）　建設中のコロンボ市内の高速道路
（いずれも2019年3月筆者撮影）

一方で、中国関連のプロジェクトに関しては早くから野党や現地メディアなどが、経済的合理性、貸出金利が他の援助機関・国よりも高いこと、手続きの不透明性、政権との不適切な関係（汚職）について疑問を呈していた[7]。また、政権との関係強化の背後には政権幹部への便宜供与などの不適切な関係もあるとして、政権が過度な中国依存にあると危険性を指摘していた（荒井, 2016b: 17）。

そうした中で、ラジャパクサが三選を目指して実施した2015年大統領選挙では、野党共通候補のマイトリパーラ・シリセーナに政権の座を譲り渡すこととなった。この変化をもたらした要因の一つは、中国への過度な依存に対する国民の不信感であったと見られる。新政権設立直後に、ラジャパクサ政権下で進められていた大規模インフラ事業の見直しを行う委員会が設けられ、1年程度の再検討と中国との再交渉が試みられたが、一度着手された事業を途中でやめることは、かえって債務のみを残すことになりかねず、結局のところ、ラジャパクサ政権時代に開始された事業は継続されている[8]。

2. スリランカにおける中国のBRI関連事業

中国が主導して進められた事業は数多くあるが、その中で金額も多く、とくに注目を浴びてきた主要な事業は、①コロンボ国際金融シティ（CIFC）、②ハンバントタ港・空港および周辺の工業団地、などである。以下で、順にその状況と課題を整理しておこう。

(1) コロンボ国際金融シティ（CIFC）

コロンボ国際金融シティ（Colombo International Financial City: CIFC）事業は、以前はコロンボ・ポートシティ（Colombo Port City: CPC）事業と称されていたものであり、コロンボの海外沿いに新たな金融・保険・運輸などの総合的なビジネス拠点を建設し、約8万人の雇用を想定した巨大事業である。最終的な完成は2030年を目指し、事業の第1期として14億米ドルの投資がなされ、第2期には合計130億米ドルの投資が計画されている、スリランカ史上最大の投資

写真3（左）　コロンボ海岸沿いのCIFCの工事現場（2019年3月筆者撮影）
写真4（右）　CIFC事業の完成予想図（Colombo Port City: Wake up, dream on to reality, *Sri Lanka Brief*, 2021.7.16より）

案件である（Institute of Policy Studies, 2018: 138）（写真3・4）。

多くの中国関連事業が中国政府からの借款で行われていたのとは異なり、この事業は中国企業による投資案件であり、スリランカ港湾局と中国港湾行程有限責任公司の間で、第1期事業として総額14億ドルの覚書が締結され、工事は中国交通建設集団有限公司（CCCC）（実際はその子会社の中国港湾エンジニアリング公司）が実施している。コロンボ港南側ターミナルの南に、269ヘクタールの土地が造成され（写真3参照）、このうち20ヘクタールはCCCCが保有し、88ヘクタールは同社に99年間リースされたと報じられた（荒井, 2016b: 115）。

前政権で進められたあまりに巨大な事業であるため、2015年の政権交代により工事が一時中断されたが、約1年後、再開されている。その経緯は以下のようなものである[(9)]。

中国への依存を深めた前政権と異なり、インドなどとのバランス外交を掲げた新政府（シリセーナ大統領／ウィクラマシンハ首相）にとって、上記のCIFC事業の処遇が問題となった。スリランカ新政権としては、選挙キャンペーンでバランス外交への転換を主張し、前政権の汚職についても厳しく追及してきたため、新政権は国民に向けてはCIFCについても公約通りの判断を下したいところであった。しかし、新政権のCIFCをめぐる方針は思惑通りにはいかなかった。

スリランカの本事業に関連する中国への負債は約50億ドルとされ、しかも貸出利子率がやや高く、スリランカ政府の負担が大きいことが問題とされたが、当初、中国側はスリランカ側の合意変更要請には応じられないとの姿勢を示していた。2015年3月には、スリランカは閣議でCIFC建設計画を一時的に中断すると決定した。その理由として、環境上の評価が適切になされていないこと、一部の政府機関の承認を得ずに開始されたこと、などがあげられた。しかし、中国側（請負企業と政府）は同事業の継続を要請した。その時点で全体の約13％の工事がすでに進んでいたとされ、工事を中断中の一日の直接損失は約38万ドルにのぼり、工事の停止により浸食を受けてしまうことから、工事を再開するにしても追加的な費用が生じるため、早期に工事を再開する必要があると主張した。

スリランカ側は、中国からの融資の返済条件を緩和した上での事業再開を提案した。また、スリランカは中国への返済のためにIMF（国際通貨基金）に40億ドルの支援を求めたものの、2015年3月に拒否されていた。2015年8月の総選挙に勝利したシリセーナ政権は計画の白紙撤回を表明したが、やがてCIFC問題は止めるか再開するかの選択ではなく、いつどのような条件で再開するかが問題となった。結局、2016年には、スリランカとしても再開に向けてCIFC用地の防波堤建設を承認した。

(2) ハンバントタ港・空港および周辺の工業団地

とくに、スリランカで中国が進めたハンバントタ港の事業は国際的な注目を浴びた。

ハンバントタはラジャパクサ前大統領の地元であり、その政権下で多くの事業計画が進められた。また、ハンバントタはスリランカ南部に位置し、中国にとってはエネルギー資源のルートの観点から戦略的な重要性を持つ。輸入石油の約3分の2がスリランカ南部を通る上、その他のさまざまな物資の積み替え港として、ハンバントタに港を造ることにより、コロンボ港を使う場合よりも輸送距離を短縮できるというメリットもある(10)。また、ハンバントタ港の近郊の1.5万エーカーの土地に工業団地建設事業を進めており、ここに運輸、農水産加工、組み立て・製造業の企業・工場を誘致する計画である（Institute of

Policy Studies, 2018: 138)。

スリランカ南部のハンバントタ港は中国輸出入銀行の借款やバイヤーズ・クレジットにより支援され、その債務削減の代償として港の運営権が（99年間）中国企業に移ったことで有名である（悪名高い)。ハンバントタ港プロジェクトの第1期工事は、ラジャパクサ政権時代の2007年10月に合意され、2010年に完成した。第1期として、中国輸出入銀行が工費3.6億ドルの85％を融資している。この際の融資条件は、金利6.3％、返済期間17年（猶予期間4年）であった。第2期は2012年9月に合意され、計画を一部縮小したが、約8.1億ドルの工費で中国輸出入銀行から7.5億ドルの融資を受けて進められた。この際の融資条件は、いくつかのコンポーネントで異なるが、大半は金利2％、返済期間は19〜20年（猶予期間6〜7年）というものであった（Moramudali & Panduwawala, 2022: 8)。

ハンバントタ港は当初、スリランカが施設を管理運営する計画であったが、中国が追加資金を提供する代わりに、スリランカ港湾局が30％、中国（国営）企業が70％のシェアを持つ共同運営となった。さらにその後、スリランカ側に資金返済の目途が立たなくなる中で、2015年に交代したシリセーナ新政権は同プロジェクトを見直し、中国側と交渉を行い、港湾運営会社の株式の80％を11億ドルで中国側に譲渡するとともに、それを対中債務返済に充当し債務を削減する代わりに、中国国営企業に港の管理運営権を99年間渡すこととなった（榎本, 2017: 41-48)。スリランカが中国への債務返済を続けられなくなり、一帯一路の代表的事業であるハンバントタ港の運営権を中国企業（招商局港口）に譲渡したことは国際的にも大きく取り上げられ、中国による「債務の罠」の代表的事例とみなされている。

ハンバントタは後背地に産業も消費地もない貧しい漁村であるが、ラジャパクサ大統領の地元であり、経済合理性よりも政治的な意図で進められたと考えられている。ハンバントタに港や国際空港を建設するのは、ラジャパクサの出身地に近いばかりでなく、スリランカ政府にとって南部開発の象徴であり、かつ中国にとっても戦略的に重要だったからである。

なお、ハンバントタ港を通してスリランカに入ってくる貨物のうち約25％はスリランカの自国用であり、残りの約75％はスリランカを経由して第三国

写真5　ハンバントタ港（Sri Lanka Port Authorityのホームページより）

トリンコマリー港
コロンボ港
ゴール港
ハンバントタ港

図2　スリランカの主要港の位置

（出所）Sri Lanka Port Authority, National Port Master Plan: Vol.1 (Part 1), p.25をもとに作成。

に移動するものである。ハンバントタ港はアジアとヨーロッパ、アフリカをつなぐ海路の近くにあり、最も重要なハブ港になりうる。スリランカの財務企画省（国家計画局）は、港湾インフラ整備はスリランカの国家開発政策における最優先事項とした上で、「コロンボ港とハンバントタ港が近代的なコンテナ船を受け入れ、ヨーロッパや極東、中東、アフリカ、オーストラリア、太平洋沿岸国に航行するすべての船舶はこの二つの港に寄港できるものとする」と言及している[(11)]。

ハンバントタに建設されたマッタラ・ラジャパクサ（ハンバントタ）国際空港は、第1期工事は2009年に開始され、2013年に完成（工費2.09億ドル、中国輸出入銀行が1.9億ドル融資）し、第2期工事は2017年に完了した（工費は1億ドルで中国輸出入銀行が融資）[(12)]。この空港は、年間500万～600万人の利用客に対応できる大型空港を目指していたが、完成後は「世界で最も空いている国際空港」と言われ、空港内に野生の牛が住みつく状態であるとされる。新政権成立以降は、ナショナルフラッグのスリランカ航空もハンバントタ国際空港への就航をとりやめた（榎本, 2017: 48-49）。定期便の発着は1日1〜2便程度で、同時に建設された高速道路もほとんど利用されていない状態だという（朝日新聞取材班, 2019: 228）。

3. 中国の援助拡大と依存拡大の評価

次に、中国との関係強化の便益（ベネフィット）と懸念（コスト）をまとめておこう。

(1) 中国との関係強化の便益

スリランカ経済の発展にとって、海外からの投資の拡大は重要である。2009年のLTTEの壊滅後の治安の安定は、海外からの投資の受け入れにとって肯定的な要素であったが、直ちに投資が拡大したわけではない。内戦の終結がスリランカ中央政府の強引な軍事的手段によってもたらされ、内戦終結後の北部を中心とするタミール人避難民の扱い等に関して、人権軽視との非難の声が上がり欧米からの支援が停滞する中で、中国からの援助や投資の拡大、貿易関係の強化は、スリランカ経済にとっては大きなプラス要因であった。第2節で言及したコロンボ国際金融センター（CIFC）事業やハンバントタ港・工業団地の建設、高速道路網等の経済インフラの整備は、とくに中国からの投資の拡大に大いに資するものであった。CIFC事業やハンバントタの工業団地は、途中コロナ禍もあり、まだ建設途上であるが、これらが完成した暁にはさらに投資の拡大とそれに伴う雇用や経済の拡大が期待されている。

中国は、インフラ整備にとどまらず、大規模な研修事業も推進した。2015年から2017年までの間に、中国は1200以上の奨学金や研修事業を提供し、人材育成の分野でもかなりの貢献をしてきた。また、観光客数で見ても、2016年には約27万人の中国からの観光客がスリランカを訪れ、これはインドの約36万人に次ぐ第2位であった（同年、日本からの観光客は約4万人で第10位、2018年には第12位に後退）。中国からの観光客数は、2010年から2016年までの6年間に約70％拡大していた（Institute of Policy Studies, 2018: 135-136）。

物理的なインフラ整備に関する中国の貢献だけでなく、こうした人材育成・人的交流・技術の移転等のソフト面の中国の貢献についても肯定的に評価する報告書もある（Institute of Policy Studies, 2018: 140-143）。在スリランカ中国大使館の資料によれば、中国はスリランカとの経済協力を通じて、2016年までに10万人以上の雇用を創出し、1万人以上の人材育成を行い、中国企業のインフラ建設の総額は155億ドル、直接投資の総額は20億ドルを超え、スリランカの経済成長と社会開発に貢献した、と記載されている(13)。

(2) 中国との関係強化のリスク・課題

他方で、スリランカが中国との関係を強化する中で、次第に顕在化してきたリスクや課題も少なくない。

① 中国の戦略的・外交的意図への警戒

中国はスリランカの経済発展を支援する目的のみで、援助や融資や投資を拡大してきたわけではもちろんない。「一帯一路構想」に関してもすでに議論されているように、中国が連結性（connectivity）を強化し経済的なつながりを深めてきた背景には外交的・戦略的な意図があり、スリランカは「海のシルクロード」の戦略的に重要な場所に位置し、ハンバントタ港は、パキスタンのグワダル（Gwadar）港、バングラデシュのチッタゴン（Chittagong）港、ミャンマーのチャウピュー（Kyaukpyu）港と並ぶインド洋のいわゆる「真珠の首飾り」の拠点港であり、インド洋への中国の海洋進出の拡大に対してはインドなども強く警戒している。スリランカはその地理的位置からも歴史的な関係からも伝統的にインドの強い影響下にあり、ラジャパクサ政権下で中国への接近が急速に進んだが、インドとバランスをとる外交的な考慮はスリランカの外交・安全保障上不可欠である。そうしたバランス外交の中で、中国との関わりはスリランカにとって引き続き重要な要素であり続けている(14)。

②「債務の罠」への警鐘

中国の「一帯一路」に関連する事業のために中国から多額の融資を借り入れ、将来的に返済困難に陥るリスクを問題視する報告書や報道が、近年相次いで出されている。なかでも、2018年にワシントンDCのグローバル開発センター（CGD）から出された報告書が代表的なものである。中国の「一帯一路構想」の対象国68カ国の中で、債務返済リスクが著しく高くなってきている国として8カ国、すなわちジブチ、キルギスタン、ラオス、モルディブ、モンゴル、モンテネグロ、パキスタン、タジキスタンをあげ、その債務持続性の課題を指摘し「債務の罠（dept trap）」という言葉を広めることにつながった（Hurley et al., 2018）。

スリランカは上記の8カ国に入っていないが、図3で示されている国々の中で右側にある国ほどGDPに対する債務の比率が高く、この数値が60％以上の国が「ハイリスク」とされる。スリランカの2017年時点の対外債務総額は483億ドルでGDPの81.6％、2020年末時点では対外債務総額492億ドル、対GDP

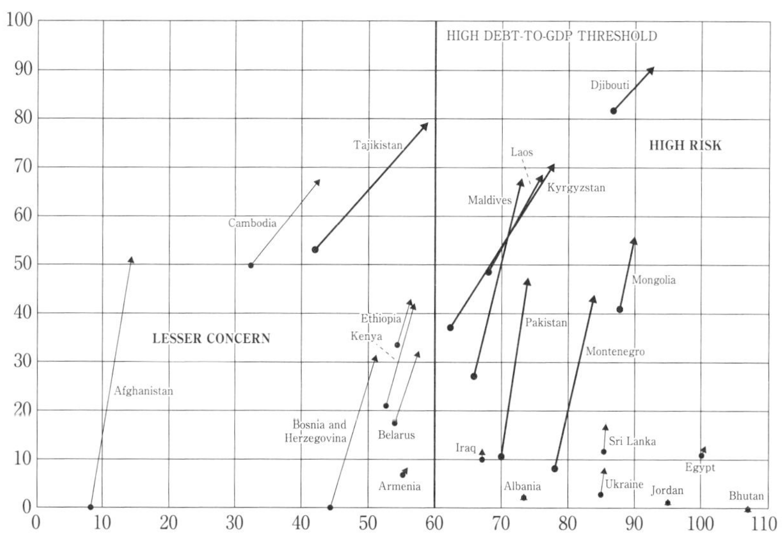

図3　「一帯一路」事業による債務状況の悪化

（出所）Hurley et al.（2018: 12）より。
（注）縦軸は対外債務に占める中国債務の比率（％）、横軸はGDPに占める公的債務の比率（％）。

比率60.9%である。年間債務返済額は110億ドルとされるが、これはスリランカ政府の歳入額にほぼ等しく、返済能力に問題があるのは明らかである。2017年時点でのスリランカの対中債務は約80億ドルといわれ、債務総額に占めるその比率は現時点では著しく高いとまではいえない。しかし、金利は年率平均6.3%といわれ、世界銀行や日本の譲許的な貸付条件（0%から2%程度の低い金利や30年から40年の長い返済期間）と比較して貸付条件がかなり悪い。

とくに、返済の見通しが立たない中で、個別の案件で債務の削減とあわせて港湾施設の管理運営権や運営企業の株式を中国国営企業に譲渡するという事態が生じたことは、「債務の罠」の典型的な事例として国際的にも問題視されている。

中国とスリランカの援助・融資額を見ると（ODA統計はなくスリランカ政府の統計による）、1971年から2012年の間に中国はスリランカに対して50億5600万ドルの援助･融賀を行っているが、そのうちの94%が2005年、すなわちラジャパクサが大統領に就任して以降に行われた。そして、他の援助国との大きな違いは、借款による大規模な事業が多く、スリランカ側に返済の義務がある点である。そのため、次第に中国の事業に対する不信感も生じるようになり、野党議員らは、中国からの借り入れコストが他の国際開発金融機関などと比べて高いことを批判した。また、巨大インフラあるいはモニュメント的な建造物が中心であり、事業の経済・雇用への効果に対する疑問のほか、ラジャパクサ一族と中国との不透明な関係の指摘やキックバックや汚職などの疑惑も提示された。

③事業としての経済性や透明性の確保の問題

実際、中国が融資・投資の大半を担った事業に関して、事業としての経済性が問題視されている。コロンボのCIFCやハンバントタの港・空港などは政治的に決定されたもので、投資金額に見合う経済的需要やニーズに対応しているのか、将来的な収益が得られるのか等に関しては、多くの疑問がある。

さらに上記と関連するが、インフラ投資への中国の融資・投資事業の決定過程の不透明性が指摘されており、そこに汚職があったのではないかとの疑惑も取り上げられている。実際、TRACE Bribery Risk Matrix（賄賂リスク・マトリックス）の2017年の数値を見ると、スリランカは全世界200カ国のうち159番目であり（中国自身も158番目）、2018年の数値では148番目（中国は151番目）である[15]。事業の建設費用の10〜30%が汚職で失われているとの指摘もある。なお、トランスペアレンシー・インターナショナルのCorruption Perception Index（汚職認識度指数）を見ると、スリランカは、2015年時点で数値が37（高いほど悪い）で167カ国中83位、2018年時点で数値が38で180カ国中89位、2022年時点では数値が36で180カ国中101位であり、数値は多少改善も見られないことはないが、世界の中でのランキングは次第に落ちている[16]。

その他にも、中国関連事業については、環境への影響に関するアセスメントが適切になされていないなどの指摘もある。要するに、事業に際しての適切な資金計画の判断や経済合理性に基づく決定、決定プロセスの透明性の確保や汚職の排除、適正な環境アセスメントの実施などに関して、課題が指摘されている。近年、中国が途上国で進めるインフラ整備に関して、「質の高いインフラ」が国際的に求められるようになっているゆえんである。

(3) スリランカの債務再編と中国

国際開発金融秩序との関わりの中で、とくに大きな問題は債務問題への対応である。

中国の融資の拡大に伴い、対中債務が急速に拡大し、2021年末には対中債務がスリランカの対外債務の約20%を占めるに至っている。長年スリランカを支援してきた日本（1960年代から円借款を供与）やADB・世界銀行に対する債務の割合はこの15年ほどの間に急速にその比率を下げており、中国向け債務の比率が拡大している。日本に対する債務の比率は2000年には約32%であったが、2021年末には約9%にまで低下している。

なお、図4の「ISBs」というのは「国際ソブリン債」であり、ISBは国際金融機関や二国間から借り入れるよりも条件が緩くスピーディーに調達できるが、コストが高く5年から10年後にまとめて返済しなければならない。安易な借り入れに走り、やがて債務返済に窮して外貨不足に陥り、経済社会の大混乱を引き起こす背景となった。

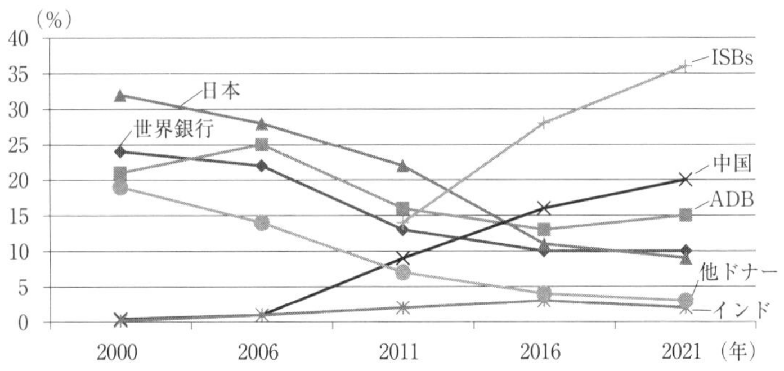

図4　スリランカの対外債務の貸手別の比率の推移（2000〜21年）

（出所）Moramudali & Panduwawala（2022: 21）のデータをもとに筆者作成。

スリランカでは、とくに2022年に入り、政府の対応のまずさもあって、経済危機が深刻化し、外貨不足により物資不足や物価高が進み停電が長期化するなど、不満を高めた市民の暴動が激化した。4月には全閣僚が辞任するなど、政治・社会不安も拡大した。

スリランカ政府は悪化する経済危機に対応するため、中国に対し債務の支払い猶予（リスケ）や削減、緊急融資などの支援を求めた(17)。中国から10億ドルの融資獲得と15億ドルの信用枠確保を目指すとのスリランカ政府の表明もあったが、中国政府は検討するとの返答にとどめていた。その一方で、スリランカはIMFに緊急融資を正式に要請した(18)。

2023年1月になると非パリクラブ国とパリクラブ参加国がともに資金保証を公表し、中国政府も2023年1月19日、融資の元本および利息の返済を2年間猶予するとの通知をスリランカ政府に送り、IMFによる融資支援の供与を側面支援すると表明した(19)。2023年10月には、スリランカ政府（財務省）と中国輸出入銀行との間で、中国への債務約70億ドルのうち42億ドルの処理で合意がなされたとの報道があった。これにより、スリランカ政府とIMFとの間の債務再編プログラムの初回審査を通過し、IMFから第二次融資の3億3400万ドルを確保することができるとされている(20)。

債務再編に際しては、債権国・債権者の間で損失をどのように共有・負担するのかがポイントになる。債務再編に関して、中国が二国間での交渉を優先す

表1　スリランカの債務関連指標

項目／年	2010	2016	2017	2018	2019	2020
対外債務総額	21,684	46,661	50,766	52,920	56,118	56,342
元本返済（長期）	727	1,702	2,713	5,523	4,431	3,498
利子返済（長期）	616	990	1,030	1,546	1,542	1,590
IMF借り入れ額	1,920	1,086	1,329	1,545	1,864	1,927
対輸出債務比率（%）	190	266	264	258	285	424
対GNI 債務比率（%）	39	58	60	62	69	72
GNI	56,109	80,205	85,107	85,556	81,558	78,523

（出所）World Bank, International Debt Statistics 2022: Sri Lankaより作成。
（注）単位：100万ドル。

るのに対して、日本はフランスやインドとともに、2023年4月には新たな「債権国会合」を発足させ共同議長を引き受けた（財務省, 2023)。中国は、依然としてオブザーバーとしての参加にとどまっているが、スリランカが日本やインドなど他の債権国や外債保有者との合意に向けた取り組みを強化するなか、今回の中国との暫定合意は債務再編に向けたプロセスを一歩進めるものであるとはいえよう。

一方で、スリランカと中国との関係が債務への対応めぐって緊張するなか、積極的な外交を展開したのがインドである。インドは2020年に、SAARC (South Asian Association for Regional Cooperation：南アジア地域協力連合）の枠組みを使って、スリランカへの経済支援として4億ドルの通貨スワップを提供し、さらに2022年1月にも追加で4億ドルの通貨スワップを提供した。インドは、近隣外交の一環としてスリランカ支援を拡大したと考えられる。

2022年には、スリランカ経済の状況のさらなる悪化を受けて、インドからの輸入代金として5億ドルの信用供与を行い、続いて食料や医薬品の購入資金として10億ドルの信用枠と7200万ドルの援助を提供した。また、2023年1月には、IMFによる29億ドルの支援パッケージに参加し、さらに10億ドルの信用枠を追加した。こうしたインドの支援に対し、ウィクラマシンハ大統領はインドとの関係強化の姿勢を強めている[21]。

4. 日本のスリランカへの関与政策

(1) 日本による港湾整備支援

これまで、スリランカに対する中国の関与の実態に焦点を当てて述べてきたが、本節では、二国間ドナーとしては2009年までスリランカに対する最大援助国であった日本の政策について述べておくことにしよう。

スリランカはインド洋を東西に横切る主要な海上交通路に近接し、アジアと中東アフリカ、ヨーロッパをつなぐ場所に位置する。北にはインド、バングラデシュ、パキスタンなどが位置しており、著しい成長が見込まれるマーケットに近接していることから、多くの企業が現地へ進出している。日系企業ではノリタケなどの現地工場があるほか、流通分野では郵船ロジスティクス、近鉄エクスプレス、日本通運などが支店の設立や現地大手企業への資本参加などを行っている。

スリランカでは、コロンボ港の整備など、かつては日本の円借款が先行していた。日本政府のコロンボ港の貨物取り扱い能力の拡張支援は、1980年に始まり、約30年間、継続的に円借款が供与されてきた[22]。また、コロンボ港には、日本の尾道造船が出資する船舶修理を担う企業もあり、日本とスリランカ

写真6（左）日本支援のコロンボ港コンテナターミナル
写真7（右）尾道造船出資の船舶修理のための埠頭

（いずれも2019年3月筆者撮影）

の海運インフラ整備とは長く深いつきあいがある。

日本政府もスリランカの港湾整備支援には引き続き力を入れており、スリランカ北東部のトリンコマリー港の24時間運用に対応する機能拡張の支援を、2017年に約11億円の無償資金協力で支援してきた(23)。本プロジェクトが実施されたトリンコマリーは、アジア有数の天然良港であるトリンコマリー港を擁する東海岸最大の都市である。1980年代以降は内戦の被害を受けたが、内戦終結後は観光地として人気が高まっている。

2017年に都市開発庁（Urban Development Authority: UDA）が策定した「トリンコマリー県マスタープラン」によると、トリンコマリーは「物流と観光のハブとして都市化され、ベンガル湾と周辺国を中心とした海運、物流、産業の拠点となる世界有数の港町に生まれ変わる」と記載されている。スリランカ財務省へのインタビューにおいても、トリンコマリーは東部州の州都として行政サービスの重要な拠点であることや、地域開発のためにはトリンコマリー港の発展が必要不可欠であることを述べていた。「国家港湾マスタープラン」によると、トリンコマリー港は、世界有数の天然の深海港であるという利点を生かして穀物、セメント、石油などのバルク貨物を取り扱う重要な港であり、停泊する船舶に対して積み替えや乗り換え、係留などのサービスを提供する拠点としても位置づけられている（外務省ODA評価, 2021）。

(2) 日本の経済外交：インド洋東部物流拠点としてのトリンコマリー港

2017年当時の日本政府は「FOIP（Free and Open Indo-Pacific：自由で開かれたインド太平洋）」構想を打ち出していたが、その中身には、安全保障上の考慮と経済的な考慮の両面があったと解釈できる。安全保障面については次節で述べるとして、まずは経済的側面について整理しておこう。

当時の物流に関するインド洋東部（ベンガル湾周辺）の開発事業を見ると、2014年頃からミャンマー・ヤンゴン南方のティラワ経済特区での工業団地建設（ティラワ地区インフラ開発事業［フェーズ1・2］）に円借款を2014年9月より供与、Myanmar Japan Thilawa Development社に出資し2015年9月運営開始、および2018年頃からそこに隣接するティラワ地区港の整備支援が始まっており、港湾拡張のための円借款を供与する一方、2018年8月日本企業を中心とするThilawa Multipurpose International Termicalを設立した。これらは日本政府が全面的に支援してきた事業である。また、日本政府が支援を決めたわけではないが、タイ国境近くのダウェー工業団地の開発計画も存在した。

スリランカ北東部のトリンコマリー港は、これらミャンマーやバングラデシュのチッタゴン港などをつなぐ海洋物流の拠点の一つとなる可能性も考えられた。ただし、残念ながら、2020年からコロナ禍が続く一方、2021年2月にはミャンマーでの政変（軍部による政権奪取）が生じて、ミャンマーを中心とする海運量は減少し、トリンコマリー港を使った貿易取引量も減少してしまっているのが現状である。

本案件の形成・実施と並行して、2016年前後に、スリランカに対して広域的な海運物流網の支援を検討した形跡もある。日本政府（財務省）のADBを通じた「国家港湾マスタープラン」作成支援もその一環と見ることも可能であるし、日本政府（経済産業省など）は、トリンコマリー港の開発のために、コンテナターミナル拡張のための円借款供与の可能性を検討したという情報もある。ただし、その後、ハンバントタ港の能力拡充に伴い、もはやトリンコマリー港でのコンテナターミナル建設は期待されていない。また、かつてはトリンコマリー周辺での石炭火力発電所の建設計画も考えられたが、脱炭素化の国際潮流の中でこの計画もなくなった。

スリランカ政府は北東部の開発の観点から、引き続き、トリンコマリー港周辺の工業化を推進する開発計画を有しており、民間企業を含めた海外からの融資や投資を期待しているが、こうした期待は思い通りには実現していないのが実情である。

(3) 自由で開かれたインド太平洋戦略（FOIP）

他方、中国のハンバントタ港建設支援については、中国の戦略的な思惑（インドを取り巻くいわゆる「真珠の首飾り戦略」）についての疑念が指摘され、日本政府は、必ずしも中国への対抗だけを意識したものではないが、FOIP政策を打ち出している。

FOIP政策は、2017年にケニアで開催された第6回アフリカ開発会議（TICAD）において安倍総理大臣（当時）が本戦略を対外発表した。この政策は、包括的かつ透明性のある方法でルールに基づく国際秩序を確保し、二つの大陸（アジア、アフリカ）と二つの大洋（太平洋、インド洋）の連結性を高めることで地域全体の安定と繁栄を促進していくことを目指している[24]。

FOIP戦略は、①法の支配、航行の自由、自由貿易などの普及・定着、②経済的繁栄の追求（連結性、EPA/FTA〈経済連携協定／自由貿易協定〉や投資協定を含む経済連携の強化）、③平和と安定の確保（海上法執行能力の構築、人道支援・災害救援など）の三本柱で構成される[25]。その中の②には、港湾、鉄道、道路などの質の高いインフラ整備を通じた「物理的連結性」、人材育成による「人的連結性」、通関円滑化による「制度的連結性」の強化を含む。日本政府は、ソフト・ハード面での連結性強化支援、能力構築支援を通じたガバナンス強化、

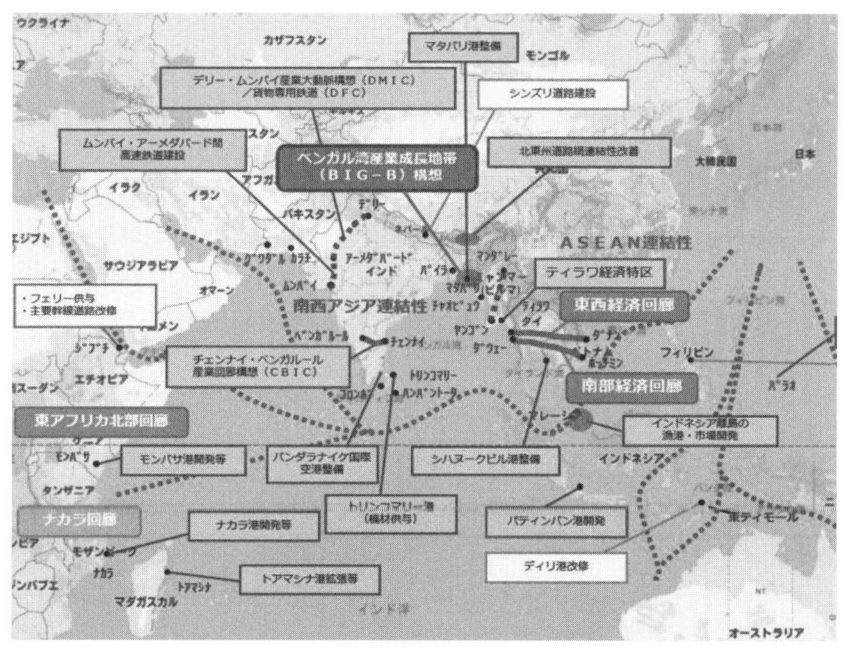

図5　日本政府が進めてきたFOIP関連事業

（出所）外務省「『自由で開かれたインド太平洋（FOIP）』のための新たなプラン　具体的な取組例」（https://www.mofa.go.jp/files/100478783.pdf）30頁「ハード面での協力例」より。

海洋安全保障および海上安全の確保などを戦略的に推進しているとしている[26]。

これらが真に連携をとって戦略的に進められているかといえば、むしろ後付けの議論であるように見えないこともないが、この地域で日本政府が実施するFOIP関連案件を示したものが図5である。

(4) 安全保障面での考慮：海上輸送路の確保および安定

一方、当時の日本政府のFOIP構想には、上記の経済的側面の一方で、安全保障面での考慮もあったと推測される。

「海上輸送路の確保および安定」を目的としたODA案件としては、2016年6月に合意された無償資金協力「海上安全能力向上計画」（概算協力額18億3000万円、協力期間2016年6月～2018年2月予定、実施機関／カウンターパートはスリランカ沿岸警備庁〈Sri Lanka Coast Guard: SLCG、2009年に海軍より分離〉）があり、「SLCGに対し巡視艇を整備することにより、当国沿岸部における海難援助、海上犯罪の予防・鎮圧に向けた法執行能力の向上、船舶からの油等の流出事故対応等の海上安全能力の強化を図り、もって当国沿岸域の海上安全の向上に寄与する」ことを事業目標としていた。2018年8月下旬には中根外務副大臣が訪問し、スリランカ沿岸警備庁に供与する巡視艇の引き渡し式に出席した。

先のトリンコマリー港の整備支援事業は、あくまでも「スリランカの経済社会開発および日系企業活動の支援に寄与する」ことを目標とする開発案件であるが、当時、FOIPに関連して「地政学的な重要性」が考慮され、日本の対スリランカ外交強化の一環として位置づけられる関連案件と見ることができる。

実際、河野外務大臣（当時）が2018年1月にスリランカを訪問し、コロンボ港を視察した。日本の外務大臣の訪問は15年ぶりであった。同年3月にはシリセーナ大統領が訪日している。さらに同年8月には小野寺防衛大臣（当時）が日本の防衛大臣としてはスリランカを初訪問し、コロンボ港、南のハンバントタ港、東のトリンコマリー港を視察した。港の訪問・視察にあたり、上記の日本の要人たちが強調したのは、「自由で開かれたインド太平洋」の実現のための協力であった。

トリンコマリー港への自衛隊艦船の寄港についていえば、2013年に初寄港し、以降の実績は以下の通りである。2014～16年には実績はなく、2017年に

1回、2018年に1回、2019年に1回、2020年に1回、そして2021年には3回と増え、2022年に入って1回（2月末時点）である。本件無償資金協力が始まった2017年以降、自衛隊護衛艦のトリンコマリー港への寄港が毎年なされ、共同演習を実施するようになっている。

ただし、この事実とトリンコマリー港の能力強化支援との間に何らかの因果関係を見出すことは困難である。トリンコマリー港にはもともとスリランカ海軍の基地があり、それはODAによる港の能力強化支援の対象外である。

一方、スリランカ沿岸警備庁への巡視艇供与は日本だけが実施したわけではなく、同時期（2015～19年）に米国も3隻、インドも1隻を供与している。また、共同演習も、日本のほか、米国やインドの間でも実施されている。当時の日本外交において、インド洋の海上安全の観点から、米国やインドと協力しながらスリランカとの連携の強化の努力がなされたということであり、本案件もそのような外交的環境の中で形成されたと位置づけることができよう。

おわりに：スリランカ政治の混迷と今後の方向

スリランカは2009年の内戦の終結後、おおむね着実に経済は発展を遂げてきたが、その一つの要因が中国からの融資によるインフラの整備の進展と投資の拡大であったことは否定できない。とくに2005～15年のラジャパクサ政権下で中国への経済的依存が進んだ。2015年にシリセーナ政権になって、外交的にはよりバランスをとる方向に変化し、事業や融資の返済に関しても見直しがなされたが、すでに開始された中国関連事業は結局継続され、その債務返済の課題は継続している。

開発を進めていく過程で、国民・住民の意見の尊重や腐敗・汚職を防止するメカニズムとして、議会やメディア・市民社会によるチェック機能は不可欠であり、「債務の罠」に陥るリスクを軽減する観点でも、民主的な政権交代や議会制度のチェック機能はきわめて重要である。2018年5月の選挙で、ナジブ政権からマハティールが主導する政権への交代ののち、前政権の中国関連事業の汚職問題が摘発され事業の見直しが行われたマレーシアの事例も、同様の教訓を示しているといえよう。

ただし、近年、スリランカの政治は再び混迷の様相を呈し始めている。一つには、2018年10月末にシリセーナ大統領による突然のウィクラマシンハ首相解任、かつての政敵ラジャパクサの首相任命、7週間後には大統領がウィクラマシンハを再び首相に任命するという前代未聞の政変があった（荒井, 2018）。2018年の大統領選挙では、マヒンダ・ラジャパクサの弟のゴタバヤ・ラジャパクサが大統領に当選した。また、2019年5月8日には、キリスト教会での連続爆弾テロがあり、宗教的な対立の激化が予想されている。

COVID-19の拡大により主要な外貨獲得手段である観光業が低迷した上、農業改革の失敗により農業生産が縮小し食料輸入が増加するなか、ロシアのウクライナ侵略等を背景に食料・エネルギー価格が急騰し、外貨準備は枯渇寸前となった。同国の経済が混乱するなか、2022年5月にはマヒンダ・ラジャパクサ首相が辞任し、ウィクラマシンハが首相に就任。その後、経済混乱の中で暴動が頻発すると、同年7月、ゴタバヤ・ラジャパクサ大統領が国外に逃亡し辞職、これを受けてウィクラマシンハ首相が大統領に就任した。

今やスリランカの政治経済に大きな影響を持つようになった中国は、債務再編の国際的枠組みと共同歩調をとることをはじめ、大国としての責任を果たすべきであろう。その一方で、長らくスリランカの内戦からの経済復興や経済開発を支援してきた日本としては、地道にスリランカの経済開発への支援を継続しながら、国際社会とともに安定した民主的な社会づくりに向けた手助けも同時に進めていくべきだと思われる。

注記

(1) 中国の「一帯一路構想」についての文献は数多いが、たとえば次を参照。ワン・イーウェイ（川村明美訳）(2017)『「一帯一路」詳説』日本僑報社。交通経済研究所（2018）『運輸と経済』（特集：「一帯一路」をどう読み解くか？）12月号。

(2)「一帯一路構想」の対象地域での現実の姿を描写した文献として、たとえば次を参照。トム・ミラー（田口末和訳）(2018)『中国の「一帯一路」構想の真相』原書房。朝日新聞取材班（2019）。

(3) Institute of Policy Studies, *Sri Lanka State of the Economy*, Institute of Policy Studies of Sri Lanka,

2018年版および2023年版より。

(4) Press Releases, *The First Two Sri Lankan Projects Funded by the Asian Infrastructure Investment Bank*, Department of External Resources of the Ministry of Finance of Sri Lanka, 2019.4.30.

(5) 2000年代前半までのスリランカに対する援助は世界銀行や日本などからの援助が中心で、スリランカの市場経済化や安定を支援していた（Bastian, 2007）。

(6) 2012年以降、欧米諸国は、国連人権理事会において、スリランカにおける内戦末期の人権侵害の真相究明、責任者処罰等に関する決議を提出しているが、中国は「内政不干渉」の立場からスリランカを一貫して支持し擁護している。2021年、本件決議が投票に付された際にも中国は反対票を投じた（杉山, 2021）。

(7) スリランカ政府の元監査当局者は、中国投資案件を認可するにあたって6%の「キックバック」を提示されたと証言している。また、賄賂の市場レートは30%との指摘もある。Vincent Mingqi Zhu, "Chinese Money and Peace," in (Hopman and Serwer, 2016: 252).

(8) コロンボ大学専門家へのヒアリング（2019年3月8日）。

(9) 以下の経緯については荒井（2016b: 116-118）を参照・引用した。

(10) コロンボ大学専門家へのヒアリング（2019年3月8日）。

(11) 2010年に発行した「マヒンダ・チンタナ――将来の展望」報告書。

(12) https://www.airport-technology.com/projects/hambantota-international-airport/ より。

(13) Embassy of the PRC in Sri Lanka, A Brilliant Future for China-Sri Lanka Cooperation under the "Belt and Road" Initiative, 2017.6.16. http://lk.china-embassy.org/eng/xwdt/t1470918.htm

(14) スリランカ前外務大臣による代表的な論考として次を参照。Palihakkara, H. M. G. S. (2019), "Island of the lion and land of the dragon," *The Daily Star*, August 24.

(15) https://www.traceinternational.org/trace-matrix より。

(16) *Corruption Perception Index* 2015, 2018および2022より。

(17) テレビ朝日ニュース、2022年7月15日。

(18) Bloomberg, Sri Lanka-IMF Meet Affects China's Credit Talks, Envoy Says, 2023.4.25.

(19) ロイター（コロンボ）、2023年1月24日。

(20) ロイター（コロンボ）、2023年10月12日。

(21) Nishan de Mel; Nilanthi Samaranayake; Ambika Satkunanathan (2023), Year After Mass Protests, Sri Lanka's Governance Crisis Continues, June 20, *USIP Commentary*.

(22) コロンボ港改善事業（1994～2005年）、コロンボ港緊急改良事業（1999～2006年）等。

(23) 2017年度・対スリランカ無償資金協力（経済社会開発計画）。

(24) 外務省（2017）「特集：自由で開かれたインド太平洋戦略」。https://www.mofa.go.jp/mofaj/gaiko/bluebook/2017/html/chapter1_02.html#T003

(25) 外務省 (2022)「自由で開かれたインド太平洋」。https://www.mofa.go.jp/mofaj/files/000430631.pdf

(26) 外務省 (2022)「自由で開かれたインド太平洋に向けた日本の取組」。https://www.mofa.go.jp/mofaj/files/100056238.pdf

参考文献

朝日新聞取材班 (2019)『チャイナスタンダード――世界を席巻する中国式』朝日新聞出版。

荒井悦代 (2016a)『内戦後のスリランカ経済』アジア経済研究所。

荒井悦代 (2016b)『内戦終結後のスリランカ政治』アジア経済研究所。

荒井悦代 (2018)「スリランカ大統領による政変の帰結――さらなる混乱の始まり」『IDEスクエア』12月号、アジア経済研究所。

榎本俊一 (2017)「中国の一帯一路構想は『相互繁栄』をもたらす新世界秩序か？」RIETI Policy Discussion Paper Series 17-P-021、経済産業研究所。

外務省ODA評価 (2021)『平成29年度／対スリランカ無償資金協力（経済社会開発計画）の評価（第三者評価）報告書』。

財務省（緒方健太郎・小荷田直久・鳥沢紘悠・上坂美香）(2023)「スリランカの債務再編（デフォルトから債権国会合創設までの歩み）」『ファイナンス』6月号。

杉山明 (2021)「（中国特集）スリランカから見た中国」『時事コラム』（6月24日）霞関会。

Bastian, Sunil (2007), *The Politics of Foreign Aid in Sri Lanka: Promoting Markets and Supporting Peace*, International Centre for Ethnic Studies (Colombo, Sri Lanka).

Hopman, Terrence and Daniel Serwer (eds.) (2016), *Sri Lanka in Transition*, Johns Hopkins University-School of Advanced International Studies (Washington D.C.).

Hurley, John, Scott Morris, and Gailyn Portelance (2018), *Examining the Debt Implications of the Belt and Road Initiative from a Policy Perspective*, CGD Policy paper 121.

Institute of Policy Studies (2018), *Sri Lanka State of the Economy 2018*, Institute of Policy Studies of Sri Lanka, October.

Moramudali, Umesh and Thilina Panduwawala (2022), "Evolution of Chinese Lending to Sri Lanka Since the mid-2000s: Separating Myth from Reality," *China Africa Research Initiative (Briefing Paper)*, No.8.

Ramanayake, Pradeep (2017), "Sri Lanka in a balancing act over China's One Belt, One Road project," *Sri Lanka Brief*, 25 May. https://srilankabrief.org/2017/05/sri-lanka-in-a-balancing-act-over-chinas-one-belt-one-road-project/

Smith, Jeff M. (2016), "China's Investments in Sri Lanka," *Foreign Affairs*. November.

第5章

急拡大する中国の対外経済協力とその「規範」の変容
——ミャンマー・ミッソンダムの事例を中心に——

はじめに：本章の焦点

近年の中国の経済成長は著しく、その政治的・経済的影響力の拡大はグローバルな課題でもある。とくに、急増する中国の開発途上地域への対外経済協力（援助や投資）は、開発途上国の経済開発や政治社会に大きな影響を与えるようになっている。開発効果という点ではプラスの効果があるとの評価もある一方、権威主義的な政治体制や腐敗・汚職を生んでいるとのマイナスの評価もある。

中国が主導する個別の事業を見ても、土地収用や環境問題など、住民の反対運動に直面して事業の見直しを求められる事例も頻発している。中国の経済協力の問題の一つは、その大半が融資の形で行われ、しかもその事業には中国企業の参画（いわゆるタイド）が求められていることである。また、ミャンマー、マレーシア、スリランカなど、相手国の政治変化を受けて、中国からの融資や事業の見直しがなされる事例も出てきている。

そのような状況のなか、次のような論点について議論を整理するとともに、実証的に分析・検討することが必要とされていると思われる。①中国の「一帯一路構想（BRI）」関連事業が、相手国の内政や国民感情やその変化とどのように関連しているのか。②中国の援助や投資の拡大に伴って進出対象国で直面する課題や挫折に対して中国自身はどのように対応しているのか、政策・姿勢の変化はあるのか。

本章の第1節は、とくにミャンマー北部（カチン州）のミッソン（Myitsone）ダムの事例を中心に、上記の論点について、実態を踏まえて議論を整理する。ミッソンダムは中国が主導した巨大ダム計画である。2009年に合意がなされ建設が開始されたが、ミャンマーの民主化の潮流の中でテイン・セイン政権

（当時）により2011年に凍結され、民主化後の国民民主連盟（National League for Democracy: NLD）が主導する政権でもその再開の是非が懸案事項となっていた。

ミャンマーでは、2011年の民政移管以降、依然として中国の経済的影響力は圧倒的であるものの、中国からの投資は減少し、中国政府も相手国の国民の声に耳を傾けざるを得なくなり、事業にあたって住民対策や汚職対策、社会的責任なども重視するようになってきた気配もうかがわれる。

第2節では、上記のミャンマーのミッソンダムの事例を手がかりに、より広く中国の援助や投資にあたっての環境社会的配慮など、政策や姿勢が変化（これを経済協力に際しての「規範」の変化ととらえる）が生じているのか、それを中国の援助の「リベラル化」ととらえ、そうした変化の要因をどのように説明できるのか、について論じる。

このように、ミャンマーの事例だけではなく、中国の経済協力「規範」の変化の動向を、国際開発援助体制の「規範」の潮流や、1980年代以降に生じた日本の援助規範の変容との比較の視点を入れながら議論したい。

1. 中国のミャンマーにおける巨大事業とミッソンダム

(1) ミャンマーにおける中国の巨大事業

ミャンマーにおける中国の経済的存在感は圧倒的である。地理的にもミャンマーは中国の雲南省と隣り合わせであり、その国境は2129kmにも及ぶ[(1)]。歴史的に見ても、中国南部からミャンマーへの大量の移民があり、商業で支配的なネットワークを築き、たとえば中部の中核都市マンダレーの人口の約半数は中国系であるともいわれる。

さらに、1988年の民主化運動の弾圧以降2011年の民主化（民政移管）までの間、ミャンマーは国際的に孤立し、投資や貿易・援助などの経済的関係を中国に依存せざるを得なかった。もともと、ミャンマーは国境貿易などを通じて中国経済とのつながりは強かったが、この時期は中国への依存が過度に進んだ。軍事政権下の2008年から2011年は、とくに中国のミャンマーへの投資が拡大した時期であり、最大の投資案件は、中国雲南省からチャウピュー（Kyaukpyu）に至る石油ガス・パイプラインであり、総延長793km、輸送量はガスが年40億m^3、石油が年2200万トンに達し、2013年に操業が開始された。また、レッパダウン（Letpadaung）銅鉱山は、ミャンマーの軍企業との合弁で中国側が10.6億ドルを出資、2012年に建設を開始し、反対運動にあいながらも2016年に操業を開始した。いずれの事業も、土地収用や環境問題で、住民の反対運動にもかかわらず進められた事業である。

三大計画といわれたもう一つの事業は、イラワジ川上流に七つのダムを建設する計画であり、ミッソンダムはその中核となるダム計画である。発電量は6000MWであり(2)、発電の90％は中国に輸出するものとされ、中国側の投資金額は36億ドルとされた。2009年の合意以降、建設が進められたが、土地収用や環境問題で反対運動が高まり、2011年に中断された。

2011年の民主化と改革への転換に続いて、2015年には選挙が実施され、その結果、NLDが多くの議席を占め、アウンサン・スーチーを事実上の指導者とする政権が成立した。NLD政権は、欧米や日本などからの投資を歓迎する一方、中国との関係も維持し、経済開発を重視する姿勢を示した。

2017年5月には、アウンサン・スーチーは北京で開催された最初の「一帯一路・国際協力フォーラム」に参加した。また、2017年11月に、ネピドーを訪れた中国外交部長（Wang Yi）は、ミャンマー政府に「中国・ミャンマー経済回廊（China-Myanmar Economic Corridor: CMEC）」を提案し、2018年9月、ミャンマー政府はこれに応じて協定を結んだ。これは12の中核分野での協力を謳ったものである(3)。

CMECには、中国―ミャンマー鉄道や国境経済協力地区といった事業も含まれており、2018年10月にはミャンマー政府と中国国営企業との間でムセ―マンダレー間の鉄道建設F/S（実行可能性調査）が署名されている。この鉄道は、さらにマンダレーからネピドー、ヤンゴンまでつながれ、中国が進めるヤンゴン新都市事業と連結することになる。また、中国国境の町ムセからマンダレーまでの高速道路の建設計画もあり、それをさらにチャウピューまで延伸する計画もある。国境の経済協力区の建設も推進され、なかでもルイリ―ムセの国境経済協力区が有望である。この地区の中国国境貿易は、雲南省の貿易の60％、中国のミャンマーとの貿易の30％を占めている。

(2) 民主化後の投資事業の再検討

2011年、テイン・セイン政権のもとで民主化への政策転換がなされたのち、日本や欧米との経済関係が正常化し経済交流が拡大する一方、ミッソンダムの中断などにより、中国側が投資に慎重になったこともあって、中国への過度の依存状態は修正されてきた。中国の投資累計額は2011年の時点で140.6億米ドルに達し、ミャンマーへの投資額の約7割を占めていたが、その後、中国からの投資は急速に減少した。

図1は、2011年から2019年までの中国のミャンマーへの投資額（累積額と各年のフロー額）を示した図である。2011年の中国からの投資額は85.6億米ドルと歴史上最大に達したが、翌2012年には前年度比52％と縮小し、さらに2013年には2.3億米ドルまで減少した。民主化とともに、中国の大規模事業は見直され、2011年にはミッソンダムの事業中断の決定もなされた。2015年の選挙によってNLD政権に取って代わられたあと、2016年には中国の投資がいったん急増したが、2017年以降は再び停滞気味である。こうした変化はミャンマー

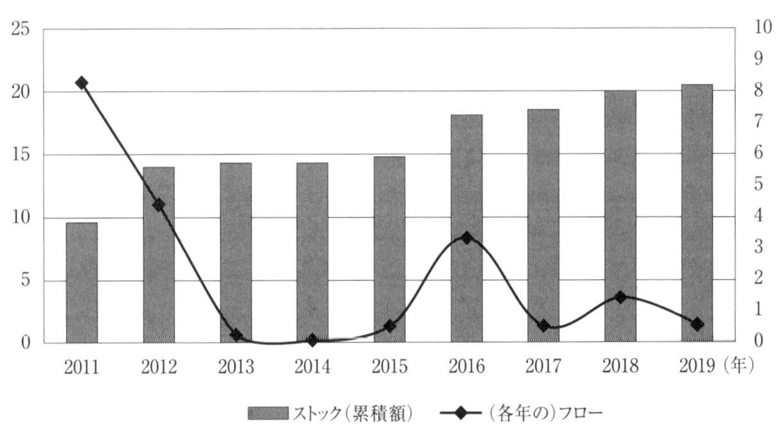

図1　中国のミャンマーへの投資額（累積額と各年のフロー額）（2011～19年）

（出所）Zhu（2019: 2）より。
（注）左軸はストック、右軸はフロー。単位：10億米ドル。

の国内政治と連動しており、軍事政権下の圧倒的な経済的関与が、NLD主導の新政権のもとで見直されてきたことを示している。

また、チャウピューSEZ（経済特区）はCMECの代表的事業であり、すでに2015年に、CITIC（中国国際信託投資公司）が深海港と工業地区の建設を請け負い、事業規模は73億ドルとされていた。しかし、2018年7月、ミャンマー計画財務省は、多額の借り入れが「債務の罠」に陥るリスクを高めることを危惧する表明を行った。再交渉の結果、チャウピューSEZの事業は13億ドルに削減され、30％をミャンマー側の出資とすることとなった。また、2019年7月には、「環境および社会的インパクト評価（Environmental and Societal Impact Assessment: ESIA）」が実施された。

このように、中国のミャンマーへの投資は2011年以降、一時の膨大な金額は減少し、中国側も経済安全保障とリスク削減を重視してきている。2011年のミッソンダムの事業中断は、中国の投資動向に大きな影響を与えたといってよい。逆に、中国に過度に依存したくないというミャンマー側の意向も、それなりの力を持ったともいえる。

中国企業も、こうした出来事を背景に広報により力を入れ、環境・社会的インパクト評価を実施するようになり、関連するステークホールダーとの関係にも配慮するようになった（Leung et al., 2013）。資源やエネルギー分野に集中していた投資も、製造業やインフラやクリーンエネルギーなどへと多角化されてきている。他方、ミャンマーに投資した中国企業と現地企業との間の商取引に付随するトラブルが頻発しているのも現実である(4)。

(3) ミッソンダム計画とその中断

ミャンマーの電力供給能力は1990年の253MWから2010年には2449MWへと拡大していた。2014年時点で45のダム（うち35が中国主導の事業）が計画されていたが、そのうち建設が進められたのが4件、11件の事業が中断され、1件は中止された（2020年2月時点）。

カチン州においては、イラワジ川上流の七つのダムを建設する計画が2006年にミャンマー電力・エネルギー省と中国電力投資公司（CPI）との間の合弁

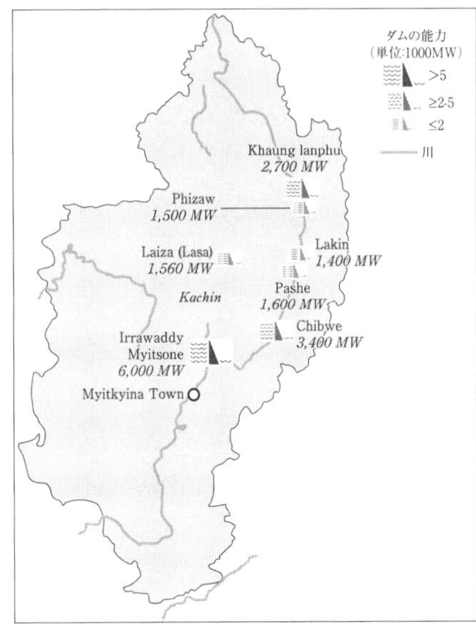

図2　カチン州ミッソンダムの位置図

（出所）Kirchherr et al.（2016: 9）より。

事業として署名され、2009年12月に工事が開始された（図2参照）。そのうちの最大のダム事業がミッソンダムの建設である。ミッソンダムは、Mali Hka川とN'Mai Hka川の合流地点から3.2km下流に位置し、そのダムの建設によって、766km^2、合計47の村が水没し、約1万1000人（1万5000人との指摘もある）の住民が移転を迫られるとされた[(5)]。また、その発電量の90%は中国側に送電され、ミャンマー側に供給されるのはその10%にとどまるとの合意であった[(6)]。

しかし、この事業は、2011年3月に、当時のテイン・セイン政権のもとで、「国民の意志」として中断された[(7)]。その理由としては、以下のようないくつかの点が指摘されている。

①巨大なダム事業によりイラワジ川の環境や生態系が大きく変わり、住民生活や農業に大きなマイナスの影響が及ぶとする議論が2009年末に環境専門家の団体の報告書で指摘され、NGOを中心に強い反対運動が生じたこと。

②完成後の電力の大半（90%）が中国側の利用とされ、ミャンマーの住民にとってのメリットより中国にメリットのある事業であることへのミャンマー国民の反発があった[(8)]（2017年時点において、ミャンマー国民の約37.8%しか電力

へのアクセスがない(9))。

③もともと、2001年の計画段階から、住民の意向を聞かないまま進められた事業計画の透明性のなさに対して、地元住民から反発があった。中国の国営企業CPIとミャンマー政府との契約は公開されていない（2020年8月時点）。

④ミャンマー政府にとっても中国に過度に依存することへの警戒感があり、民主化への政策転換とともに、中国依存の巨大事業の見直しがなされた。また、国民の強い反発の世論を意識せざるを得なかった。

ミッソンダム事業を受注したのは中国の国営企業CPIであり、ミャンマーの国営企業Asia Worldとの合弁である(10)。合意文書（MoU）は2006年12月に結ばれたが、その時点ですでにダム建設への反対運動はあった。実際、カチン州のダム建設事業を承認する権限があるのはカチン州であり、ミャンマー中央政府に実質的な権限がないというのが実態であったが、CPIは契約にあたって、ミャンマー政府と合意さえすれば事業は進むと考え、地元住民の意見を吸い上げるような手続きは実施せず、また、環境および社会的インパクト評価（ESIA）についての政府からの指示もなかったとされる（Kirchherr et al., 2016: 11）。

CPI自身は、事業にあたってのESIAの手続き自体は有しており、ダム建設反対運動を受けて、外部団体の中国国営調査機関およびミャンマーのNGOにESIA調査を委託した。しかし、その評価結果は、いくつかの重要な点で欠陥があるとされ、地元の信頼を得るものとはならなかった（2009年10月実施、2011年報告書公表(11)）。

工事は2010年初頭に開始され、移転住民との補償などに関する対話も開始された。2011年9月末のミッソンダム建設中断を受けて、CPIはミャンマーにおいては国民世論が影響力を持つということを認識し、反対運動の団体との対話も始めた。世界銀行やADBと同等の環境社会配慮に関する政策も採用するようになった（Kirchherr et al., 2016: 12）。他方、ミッソンダム事業の中断は、CPIにとっては苦い経験であり、以後、リスク管理の観点から、ミャンマーでの水力発電所建設事業からの撤退を検討し始めたとされる（Kirchherr et al., 2016: 13）。

(4) 現地調査[12]

2020年2月中旬に、カチン州にて現地調査を実施し、ミッソンダムの建設現場を視察し、あわせていくつかの移転世帯にヒアリングを実施した。そこで得られた情報は以下の通りである。

①ミッソンダムは、2009年合意から2011年の事業の中断までの間に、中国の融資により中国企業の建設工事が開始されている。ダムによる水没予定地の一部の移転が進められ、中国企業は道路を改善し、新たな病院や学校を建設し、移転住民の家を無償で提供した。中国企業側は、こうした投資に約8億ドルを費やしたと主張する。実際、道路は改善され（写真1）、病院や学校の建物（写真2）はかなり立派なものである。

ミャンマー政府は、周辺住民や国民世論の反発を受けて、2016年に専門家グループに事業の見直しに向けた再調査を実施したが、その報告書は公開されていない。他方で、中国側は、カチン州政府に事業の再開を強く求めている。

②ミッソンダムの水没予定地の住民移転は実施済みである（写真3）。ただし、ダム建設事業に反対し移転を拒否した住民の中には、2011年にダム建設が中断されたのち、そのまま（違法ではあるが）元の住居に住み続けている世帯もある（写真4）。新たな代替農地の提供はなく、あるいは遠く離れた場所となり、農業での生計維持が困難であるとの反発がある、との報道がある[13]。

他方で、移転に同意した住民は、新たな土地と住居を中国企業から無償で提供してもらったため、必ずしも不満を抱えているわけではないケースもある。新たに提供された農地に不満を抱えている農民もいるが、店舗経営やオートバイ整備業などの世帯（写真5）は、州都ミッチーナーにより近い場所に移転し、むしろ市場へのアクセスや病院・学校などのインフラへのアクセスが良くなったことで納得している世帯もある[14]。ミッチーナー市内やミッソンダムへのアクセス道路もこれまでよりは「質が高く」、中国企業が本事業にかなりの投資をし、住民移転に関してもそれなりの金額を提供したことが見受けられる。

写真1（左）　ミッチーナー―ミッソン間の道路
写真2（右）　移転先に建設された病院
（いずれも2020年3月筆者撮影、本章の以下の写真も同様）

写真3（左）　移転前の廃棄された住居
写真4（右）　移転対象地域に住み続けている住居

写真5　移転先の商店・住居（Aung Myay Thar San village）

写真6（左）　中断したミッソンダムの建設現場
写真7（右）　ミッソンダム近辺の砂金採取の業者

③巨大ダムの建設計画が開始されたとはいえ、現状では、ダム本体工事は未着工であり、工事のための基礎が作られただけの状態である（写真6）。ダム完成時には、水面が約150m上がるといわれており（案内ガイドの説明）、詳細計画資料が入手できないため、それが正確かどうか定かではないが、周辺地域は風光明媚な場所であり、環境が激変することに対する地元民の反感はある。また、ダム建設予定地は砂金が採れる場所であり、砂金を採取する労働者が今も作業をしている（写真7）。彼らの収入は悪くはないようであり、ダム建設に伴って砂金採取ができなくなることへの反感もあるようである。

④カチン州商工会議所の副会頭は、ミッソンダムの建設は経済的には合理的な事業であるが、多くのミャンマー人は感情的に反発している、と言っていた。彼はミッソンダム事業がミャンマー側にも経済的なメリットがあること（詳細は公表されていないが、中国への売電収入や、電力の10％が無料でミャンマー側に供給されることなど）を知っている可能性があり、あるいは、商工会議所には華僑系の商人が多く中国との取引も多いため、どちらかといえば中国寄りの立場であるとも考えられる。

⑤ミッソンダムの周辺地域は少数民族が多数を占める、中央政府のコントロールのききにくい政治的に不安定な地域であり、一度治安状況が悪化すれば、少数民族の武装グループがダムに対する破壊行為を行うリスクは高い、と指摘していた。

実際、中国はカチン州の少数民族の武装勢力であるカチン独立軍（Kachin

Independent Army: KIA）に、長年にわたり武器を供与し、強い影響力をいまだに有している。中国は、ミャンマー政府とカチン勢力の関係を操作できる状況にあり、両者の平和を求めると公式には言いながらも、実際にはカチン勢力への影響力を保持し続ける政策をとってきた。

他方で、中国は、ミッチーナー近郊の4751エーカーの産業区に300万ドルを拠出している。さらに、カチン新民主軍（Kachin New Democratic Army: KNDA）の支配地域である第1特別区の町カンピケティ（Kanpiketi）の経済協力区に500万ドルを拠出している[(15)]。

2. 中断をめぐるミャンマーの政治過程と今後の行方

(1) ミャンマー国内の政治過程

中国の「一帯一路」はミャンマーの国内政治過程の中でどのような影響を与えているのだろうか。また、国民感情、政府対応、中国との駆け引き等と絡んで、どのような意味を持つのだろうか。

2009年に当時の軍事政権との間で合意されたミッソンダム事業は、国民の批判の声にも押される形で、2011年9月30日に中断された。36億ドルにものぼる事業費、シンガポールの広さに相当する地域が水没すること、イラワジ川の生態系への取り返しのつかないダメージの可能性、発電量の9割が中国側に送電されること、などが主たる批判のポイントである。

他方、2011年9月末のミャンマー政府によるミッソンダム建設中断の決定は、ミャンマー軍事政権が民主化に向け舵を切ることを示すための象徴的なジェスチャーとしてなされた、との指摘もある。ミャンマー軍事政権が国民の声を理由に政策変更をしたのはそれまでなかったことであり、ミッソンダムは民政移管のスケープゴートにされたとの説明である（Kirchherr et al., 2016: 11）。あるいは、ミッソンダム建設の合意を中国国営企業と結ぶことで利益を得た一部の高官・勢力に対する反感が軍事政権の中にもあり、それが民政移管という政変の中で表面化したのではないか、という指摘もある。

その後、ミャンマー政府は、投資認可に関する環境への影響評価手続きを改善してきた。具体的には、2012年にミャンマー政府は「環境保全法」を制定し、投資家に事業により生ずるネガティブな影響に対する補償を求める法的基盤を整備した。さらに、2015年には「環境インパクト評価手続き」が定められ、民間投資のネガティブな影響を規制する枠組みがつくられた(16)。

ラカイン州のチャウピュー港湾事業などは、依然として継続されている。地元住民は必ずしもその事業を支持しているわけではないが、事業の中止によって雇用機会を失うことを恐れているため、ミッソンダムほどには強い反対運動は見られない。中国企業側は、依然として事業の詳細を住民に公開していない。ただし、事業主体であるCITICは、2019年末、カナダ企業のHatchを、法的に必要な環境および社会的インパクト評価のコンサルタントとして雇った(17)。また、チャウピューの港湾事業に関しては、その事業費を72億ドルから13億ドルに縮小することに成功した。これにより、「債務の罠」に陥るリスクは多少なりとも低下したが、それでも、ミャンマーの中国に対する対外債務は約40億ドルに達し、その金額はミャンマーの対外債務総額の約40%を占める。

アウンサン・スーチーは、当初、総事業費36億ドルのミッソンダムに反対していたが、2015年の選挙の結果、2016年1月より与党となったNLDは、ミッソンダムについて中止を決定したわけではなく、その将来について明確な決断を明らかにしなかった。また、2018年に、20名の専門家（U. T. Khun Myatが議長）からなるイラワジ川のすべてのダム事業に関する調査が実施されたが、その報告書は公開されていない。ミッソンダムなどの巨大ダム事業の対応に関する国民世論を刺激したくないとの政府の思惑があると推測される。

アウンサン・スーチーは、2019年に国民に対し、「より広い視点から見る」ことを求め、この事業の将来については、「政治的、社会的、経済的、環境的な健全性と持続可能性を勘案して決定されるべき」と表明していた(18)。より具体的には、①キャンセルした場合、これまでの工事費8億ドルの違約金が中国側に対して発生する。②ミャンマーへの投資に対する信任が低下し、それはミャンマー経済全体にも悪影響を及ぼす。③ロヒンギャ問題で欧米からの批判に直面しており、国際的舞台での中国からの支持（たとえば国連安全保障理事会等での支持）は重要であるため中国を刺激したくない、といった要因が考えられる(19)。

他方、周辺住民のミッソンダムへの反対運動はその後も継続していた。たとえば、2019年2月、数千人のカチン州の住民が、ダム事業に反対する大規模なデモを実施した[20]。地元住民の中には、10年前に移転を迫られたあと、事業は中断したものの中止されたわけではないので、いまだに元の場所に戻れないことに憤っているケースもある[21]。また、2020年1月、習近平国家首席がミャンマー（ネピドー）を訪問した際、カチン州を中心とする30以上の市民グループが、ミッソンダム事業の中止を中国の首脳に求める書簡を公表した[22]。

また、ミャンマーの国民世論全般を見ても、中国の投資に対してはネガティブな感情が強まっているとの世論調査もある（Soong & Aung, 2020）。また、「2019 Asian Barometer Survey Report」のミャンマーにおける調査結果が2020年になって公表された。それによれば、「中国のミャンマーへの影響」についての質問への回答は、「harm」が「good」をおよそ3～4倍上回っている。また、「アジアにとって米国と中国のどちらがより有害（harm）か」という質問に対する東南アジア6カ国の回答を比較した図を見ると、ミャンマーは、ベトナムに次いでフィリピンと並んで「中国が有害である」との回答が圧倒的に多い（Welsh et al., 2020: Figure 112およびFigure 113）。

中国はミャンマー政府に対し、公式にはミッソンダム事業の再開を求め続けている。その理由としては、以下のような点が指摘されている。①中国国境に近いカチン州で計画されているいくつかの工業団地への電力が必要なこと、②ロヒンギャ問題でミャンマー政府は国際的圧力を受けており、中国はより強い立場にあること、③ミッソンダム問題に焦点を当てることによって、他の重要事業から目をそらすことができること、④中国国内の電力供給は石炭に依存しており（2017年で約65%）、水力発電の比率を高めたいこと（同、約19%）[23]。

その一方、10年の間にミッソンダムを取り巻く状況も変化し、中国にとっても、①雲南省の電力需給が緩和し、以前ほどはミャンマーからの電力を必要としていない（Li & Song, 2018）、②ミッソンダムよりもチャウピューの港湾事業の方が戦略的・経済的な優先度が高く、ミッソンダムは金銭的な補償の問題となってきている、といった議論もある[24]。

(2) 中国政府の対外投資事業に対する姿勢の変化

2011年にミッソンダムの建設が中断され、その後もミャンマー政府が中国関連の大型事業の多くを中断したことは、中国にとっても大きなショックであり、ミャンマーへの投資に慎重になったことはすでに述べた通りである。中国のミャンマーへの投資は2011年以降急減したが、同時に、中国の対外経済協力にあたっての政策の反省や見直しにもつながった。

ミャンマーにおける具体的な事例として、2017年に、中国石油天然気集団公司（CNPC）が中国からチャウピューまでのパイプラインの建設地域に年200万ドルの「社会責任投資」を行い、現地雇用比率を50％から75％に引き上げると表明した。また、レッパダウン銅鉱山事業に関しても、地元に年100万ドルの出資を声明した。

実際、ミャンマーだけではなく、2010年代以降、中国の経済協力の拡大に伴って、中国の投資に対する住民の反発がメディアで取り上げられたり、国内の政治権力争いに伴う政変や政治家の逮捕によって中国企業の汚職が表面化する事例が多くの国で見られた。

表1は、中国政府による、中国企業の対外投資に関して打ち出された一連の強化策である。これらの政策は、ミャンマーだけではなく他の国での国営企業の投資の監督を強化するものである。このように、2013年以降、環境社会配慮を含め、対外投資に際しての規則やガイドラインづくりを進めてきたことがわかる。

なお、2019年4月25～27日に北京で開催された「第2回一帯一路・国際協力フォーラム」では、習近平国家主席は閉幕後の記者会見で、一帯一路に関わるインフラ事業について「国際ルールや標準を幅広く受け入れることを指示する」と述べた。また、「質が高く、価格が合理的なインフラ設備を建設する」とも語った。しかし、多くの一帯一路関連事業ごとに、国際ルールを遵守する仕組みがどのように構築されるのか、されているのかについては、今後の状況をよく見極める必要がある。

表1　中国政府の対外投資に関する規則・ガイドラインの策定

時期	内　容
2013年 (2月)	対外投資に関連した規制・ガイドラインの策定 「対外投資協力環境保護指針」発表（商務・環境保全省）[25]
2014年	国家発展改革委員会による「対外投資事業の検証・承認・実施記録保存に関する行政令」、および商務省による「対外投資に関する行政令」の策定
2016年	「非合理な投資活動の防止に関する取り組み」の開始
2017年 (1月) (8月) (12月)	国務院・国営企業資産監督管理委員会が「中央企業の対外投資の監督管理に関する法令」を発効 国務院が「対外投資の指針に関する指導見解と更なる指導・規制」を策定 「民間企業の対外投資に関する規則」および「企業の対外投資に関する行政令」を策定
2018年 (9月)	北京・アモイで「開発金融における環境社会配慮ワークショップ」開催（アジア開発銀行と中国銀行保険監督管理委員会・生態環境省・中国銀行協会が主催、演説の中で金融機関における環境社会配慮とアカウンタビリティー向上の必要性強調）[26]
2021年	商務部・生態環境省が「グリーン開発ガイドライン」を公表、地元関係者との対話や苦情聴取のメカニズムを国際基準に則って採用
2022年	商務部・生態環境省が「投資・建設ガイドライン」を公表、2021年のガイドラインに加えエネルギー・石油化学・鉱業・運輸等の分野のガイドラインを追加 国家発展改革委員会が「グリーンBRI」を公表、中国企業の国外での環境基準を提示 中国銀行保険監督管理委員会・国家金融監督管理総局が「グリーン融資ガイドライン」を公表、融資銀行に独立した苦情対応メカニズムの設置を求める

（出所）Zhu（2019: 5）をもとに、関連情報を追加して筆者作成。

3. 中国の「自国中心主義」vs.「リベラル化」仮説

(1) 国際的援助規範と中国

国際開発援助コミュニティでは、OECD/DACを中心に、援助に際しての共通ルールの追求に長年取り組んできた。たとえば、援助政策・実態に関する情報公開、ルールの共通化・遵守、途上国の民主化や汚職・腐敗の撲滅といった事項である。さらに、1990年代末から、いわゆる「援助協調」の枠組みと財政支援を中核とする援助志向が、DACを中心とする伝統的ドナーの主導で急速に進展してきた。

中国の援助は「内政不干渉」を原則とし、こうした国際的潮流とは一線を画してきた。援助協調の進展の中で、途上国側で開催される主要ドナーが一堂に会して議論するセクター会合には中国は参加せず、相手国政府との二国間の交渉を重視してきた。近年、欧米各国の国益志向、それに加え非伝統的ドナーとしての中国の台頭もあって、援助協調や財政支援の潮流は退潮気味になっている。また、DACや世界銀行を中心に進んできた援助ルールの共通化や効率化に向けた協調の枠組みに中国が入らないことは、民主化に関する先進国の援助アプローチはもとより、開発に関わる途上国の政策改善圧力を低下させることにつながってきた。

たとえば、1990年代にはカンボジアへの主要援助国は日本と欧米諸国であったが、2000年代後半に中国の影響力が拡大するにつれ、与党であるカンボジア人民党のフン・セン首相は、政府に批判的なNGOなどを排除するような政策をとるようになった。また、政府による強引な土地の接収や汚職・腐敗の蔓延などを理由に、世界銀行のカンボジア政府に対する支援の一部が凍結される事態も生じた（第2章参照）。

そのため、最低限、情報の公開やルールの共通化やその遵守を中国に対して求める国際的圧力は高まっている。実務的な面でも、事業にあたっての適切な資金計画の判断や経済合理性に基づく決定、決定プロセスの透明性の確保や汚職の排除、適正な環境アセスメントの実施などに関して課題が指摘されている。近年、中国が途上国で進めるインフラ整備に関して「質の高いインフラ」が国際的に求められるようになっているゆえんである。

なお、開発途上国での中国関連事業が中断あるいは見直しを迫られた事例は、ミャンマーのミッソンダム以外にも表2のように数多くある。

(2) 日本の行動変容との比較

援助の歴史を振り返れば、中国の援助の進め方や考え方は、かつて（1960～70年代）の日本の援助と類似しているという議論もある（表3参照）。

たとえば、資源確保などの経済的利益の重視、多国間の枠組みよりも二国間援助による国益の追求を重視、支援対象国の政治体制や内政に関して口を出さない「内政不干渉主義」、あるいはある種の実利主義、などである。援助と貿易・投資の「三位一体型の経済協力」は、1970年代に当時の通産省が打ち出していた日本の経済協力アプローチでもあった。しかしながら、日本の援助政策は、欧米などからの圧力もあり、国際協調をより重視する姿勢を強め、と

表2　途上国での中国関連事業が中断あるいは見直しを迫られた事例

国	時期	概要
スリランカ	2015年	ハンバントタ港プロジェクト（約15億ドル）はラジャパクサ政権時代の2008年に開始され、2010年に完成。第1期として、中国輸出入銀行が工費3.6億ドルの85%を融資。第2期は計画を一部縮小したが、8.1億ドルの工費で中国輸出入銀行から7.5億ドルの融資を受けて進められた。当初、スリランカが港湾施設を管理運営する計画であったが、中国が追加資金を提供する代わりに、スリランカ港湾局が30%、中国（国営）企業が70%のシェアを持つ共同運営となった。 その後、スリランカ側が資金返済の目途が立たなくなる中で、2015年に交代したシリセーナ新政権は同プロジェクトを見直し、中国側と交渉を行い、港湾運営会社の株式の80%を11億ドルで中国側に譲渡するとともに、それを対中債務返済に充当し債務を削減する代わりに、中国国営企業に港の管理運営権を99年間渡すこととなった。
マレーシア	2018年7月	中国が支援するマレーシアの巨大プロジェクト「東海岸鉄道（ECRL）」は、一帯一路の目玉プロジェクトで、当初の総事業費が550億リンギ（約1兆5000億円）、総事業費の85%を中国輸出入銀行が20年間、3.25%の金利で融資。タイ国境近くからマレー半島を東西横断する形で、クアラルンプール近郊と東西の重要港を結ぶ総距離約688kmの一大鉄道事業で、ナジブ前政権時代の2017年8月に着工し、すでに全体13%ほど建設工事が進んでいた。
	2019年4月	財政再建を掲げて2018年5月に発足したマハティール政権は同年7月に、政府債務の拡大や中国人労働者の流入を懸念し、東海岸鉄道と2本のパイプラインの建設を中断し、クアラルンプール―シンガポール高速鉄道の建設を延期するとした。しかしその後、中止していたマレーシア東海岸鉄道の建設を再開することで合意。財政再建が急務のマレーシアに配慮して、建設費用を655億リンギ（約1兆7700億円）から215億リンギ（約5800億円）圧縮して440億リンギ（約1兆1900億円）に削減することで、政府傘下のマレーシア・レール・リンク社と国有の中国交通建設が合意したと発表。
パキスタン	2018年10月	カラチ・ラホール・ペシャワル鉄道の改修・高速化事業に中国が85%の資金を提供し、2018年7月初期調査終了、2022年完成予定であった。これは南部カラチと北西部ペシャワルを結ぶ鉄道の改修事業であり、「中国・パキスタン経済回廊（CPEC）」に基づいて、事業費82億ドルを中国の融資でまかなう予定だった。 2018年7月に総選挙で勝利したパキスタン正義運動（PTI）の党首イスラム・カーン氏が8月に新首相に選出されると、カーン新政権は、対中債務の拡大に歯止めをかける動きに出た。10月には、北西部ペシャワルと南部カラチを結ぶ1872kmの主要鉄道路線について、中国からの融資規模を82億ドルから62億ドルに20億ドル削減したと発表し、さらに42億ドルへの削減も目指すと表明。
シエラレオネ	2018年10月	中国からの融資を受けて首都近郊に空港を建設する計画が決定された。建設計画はシエラレオネのコロマ前大統領が2018年3月に契約し、新空港は2020年に完成予定。3億1800万ドル（約357億円）規模の巨大プロジェクトで、建設には中国企業が携わっていた。しかし、政権交代により、この建設計画は中止された。

（出所）内外のニュース記事をもとに筆者作成。

表3　欧米・日本・中国の援助の特徴の比較

	欧米	日本	中国
過去	アフリカ重視 社会セクター DACルール 無償 貧困削減 アンタイド 政治動機	**アジア重視 インフラ DACルール外 有償中心 自立重視 タイド 経済動機**	アフリカも重視 軽工業 DACルール外 無償 自立重視 タイド 政治動機
現在		アジア中心+アフリカも？ インフラ DACルール 無償+有償 自立重視 アンタイド 政治動機	**アフリカも重視 インフラ DACルール外 無償+多額の有償 自立重視 タイド 経済動機**

（出所）小林誉明（2008）「アジア新興ドナーの台頭と日本の援助」FASID国際開発援助動向研究会第73回会合報告資料、より引用。

くに1990年代以降、欧米の伝統的ドナーと、その理念（経済利益の追求の低下）、重点分野としての教育・保健分野の重視、アンタイド化の推進、民主化支援など、欧米の伝統的ドナーの援助スタンスに接近し、国際援助協調の動きにも同調してきた。

一方、上記の議論の延長として、日本の政策が時代とともに変化してきたのと同様に、中国も今後、援助ドナーとして「成熟」してくるにつれ、反汚職や環境社会的配慮などの課題により真剣に取り組むようになり、欧米など国際援助コミュニティとの協調を重視するようになるのではないかとの仮説もありえよう。

日本政府・援助機関が、途上国のダム建設計画に関し、住民移転や環境への影響などを理由に地元住民の強い反対で見直しを迫られた出来事として、1990年前後に大きな問題となったインドのナルマダ・ダム事業がある(27)。この「事件」ののち、日本政府・援助機関は大規模な住民移転を伴うようなダム建設事業への融資を行わないようになった。また、上記のインドのナルマダ・ダム事業やインドネシアのコタパンジャン・ダム（1979年建設開始、1996年完成）などの巨大ダム建設事業支援をめぐる論争を受けて、日本の援助機関でも住民移転や環境への影響に関する配慮の必要性がより強く認識されるようになった(28)。

日本がその援助に際しての「環境社会配慮ガイドライン」を正式に策定した

のは、JICA（国際協力機構）の場合、1990年に最初の「環境配慮ガイドライン」が策定されたのち、2004年4月に「JICA環境社会配慮ガイドライン」に改定されている。JBIC（旧国際協力銀行）の場合、2002年4月に「環境社会配慮確認のための国際協力銀行ガイドライン」が策定され、JICAとの組織統合ののち、2010年に「国際協力機構環境社会配慮ガイドライン」となった(29)。中国の環境社会配慮に関する取り組みの強化は、日本に遅れること約15〜25年ということができよう。

また、援助に関わる汚職の問題は、日本の場合、1980年代半ば、フィリピンのマルコス政権が（1986年2月に）倒れたのち、日本のODA事業を受注していた商社や企業がマルコス政権の発注権限のある高官などに賄賂を贈っていたことが表沙汰になり、その額は新聞情報では受注額の約2〜3割にも達したとされる(30)。フィリピンのマルコス政権崩壊後の民主化と前政権下の事業の情報公開により、こうした日本のODA事業の問題点が浮き彫りになった経緯は、ミャンマーの民主化・政変（民政移管）によってそれまでの中国主導の事業の問題が表面化した経緯と重なる。

OECD/DACでも1989年以来反汚職に取り組み、「国際商取引における外国公務員に対する贈賄の防止に関する条約（OECD外国公務員贈賄防止条約）」に、日本政府は1998年に署名、1999年に発効し、海外での贈賄防止について同条約に基づく措置を講じることとなった(31)。中国はOECDに加盟しておらず、上記の条約に加盟しているわけではないが、日本に遅れること約20〜30年たって、同じような状況に直面しているともいえる。

(3) 中国の経済協力の「リベラル化」仮説？

実際、中国の援助政策の「リベラル化」の兆候もないではない。ここでいう「リベラル化」とは、「自国の国益追求を進めながらも、そのためにも国際社会との協調を重視する行動をとること」を意味する。

その一つの兆候は、先のミャンマーのミッソンダムの中断事例に見られるように、中国政府や経済協力事業を進める国営企業が、相手国での事業に伴う環境問題や住民移転の制約をより認識し始めた兆候があることである。相手国でのインフラ建設などの事業実施に際して、中国国内のように政府の一方的な決定で住民移転を実施できるわけでもなく、住民や世論の反対で事業が頓挫することもあり、住民の意向や環境への配慮なしでは事業が進められないとの認識を強めてきた可能性がある。インドネシアのジャカルタ―バンドン間の鉄道建設事業は、日本との受注をめぐる競争を経て中国企業による建設事業となったが、住民移転問題などがネックになって事業期間が大幅に延びた。

実際、第3章第4節（「『質の高いインフラ』をめぐる議論」）で述べたように、中国開発銀行や中国輸出入銀行の融資事業に際しての、調達の入札手続きがより透明になったり、事業の審査が慎重になってきた兆候がある。

第二の兆候は、債務問題への対応である。欧米日のOECD/DACを中核とする国際援助コミュニティでは、2000年に重債務貧困国（HIPCs）に対してそれまでの債務を帳消しにし、その後の支援は主として無償援助の形態で行うようになった。ところが、そうした債務帳消しが行われた途上国の多くに対して、2000年以降、中国は多額の融資を供与し始めた。中国はHIPCsに対する債務帳消しの国際的枠組みにフリーライドして自国の経済的利益を追求した形である。それは、そうした途上国にとってもありがたい資金提供ではあったが、やがて「債務の罠」といわれるように債務が急速に拡大し、中国支援による大規模事業の融資資金の返済が困難になる事例が増えつつある。

これは中国政府・国営企業にとっても悩ましい事態であり、部分的な債務の帳消しに応じざるを得なくなっている。中国政府による無利子借款の最初の債務減免は2003年に生じたとされ，この年は合計105億元、すべてアフリカ諸国であった。こうした事例はその後も毎年拡大し、2012年時点での承諾済み債務減免の累計額は838億元に達したとされる[(32)]。また、2017年の第7回中国・アフリカ協力フォーラム（FOCAC）に際しては、多くのアフリカ諸国に対する政府借款（商務部の無利子借款など）の帳消しに応じた[(33)]（ただし、中国輸出入銀行や中国建設銀行などの政府系金融機関の融資は別[(34)]）。

さらに、2020年6月には、開発途上国でのCOVID-19の拡散に対応し、中国政府は、77の発展途上国・地域に対して債務返済の一時猶予措置をとること、および2020年末に満期を迎える中国政府の無利子貸付の返済免除を打ち出すことを表明した[(35)]。

第三の兆候は、AIIB（アジアインフラ投資銀行）の行動規範である。中国は2015年に、中国主導でアジア地域のインフラ建設資金を供与する国際的な枠組みとしてAIIBを設立した。AIIBの設立は、中国の経済的利益を実現するための、二国間の経済協力の枠組みに続く中国主導の多国間の枠組づくりであり、そのガバナンスの不透明さが当初は問題視されていた。しかし、事業開始後のAIIBの融資案件は、世界銀行・ADBとの協調融資が中心であり、これら国際開発金融機関と同じ環境・社会的インパクトのガイドラインを共有しており、また調達のガイドラインも共有している。

そもそも、AIIBは中国財政部の管轄であり、中国財政部はIMF／世界銀行やADBなどの国際開発金融機関を管轄し、長年、これら国際機関の理事室などで政策判断を共有してきた組織であり、中国の政策決定メカニズムの中では最も「国際協調派」の人々であり、彼らが管轄するAIIBが世界銀行やADBなどの国際金融担当官庁が主管する国際機関と協調行動をとるのは、グレアム・アリソンが提示した「組織過程モデル（官僚政治モデル）」に則して考えても自然である（Allison, 1972）。

要するに、中国の経済協力政策には、自国の国益追求の結果生じてきた制約に対応する形で「リベラル化」の傾向もいくつか見られる。

(4)「リベラル化」の要因説明：いくつかの異なる視角

上記の仮説が正しいとすると、その中国の経済協力政策の「リベラル化」を促す要因は何であろうか。

第一に考えられる要因は、高まる国際的圧力・批判である。しかし、そうした国際的圧力だけでは、中国の政策の「リベラル化」は説明しにくい。

1990年代以降の日本の援助政策が欧米ドナーのスタンスに近づいてきたことは、経済大国にふさわしい国際貢献を求める国際的圧力もあって、日本の外交的スタンスが欧米との協調をより重視する方向に変化してきたことと連動している。その背景には、国際協調の中でより広い視野で国益を定義するようになったことがあると考えられる（国際関係論で定義するリベラリズムの議論）。

一方、中国は2000年代以降、急速にその経済力・金融力を拡大してきており、こうした国力の拡大局面で、あえて国際協調に転ずるインセンティブは大きくはないであろう。もちろん、経済大国化するに伴って、国際的な貢献をより強く意識するようになるとの仮説も可能かもしれない。あるいは、中国の経済協力や事業に対する批判の声が国際社会での中国の立場に有利に作用しないとの判断につながり、その意味で国際的な圧力や市民社会を中心とする国際世論の影響もないとはいえない（国際関係論で定義する、ある種のコンストラクティビズムの議論）。

しかし、より説得力のあるもう一つの説明の仕方は、これまでの自国・自国企業中心の進め方ではうまくいかない現実に直面して、自国・企業の利益保護を実現可能な範囲で追求する上で、事業実施上の実務的な必要性に迫られて否応なく政策を変えてきた、とする見方である（国際関係論で定義する、ある種のリアリズムの議論）。より具体的には、①途上国で経済協力事業（および経済活動）を円滑に実施するためには、住民移転や環境への影響への配慮を無視することはできず、より重視せざるを得ない、②住民移転や環境への影響への配慮を示す方法として、環境社会配慮ガイドラインや調達手続きなどに関して国際社会ですでに定着している国際基準に合わせざるを得ない、③債務返済困難の状況に対処するには、IMFなどの国際的枠組みによる債務返済能力の審査や債務削減手続きを共有し、最終的には返済猶予や帳消しなどに応じざるを得ない、という現実に直面するようになった、ということである。

中国の行動様式を説明する仮説としては、上記のリアリズムの見方の方がより現実に近いと思われるが、上記のいずれの要素も考えられる。もちろん、中国国内の政策決定に関連するさまざまな主体（党首脳、商務部、財政部、など）によって、考え方やスタンスには濃淡があるであろうが、全体的に見ると、それらの複合的な要因ということができるかもしれない。

おわりに

中国の援助や投資が拡大する中で、進出先で住民の反対や巨額の債務が問題となり事業が中断するケースが増えており、ミャンマーのミッソンダムは、その代表的な事例の一つである。その背景には、相手国の民主化や政変といった事情も反映している。本章第1節および第2節の結論は、中国当局もそうした現実に直面して、ようやく、経済協力事業にあたって住民対策や汚職対策、社会的責任などを重視するようになってきたように見える、というものである。

第3節では、より広く中国の援助や投資にあたっての政策や姿勢の変化を、1980年代以降に生じた日本の援助規範の変容と比較しつつ、それを中国の経済協力の「リベラル化」ととらえ、その変化の要因を説明するいくつかの仮説を提示した。

中国の急速な経済的台頭が既存の国際経済秩序にどのようなインパクトを与えつつあるのか、中国自身がこれまで欧米主導で形成されてきた国際秩序や国際的なルールに対してどのように対応しようとしているのかは、現在進行中の大きなテーマである。本章は、ミャンマーのミッソンダムの事例を手がかりに、中国の経済協力に際しての環境社会配慮などの「規範」の変容の可能性に焦点を当てて論じたものである。

こうした環境社会配慮については、実務的な必要に迫られて「リベラル化」の兆候が見られるとの結論であるが、これは中国の外交姿勢全般に関しても当てはまる結論というわけではない。経済協力に際しての実務的な「規範」の変化は、中国国内の経済協力に関わる担当省庁や実施機関の政策・姿勢に関するものであって、中国の政府首脳や共産党組織の上層部の政策や外交姿勢は別のアジェンダである。他の途上国でのさまざまな事例や、関連領域での中国の行動や政策の変化についての動向を詳細に分析し比較検討することによって、より広い結論が導き出せるものと考えられ、さらなる関連研究が必要であろう。

注記

(1) タイとの国境は2416km、インドとの国境は1468km。

(2) 世界最大の三峡ダムは2万2500MW、黒部ダムは337MW。

(3) ただし、そこで具体的事業として列挙された事業は、それまでバラバラに進められていたさまざまな事業を整理したものであり、内容的には新味はないとの指摘もある。

(4) ヤンゴンの商工会議所によれば、商工会議所に持ち込まれる商取引の係争案件の大半は中国企業とのことである（2020年2月19日ヒアリング）。

（5）The standoff over the Myitsone dam project in Myanmar: Advantage China, *Burma Focus* 2019, IV, p.45より。

（6）その総発電量の10％は無料でミャンマー側に提供され、さらに20％を上限として市場価格でミャンマー側が買い取ることができる、との報道もある。"Wait and see" for Myitsone Dam's future, *Myanmar Times*, 2017.4.24.

（7）2016年末にヤンゴン大学（Yangon School of Political Science）IFCによって実施された調査によれば、ミャンマー国民の約85％がミッソンダムに反対しているとされる（The Chinese mega-dam in Myanmar that is hampering the peace process, *Burma Focus* 2019, IV, p.75）。

（8）ただし、売電の対価として年間5億ドルをミャンマー政府に支払うとの契約とされ、この情報が正しければ（公式には公表されていない）、これはミャンマー政府の財政にとっては大きな金額である。KDNG (2007), *Damming the Irrawaddy*（http://burmacampaign.org.uk/media/DammingtheIrr.pdf）より。

（9）電力・エネルギー省の統計。2019年12月には50％に達したとされる。

（10）この企業は、ミャンマーの軍事政権と関係の強いSteven Law所有の企業であるとされる（U. S. Embassy (2011), US embassy cables: how Rangoon office helped opponents of Myitsone damより）。

（11）*Independent Expert Review of the Myitsone Dam EIA* (2011), Changjiang Institute of Survey, Planning, Design and Research (CISPDR) / Biodiversity and Nature Conservation Association (BANCA) の共同調査。

（12）2020年2月8日から20日までの期間、ヤンゴンおよびカチン州で現地調査を実施した。なお、2021年2月、ミャンマーでは軍部による一方的な政権奪取が強行され、NLDが主導してきた民主化後の政権は軍部によって取って代わられた。そのため、2020年2～3月に実施したミャンマーでの現地調査は、現時点では置かれている状況が異なってしまっているが、当時の、まだ現地調査が実施できた時期の記録として、原則としてそのまま記載することにした。

（13）Aung San Suu Kyi's Myanmar dam dilemma with China, *BBC News*, 27 July 2019.

（14）移転住民へのインタビューに基づく（2020年2月）。

（15）The Chinese mega-dam in Myanmar that is hampering the peace process, *Burma Focus* 2019, IV, p.78より。

（16）Myanmar's Karen displaced in a quagmire, *Burma Focus* 2019, IV, p.59より。

（17）China, Myanmar tighten their Belt and Road ties, *Burma Focus* 2020, II, pp.56-57より。

（18）The Chinese mega-dam in Myanmar that is hampering the peace process, *Burma Focus* 2019, IV, p.76.

(19) The Standoff Over the Myitsone Dam Project in Myanmar: Advantage China, *Burma Focus* 2019, IV, p.47.

(20) Myanmar stuck between Beijing's Demands, Public Opposition, *Burma Focus*, 2019, IV, p.3.

(21) Xi visits Myanmar to push Belt and Road plan, *Burma Focus*, 2020, II, p.23.

(22) China, Myanmar tighten their Belt and Road ties, *Burma Focus* 2020, II, p.57.

(23) Why Is China In a Hurry to Revive the Myitsone Dam Projects?, *The Irrawaddy*, 2019.1.15.

(24) Has the US lost Myanmar to China?, *Burma Focus*, 2019, IV, pp.48-49.

(25)「中国政府、海外での事業に対する環境保全指針を発表」『メコン河開発メールニュース』2013年5月9日。

(26)「中国でも広がるか？ 開発金融での環境社会配慮」『ハフポスト』2018年9月27日。

(27) ナルマダ川周辺では、1980年代に30の大規模ダム、135の中規模ダム、3000の小規模ダムの建設を含む「ナルマダ渓谷開発計画（NVDP)」という巨大計画がつくられた。この計画のうちの一つが「ナルマダ・ダム」として有名な「サルダル・サロバル・プロジェクト」（世界銀行が融資後、国際的な抗議を受けて1993年に撤退）であり、その環境・社会面での多くの問題について、1980年代後半から1990年代初頭に世界および日本で大きな懸念の声が上がり、日本政府（当時のOECF〈海外経済協力基金〉）も円借款供与を中止した。批判論の典型的な文献として、鷲見一夫（1984）『ODA援助の現実』岩波新書。支援賛成論の典型として、渡辺利夫・草野厚（1991）『日本のODAをどうするか』NHK出版。

(28) 日本のODAの「問題案件」として、インドネシアでの「コタパンジャン・ダム」などを取り上げ批判した代表的な文献として、次があげられる。村井吉敬ほか（1989）『無責任援助大国ニッポン――フィリピン、タイ、インドネシア現地緊急リポート』JICC出版局。

(29) 地球・人間環境フォーラム『開発プロジェクトの環境社会配慮』（環境省委託事業報告書）2001年3月。

(30) 日本の援助とフェルディナンド・マルコス政権の汚職の関係についてのいわゆる「マルコス疑惑」に関しては、たとえば、次のような文献がある。横山正樹（1994）『フィリピン援助と自力更生論――構造的暴力の克服』明石書店。

(31)「贈賄・汚職との闘い」『OECD政策フォーカス』2001年3月。

(32) 北野尚宏（早稲田大学理工学学術院教授）の研究会での報告より（専修大学社会科学研究所「中国の国際経済体制へのインパクト」研究会、2020年10月3日)。

(33) 具体的な対象国・金額は明らかではないが、たとえば、2017年にスーダンに対して1億6000万ドルの債務帳消しに応じたとされる。ただし、アンゴラの中国からの借款の大半は中国輸出入銀行や中国開発銀行の融資であるため、アンゴラの対中国債務の大半は減免されなかった（2018年10月、アンゴラ財務省でのヒアリングに基づく）。

(34) 商務部の管轄である無利子借款が債務減免（帳消し）に応じた事例があるのに対し、中国輸出入銀行・中国開発銀行の優遇借款に関しては減免に応じていないのは、前者の場合は、すでに予算支出済みであり、減免に際して新たな追加資金が不要で、会計上、減免分を無償援助の形で相殺できるのに対し、後者の場合、資金回収が前提とされており、減免となった場合は追加的な予算支出が必要であって、こうした会計上の扱いの違いがその対応の違いの背景にあるとの指摘がある（前掲、北野尚宏の研究会での質疑応答による）。

(35)「中国、77カ国・地域の債務返済を猶予」Record China, 2020年6月8日。「習近平国家主席、債務免除を含めたアフリカへの支援を表明」『JETROビジネス通信』2020年6月24日。

参考文献

工藤年博編（2015）『ポスト軍政のミャンマー――改革の実像』アジア経済研究所。

工藤年博・大木博巳編（2020）『アウンサンスーチー政権下のミャンマー経済』文眞堂。

中西嘉宏（2022）『ミャンマー現代史』岩波新書。

Allison, Graham T. (1972), *Essence of Decision: Explaining the Cuban Missile Crisis*, Little, Brown and Company.（グレアム・T・アリソン著、宮里政玄訳（1977）『決定の本質――キューバ・ミサイル危機の分析』中央公論社。）

Copper, John F. (2016), *China's Foreign Aid and Investment Diplomacy, Volume I: Nature, Scope, and Origins*, Palgrave Macmillan US.

Institute of Development Studies (Sussex University) (2014), "China & International Development: Challenges & Opportunities," *IDS Bulletin*, Vol.45, No.4, June.

Kirchherr, Julian, Katrina J. Charles, and Matthew J. Walton (2016), "The interplay of activists and dam developers: the case of Myanmar's mega-dams," *International Journal of Water Resources Development*, 33-1.

Leung, Denise, Yingzhen Zhao, Ahtena Ballesteros, and Tao Hu (2013), *Environmental and Social Policies in Overseas Investments: Progress and Challenges for China*, World Resources Institute.

Li, Chenyang and Shaojun Song (2018), "China's OBOR Initiative and Myanmar's Political Economy," *The Chines Economy*, Vol.51, Issue 4.

Soong, Jenn Jaw and Kyaw Htet Aung (2020), "Myanmar's Perception and Strategy toward China's BRI Expansion on Three Major Projects Development: Hedging Strategic Framework with State Market," *The Chinese Economy*, August 27.

Welsh, Bridget, Myat Thu, Chong Hua Kueh, and Arkar Soe (2020), *Myanmar: Grappling with Transition (2019 Asian Barometer Survey Report)*, Strategic and Research Development Center.

Zhu, Xianghui (2019), "China's Mega-Projects in Myanmar: What Next?," *Perspective*, ISEAS (Institute of Southeast Asian Studies, Singapore), No.84 10/17.

第3部

アフリカ開発に対する中国のインパクト

中国の開発途上国の開発に対するインパクトは世界的に大きいが、とくにアフリカ開発における中国の存在とその影響力はきわめて大きい。

図1は、2000年以降のアフリカ諸国に対する主要ドナー（中国、世界銀行、アフリカ開発銀行）の政府融資の金額の推移をまとめたものである。歴史的に見て、世界銀行の融資は大きな役割を果たしてきたが、中国の対アフリカ融資額は2011年に初めて世界銀行を追い抜き、その後2016年まで急拡大した。ただし、2017年以降は、アジア地域でも見られる現象であるが、融資額が減少している。この背景には、第5章でも言及したように、採算を度外視した多くの巨大事業のいくつかで、事業として採算がとれなかったり、相手国の住民の反対や政変などによって、事業が頓挫する事例が少なからずあり、中国政府としても、過大な融資や事業としての採算性などを考慮し、融資により慎重になってきたためと思われる。

アフリカ諸国の中でも、中国からの融資を最も多く受けてきた国が、図2に示されるようにアンゴラである。アンゴラが、中国からこれほどまでに多額の融資を受けてきた背景としては、第6章で詳述するように、2002年に長い内戦が終わったあと、欧米と敵対し、旧ソ連・キューバの支援を受けてきたアンゴラ解放人民運動（MPLA）の政権は欧米との関係が悪く、内戦でほぼ完全に破壊されたインフラの復興に必要な膨大な資金を提供してくれる国として、中国以外に見つかりにくかったこと、他方で、アンゴラはナイジェリアに次ぐアフリカ第二の石油産出国であり、石油資源を必要とする中国にとって融資の代金として石油を入手できるアンゴラはよい相手であり、双方にとって「Win-Winの関係」にあったことが指摘できよう。

第6章では、このアンゴラにとくに焦点を当てて、その経済復興・開発における中国の存在・インパクトの実態と意義・課題について詳述する。

また、アフリカでは、低開発に加え、紛争や権威主義体制といった政治的な問題を抱える国が多く、中国の存在が、こうした国の開発・経済発展だけでなく、民主化・権威主義体制にどのような影響を与えてきたのかは重要な論点である。

第7章では、アンゴラとは対照的に、同じく内戦を経験した国でありなから、欧米を中心とする国際社会の全面的な支援・援助を受けてきたルワンダと比較することによって、外的な介入や支援の影響や意義・課題について分析することにしたい。

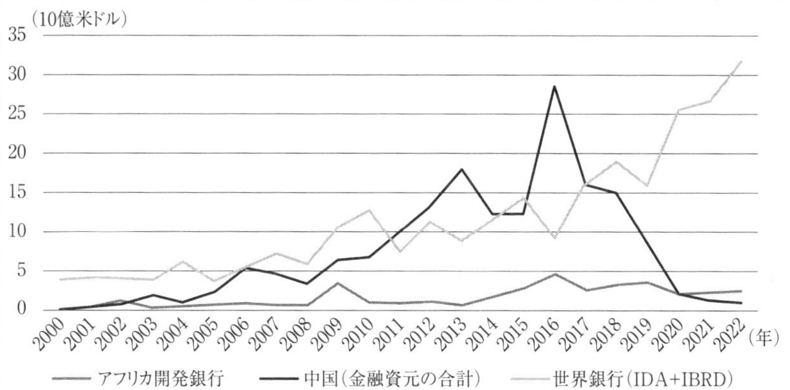

図1　アフリカ諸国に対する主要ドナーの政府開発融資(ODF)の金額の推移(2000〜22年)

(出所) Boston University Global Development Policy Center (2022), *Chinese Loans to Africa Database* より。

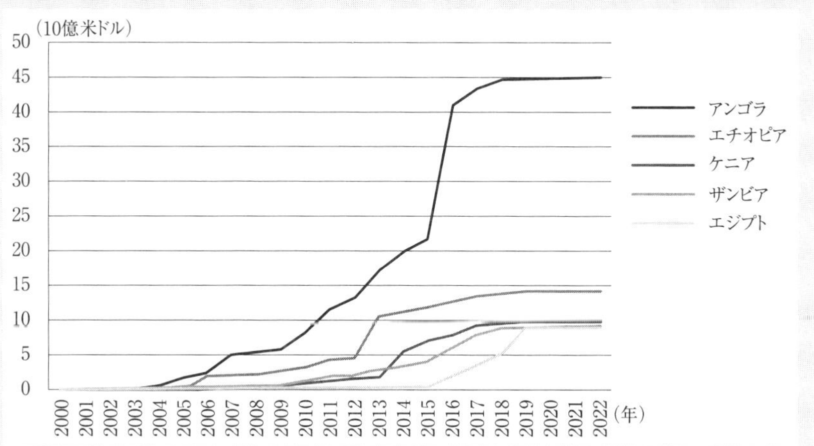

図2　アフリカにおける中国融資の受け手国上位5カ国(2000〜22年)

(出所) 図1と同様。上位5カ国を抜粋して記載。

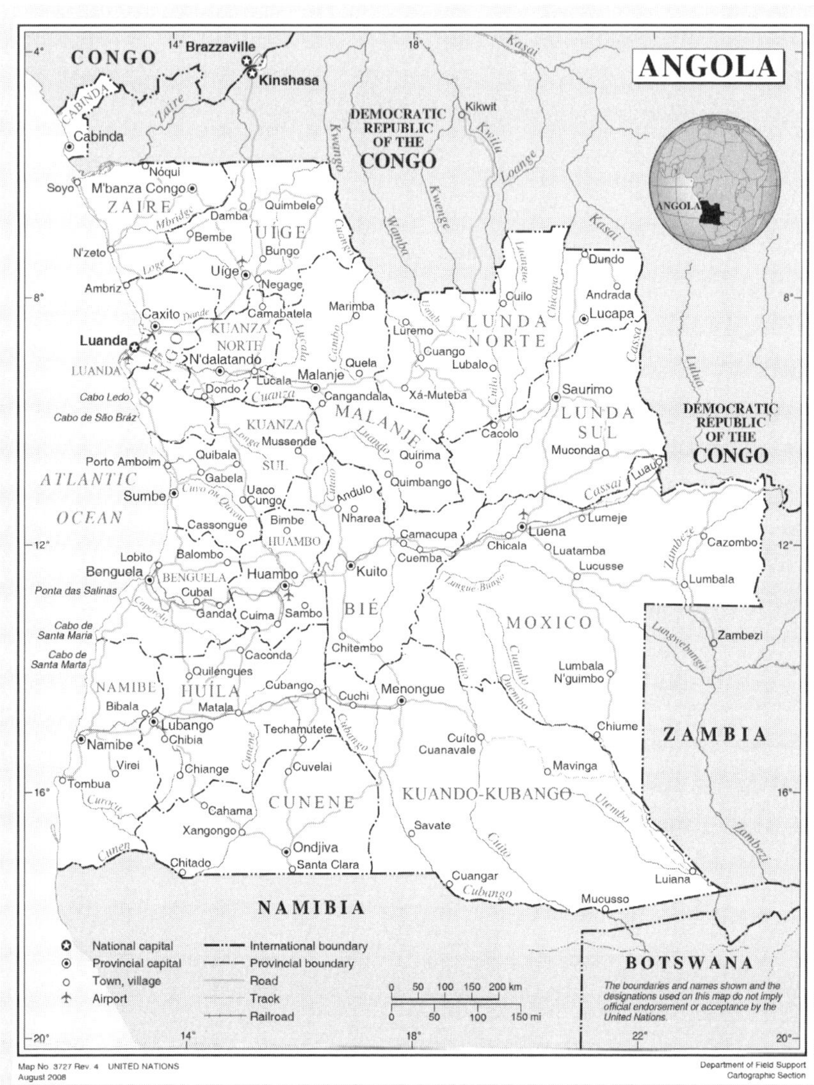

図3　アンゴラの地図

（出所）国連ホームページ（https//www.un.org/geospatial/content/angola）より。

第6章

アンゴラの復興開発と中国
―「アンゴラ・モデル」の検証―

はじめに：アンゴラ事例を取り上げる理由

本章では、中国の援助の実態を具体的に把握するための作業の一つとしてアンゴラを取り上げる。中国初の援助白書である『中国の対外援助』（中华人民共和国国务院新闻办公室, 2011）によれば、2009年の中国の対外援助の45.7%はアフリカ諸国に対するものであり、また、『新時代の中国アフリカ協力』（中华人民共和国国务院新闻办公室, 2021）では、2013年から2018年までの中国の対外援助の44.7%がアフリカ諸国向けとされている。その中で、とくにアンゴラは過去20年間に中国の援助が急増している国である。援助・融資が貿易や投資と一体となった中国の関与は、アンゴラにおいて典型的な形で進んでおり、それが「アンゴラ・モデル」といわれるゆえんである。以下で、その実態や功罪についてアンゴラを例により詳しく検討分析してみることにしたい（前頁にアンゴラの地図を掲載）。

なお、アンゴラに関しては、筆者は2008年から2009年に、「アンゴラ共和国ポストコンフリクト支援のためのインフラ事業に係る発掘型案件形成調査」（国際協力機構〈JICA〉委託）、また、2010年度に「地雷除去に関する情報収集調査」のために、アンゴラで合計5回にわたり詳細な調査をする機会を得られた。アンゴラは、日本から見ると地球の裏側に位置し、長い内戦のあとで不安定な国とされており、こうした形で現地調査を実施できたことは大変貴重な経験であった(1)。また、2018年度に、外務省ODA（政府開発援助）評価室の第三者評価「対アンゴラODA国別評価」の評価主任として、2018年9月に8年ぶりにアンゴラで現地調査をすることができ、2017年のローレンソ新政権発足後の新しい状況を確認することができた。本章は、こうした現地調査での経験によるところが大きい。

1. アンゴラ内戦と戦後復興プロセス

(1) アンゴラの内戦の経緯

まず、アンゴラの内政の歴史的経緯について整理しておくことにしよう。

第二次世界大戦が終結し、脱植民地化時代に入るとアフリカ諸国のヨーロッパ諸国からの独立の波がアンゴラにも押し寄せた。アンゴラの宗主国であるポルトガルの当時のアントニオ・サラザール政権は、植民地支配に対する国際社会の非難を避けるため、アンゴラは形式上本国ポルトガルと同等の立場であるとし、投資やポルトガル人の入植を奨励した。

しかし、こうした形式上の地位と事実上の植民地政策の矛盾は隠せるものではなく、アンゴラでは1961年に、アンゴラ解放人民運動（Popular Movement for Liberation of Angola: MPLA）が首都ルアンダの刑務所を襲撃し、アンゴラ独立に向けた戦いが始まった。1960年代を通じてMPLAによる支配地域の拡大は続いたが、独立派とポルトガル軍との戦闘が継続する中で、1974年にポルトガル本国でいわゆる「カーネーション革命」が起こり、ポルトガル政府はすべての植民地を放棄することになり、それを受けて、1975年にアンゴラ人民共和国の独立が宣言された。

しかし、その直後からアンゴラは内戦に突入していく。その背景としてはいくつかの要因が考えられる。まず第一に、この独立がポルトガル本国の政変によって突然にもたらされたものであり、独立の受け皿となる体制が準備されていたわけではなかったことである。また、アンゴラは資源に恵まれた豊かな土地であり、南アフリカや米国・フランス・ソ連など、この国への影響力をめぐって外国からのさまざまな介入がなされたことであろう[(2)]。

独立運動を戦ってきたMPLAに主導権を握られるのを嫌ったアンゴラ国民解放戦線（Frente Nacional de Libertação de Angola: FNLA）およびアンゴラ全面独立民族同盟（União Nacional para Total Independência de Angola: UNITA）連合が、ウアンボでアンゴラ人民民主共和国の独立を宣言し、独立直後から、キューバ（直接介入）とソ連が支援するMPLAと、南アフリカ（直接介入）と米国が支援するUNITA、ザイールとフランスが支援するFNLA連合の間で内戦状態に陥った。キューバ軍の支援を受けたMPLAは首都ルアンダの防衛に成功し政権を掌握したが、1975年の時点で50万人を数えたポルトガル系アンゴラ人の入植者の大規模な引き揚げや、戦争によるインフラ・農地の荒廃によってアンゴラの経済は大混乱に陥った。

1979年9月、MPLAの初代ネト議長が死去し、第2代議長にジョゼ・エドゥアルド・ドス・サントスが就任し、ソ連やキューバなど社会主義陣営との結びつきを強め、社会主義建設のために一党制を敷いた。しかし、この間もUNITA/FNLAとの内戦が続き、多くの人命が失われ、経済は疲弊した。アンゴラ内戦は、政府・反政府勢力がそれぞれ米ソの後援と、それぞれの勢力の代理人であった南アフリカとキューバの直接介入を受けていたことから、東西冷戦の代理戦争といわれている。

FNLAは1980年代には弱体化し、南アフリカとキューバも、当時南アフリカ領だったナミビアの独立とキューバ軍のアンゴラ撤退を交換条件に撤退した。外国軍の撤退後、冷戦終結の国際情勢に呼応してMPLA政権は1990年に社会主義路線を放棄し、翌年には複数政党制の導入を決めた。ポルトガル政府の仲介で1991年5月、MPLAとUNITAが和平協定に調印したが（ビセッセ合意）、1992年の大統領選および議会選をめぐる対立から再び内戦に突入した。国連の仲介で1994年11月に再度和平が成立したが、1998年に武装解除に抵抗したUNITAの再蜂起により内戦が再燃した。ジョナス・サヴィンビ議長が率いるUNITAは、内陸で産出するダイヤモンドを資金源にアンゴラ政府軍と戦闘を続けたが、2002年2月にサヴィンビ議長は戦死し、4月に休戦協定が結ばれ、27年間の内戦に終止符が打たれた。

(2) 内戦が長く続いた要因

アフリカには内戦を経た国々が多いが、アンゴラにおいてかくも長期にわたり内戦が続いたのはなぜであろうか。東西冷戦下の代理戦争の様相を呈していたとはいえ、内戦が長期にわたったのは、政府側、反政府側の双方が内戦を継続するだけの潤沢な資金源を有していたことが大きな要因である。MPLAは海側地域を確保し、沿海の海底油田から産出する石油収入を独占することができた。他方、UNITA側は内陸を拠点にしたが、内陸ではダイヤモンドを産出し、このダイヤモンドの密輸・販売によって戦闘を継続する資金を獲得し続けることができた(3)。その意味で、資源の存在が内戦に与えた影響はきわめて大きい。また、そうした双方の勢力を異なる国際勢力がそれぞれに支援をしてきたことも、内戦継続の大きな要因である。

UNITAの勢力が急激に低下していくのは2000年以降であるが、この時期が、ダイヤモンドの不正取引の取り締まりを強化する国際的取り決めである、いわゆる「キンバリー・プロセス」がつくられ密輸が規制されていった時期と重なることに注意する必要があろう。また、アンゴラの内戦に深く関わってきた地域大国である南アフリカが、そのアパルトヘイトからの決別と民主化によって、アンゴラ内戦への関与を控えるようになった。UNITAのダイヤモンド取引と事実上深く関わってきた南アフリカの関与の減少は、UNITAの資金源を狭めるという意味でも影響は大きかったといえる。

英国のアフリカ経済専門家であり世界銀行エコノミストでもあったポール・コリアが、その著書『最底辺の10億人（*The Bottom Billion*）』の中でも紹介しているように、開発途上地域における紛争の要因として最も説明力の強いものは、①低所得、②低成長、に加え、③資源のあること、の三つの要因であるとしている（Colliar, 2008）。アンゴラは、まさに豊富な資源のゆえに、多くの国の介入を招き、また対立する勢力のいずれもが豊富な資金を背景に長期にわたり内戦を戦うことができたのである。

アンゴラは、1991年にはMPLAとUNITAの間で休戦協定が結ばれ、国連によるUNAVEM II（後述）が設立され、1992年には新たな国づくりに向けて大統領選挙が実施された。しかし、アンゴラではこの選挙のあと再び内戦状態に陥り、内戦が終結したのは10年後の2002年であった。1991年の停戦の際に締結されたビセッセ合意では、選挙をすることが合意されたものの、選挙の勝者が政府ポストを独占する「勝者総取り制」をとっており、結果として1992年の選挙でMPLAに敗れたUNITAは選挙結果を認めず再び内戦に突入していった。

1994年のルサカ合意では、中部のUNITAの勢力の強いいくつかの州で知事ないし副知事のポストを約束し、ある程度の「権力分掌（棲み分け）制」が規定されたが、それはUNITA側を満足させるものとはならなかった。アンゴラの場合は、天然資源が豊富であるがゆえに領域的な権力分掌制は天然資源の開発利権とも絡み、結局、政治的合意を見るに至らず、内戦は力によって決着を見たのである。

(3) 国連介入の失敗

アンゴラでは、内戦を終結させる過程において国連が関与しPKO（平和維持活動）が派遣された時期もあった。ただし、そうした国連の関与は結果として失敗した。国連の介入はなぜうまくいかなかったのであろうか。まずはアンゴラ内戦の時期の国連介入の経緯を確認しておこう。

1980年代の末には、冷戦状況の緩和に伴い、ソ連やキューバはアンゴラへの関与を弱めることとなり、アンゴラ駐留キューバ軍が撤退することになった。この撤退を検証するために、1988年12月20日に国連安全保障理事会決議626が採択され、第1次国連アンゴラ検証団（UNAVEM I）が設立された。その後、1991年に和平協定が結ばれた際には、軍事監視要員を主体とした停戦合意の監視をする第2次国連アンゴラ検証団（UNAVEM II）が設立され、1992年10月には大統領選挙および議会選挙が実施された。この選挙は大きな混乱もなく実施されたが、選挙に敗北したUNITAは選挙に不正があったと主張し内戦を再開した。結果的に、停戦監視任務のUNAVEM IIは有効に機能せず、戦闘は激化した。

1994年10月にルサカで再び停戦合意がなされたのち、翌1995年、第3次国連アンゴラ監視団（UNAVEM III）が設立され、停戦監視任務に復帰した。UNAVEM IIIは350名の軍事監視要員のほか、最大約7000名の平和維持軍を含む構成となっていた。任務は停戦監視やルサカ合意に基づく統合政府の設立支援などの国民和解の推進であった。

和平プロセスはとくにUNITA側の非協力により遅延したものの、国連の圧力もあり次第に前進していった。和平プロセスが前進したことにより、さらに国民和解を支援するために、1997年6月30日の国連安全保障理事会決議

1118に基づき、UNAVEM IIIは国連アンゴラ監視団（MONUA）に改編された。MONUAは国民和解の推進のほか、停戦状況の監視や国家警察の中立性の監視、人権尊重の推進などを任務としていた。和平プロセスの前進により、MONUAはUNAVEM IIIより平和維持軍が縮小され文民スタッフが強化されている。

MONUAの活動にもかかわらず、1998年夏にUNITAは攻勢を開始し、アンゴラの治安は再び悪化することとなった。平和維持軍を縮小していたMONUAはこれに武力をもって強制的な対応をすることができなかった。それればかりか、1998年12月と1999年1月の2回にわたり国連の輸送機がUNITAにより撃墜されるという出来事が起こった。これにより国連事務総長はアンゴラにおけるPKOの継続を断念し、1999年2月26日の国連安全保障理事会決議1229によりMONUAは撤収した。

最終的に内戦を終わらせたのは、MPLAの軍事的勝利である。MPLAは米国との関係を改善し勢力範囲を拡大する一方で、UNITAは南アフリカの後ろ楯とダイヤモンド収入を失い、追い詰められていった。ついに2002年2月になって、サヴィンビUNITA議長が戦闘中に死亡したのをきっかけに、ようやく和平の機運が高まり、同年4月に政府軍とUNITA軍の間で停戦合意がなされ、停戦協定が調印された。こうして内戦は事実上終結し、その後UNITAの武装解除も進められていった。

(4) 国連介入の失敗の要因

アンゴラの和平に国連が介入したにもかかわらず、その国連によるミッションがうまくいかなかった理由は、次のように整理できるだろう。

一般的に、紛争当事者のいずれか一者のみであっても、強硬に和平の履行を拒絶する勢力がいる場合には、当該勢力に和平の履行を（国連を含めて）外部勢力が強要することは困難である。アンゴラのMPLAの対抗勢力であるUNITAは、国連をはじめとする国際社会の努力によっても和平プロセスに取り込むことは困難であった。敵対関係が残存する状態では、国際社会による介入・支援の効果はきわめて限定的であるという現実がここでもあったわけである。

また、アンゴラの場合、国連に与えられるべき人的・資金的資源が不十分だったことや、国連がより強い態度で臨まなかったことも、国連ミッションの失敗の原因としてあげられよう。仮に敵対関係を停戦から終戦に向かわせるためのハードルが高い国であえて介入・支援を行おうとするのであれば、中途半端な介入ではなく、敵対関係に変化を与えることを目的とし、そのために必要な大規模な介入・支援をためらわずに行うべきであるとの議論もある（水田, 2012）。

実際、国連PKOの成功例といわれるカンボジアへの国連の介入は大規模であり、UNTACは約1万8000人のPKO部隊が投入された、国連としては（朝鮮戦争は別として）始まって以来の未曽有の規模のPKOであり、またその役割も伝統的な停戦監視だけでなく、治安維持・復興再建・行政サービスなど、本来その国が担うべきほとんどすべての機能を暫定的に国連が代行する強力なミッションであった。

しかし、アンゴラにおいて、より多くの人的・資金的資源が与えられ強固な姿勢で国連が臨んでいたとしても、これらの対抗勢力を従わせることができたかどうかは定かではない。アンゴラのような長期にわたって内戦が続いてきたケースでは、国連の介入は内戦の泥沼に足をとられ、長期にわたって関与を迫られ、多大な人的・金銭的コストを負担せざるを得なくなるリスクは高い。今日のアフガニスタンやイラクなどもそのような事例といえようが、当時のアンゴラはそうした状況にあったと考えられる。国連が大きなリスクをとって大規模な介入を続けることは、避けることが賢明であると判断されたというのが現実だということができよう。

(5) アンゴラの経済破綻と復興プロセス

世界銀行出身の有名なエコノミストであるイースタリーは、その著『傲慢な援助（*The White Man's Burden*）』でアンゴラを取り上げている（Easterly, 2006）。図1は、その著書の中で取り上げられている、アンゴラの一人当たりGDP（国内総生産）の長期的な推移を示した図である。

1975年の独立後、上記のように長い内戦が始まり、その中で所得水準が急激に低下した。皮肉なことに、独立以前のポルトガル植民地下では、ポルトガルからの投資や植民の拡大等により着実な経済発展を遂げていた。当時、すでに全土に道路網が張り巡らされ、伝統的な港町であるベンゲラからアンゴラ中部のウアンボ（当時はニュー・リスボンと呼ばれた）を抜け、さらに奥地に向けベンゲラ鉄道が整備されていた。また、主要都市を結ぶ無線電信網も整備されており、ポルトガル人植民によりさまざまな農産物も生産され、とくにコーヒーは最大の輸出製品となっていた。こうしたインフラや農業生産の基盤は、内戦によって破壊されてしまうのである。

1994年のルサカ合意により選挙が実施され、ようやく平和が訪れたかに見えた。選挙そのものは平穏に行われ、MPLAが多数を占めたが、選挙で敗れたUNITAがその選挙結果を認めず、内戦に再び突入してからは、経済がさらに混乱し、国民生活が一段と困窮したことが、このグラフからも見て取れる。内戦が、経済にとっていかに破壊的な影響を与えるかを示す、きわめて明瞭な

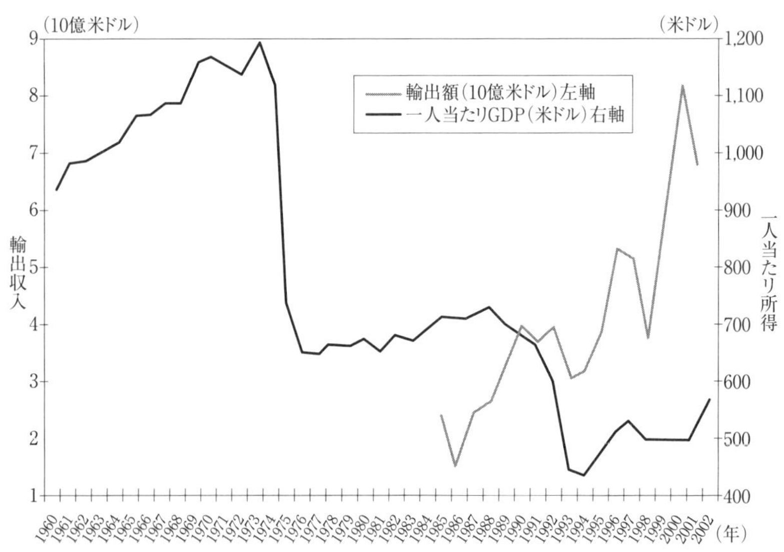

図1　アンゴラの一人当たりGDPの長期的な推移

（出所）Easterly（2006: 288）より。

グラフであるということができる。

しかし、ようやく長年の内戦が終わり、アンゴラは復興の時代に入った。2002年4月に停戦合意に至る覚書が署名され、独立以来27年にわたる内戦が事実上終結し、その後は国家再建のプロセスが進行した。1994年のルサカ合意に基づく国民和解、国家再建のプロセスがようやく実施に移され、与党MPLAの主導下で政治は比較的安定し、経済復興が進められてきた。

とはいえ、内戦の後遺症ともいえる国内避難民等の生活状況の回復や大量の残存地雷の処理といった課題も残っており、人口の急激な都市流入（とくに首都ルアンダへの集中）による都市問題の深刻化やきわめて大きな貧富の格差が見られるなど、さまざまな問題を抱えている。

次に、2002年以降、現在に至る、アンゴラ経済社会の状況とそれが抱える課題について見ていくことにしよう。

2. 急速な経済復興と近年の経済状況

(1) 石油に依存する経済

2002年以降、今日に至るアンゴラのマクロ経済状況は、2015年頃までは良好であった。2002年に紛争が終結してからこの時期までの経済状況の安定性は、GDPやHDI（人間開発指数）等の統計にも表れている。GDP成長率は2000年代に驚異的な成長を遂げ、2004年に11.3％、2005年に20.6％、2006年に18.6％、2007年には23.3％に達した。経済全体の成長に伴って、一人当たりGDPも急速に拡大し、2008年にはドルベースで4000ドルを超える水準に達したとされる。

なお、アンゴラのGDPおよび一人当たりGDPの統計はインフレや為替の大きな変動により長期の変動がとりにくく、図2では最新時点（2021年）でインフレを補正した数値とPPP（購買力平価）で計算した数値の双方を示したが、いずれの場合も石油価格の低下の影響により、2014年後半を境に低下していることがわかる。HDIは2000年には0.349であったが、2015年には0.572と大きく改善している。しかし、その後は経済停滞のために横ばいである（2022年

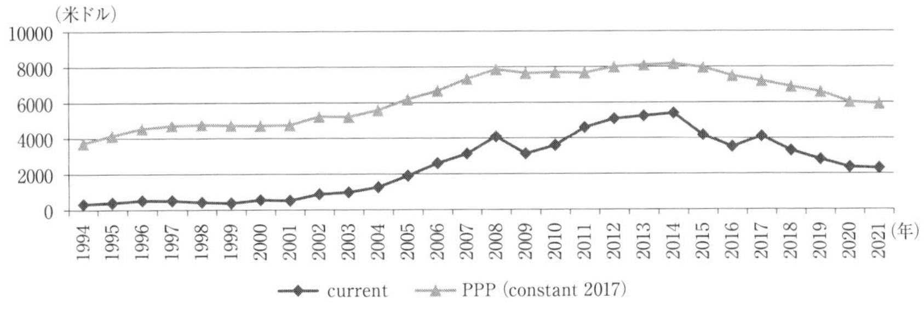

図2　アンゴラの一人当たりGDPの推移（1994〜2021年）

（出所）PPP（constant 2017）データはWorld Bank National Account DataとOECD National Account Dataより、Currentデータは*World Development Indicator*より、筆者作成。

には0.586)。

こうしたアンゴラの2002年以降の急速な経済復興を支えてきたのは、アンゴラ沖に存在する海底油田である。実際、アンゴラ経済は石油輸出に依存しており、輸出の90%以上、GDPの大半が石油部門である。アンゴラのセクター別の対GDP比率は、2017〜21年の推測値で、石油をはじめとする採取産業が30.8%を占めており、サービス（27.8%)、工業（20.0%)、農水産業（12.9%）がそれに続いている[4]。農水産業分野は生産性の低さが課題となっており、アンゴラ人口の約70%が同セクターに従事していると推定される一方、GDPに占める比率は12.9%にとどまっている。

もちろん、産業やGDPが過度に石油に依存する体質から脱却するために、非石油部門の拡大を目指してはいる。実際、非石油部門も成長はしており、統計からは経済成長が単に石油分野だけでなく、非石油分野でも進んでいることが示されている（世界銀行統計）[5]。持続的開発のためには、非石油部門の開発が重要であるが、依然として石油に依存する体質から抜け出せているとはいえない状況である。

ダイヤモンドは輸出額の1割にも満たないが、埋蔵量は南アフリカ以上といわれており、その潜在力は高い。アンゴラのダイヤモンド産業は国営会社によって運営されており、世界最大のダイヤモンド取引会社であるデビアスとの関係はよくなかったが、近年は対立関係ではなく一定の協調関係にあるといわれている。

(2) 近年の経済状況

アンゴラは1975年の独立以来、長期にわたる内戦により経済は低迷の一途をたどったが、2002年の内戦終結後、石油収入をもとに中国の巨額の経済支援を受けながら高い経済成長を遂げてきた。とくに2004年から2008年のGDPの実質平均成長率は15%を超え、これは世界一の水準であった。しかし、2014年下期からの原油価格の急落によりGDP成長率は急速に鈍化し、2016年のGDP成長率はほぼ0%であった[(6)]。経済停滞によって、アンゴラの生活状況にも大きな変化が見られる。2008～10年頃は急速な経済活動の活発化の一方、インフラ整備はまだ途上であり、首都ルアンダの交通渋滞はきわめてひどく、地方に行くにも悪路を覚悟しなくてはならなかった。10年後の2019年には、アンゴラの市内にはまだ渋滞する地域があるものの、市内・周辺の交通渋滞は大いに改善され、首都と主要都市をつなぐ道路も舗装が進み、比較的短時間での移動が可能になっていた。

また、2008～10年頃は、石油輸出に引きずられたアンゴラ通貨の為替レートの高騰により物価水準がきわめて高く、外国人にとってはホテルや宿泊施設・レストランなどすべての価格が国際的水準より3倍程度高い状況であった。2019年時点では、経済の低迷を受け公定レートは高止まりしているものの、実勢レート（実質的な二重価格が存在）では国際的に標準的な水準に下落し、

写真1（左）　復興途上の首都ルアンダ（2008年11月）
写真2（右）　急速に復興開発が進んだ首都ルアンダ（2018年9月）
（いずれも筆者撮影）

外国人・ビジネスマンの滞在ははるかに容易になった[7]。

アンゴラ人の生活を見ても、以前ほどの活気は見られないものの、見方によっては落ち着きを取り戻したような印象を受ける。経済的に見て、アンゴラは急速な経済復興期から安定した経済成長を模索する段階に入ったといえるであろう[8]。

3. アンゴラでの急増する中国の経済的プレゼンス

(1) 石油資源確保と経済関係の強化

中国がアンゴラに多額の経済支援を供与してきた最大の目的が、アンゴラの持つ石油等の資源獲得であることは明瞭である。両国の貿易取引の内容を見ると、中国による資源獲得という要素が色濃く見える。

アンゴラにおける中国の経済的プレゼンスの拡大を示す統計は数多い。2000年に約18億ドルであったアンゴラと中国の貿易額は、2005年末には約69億ドル、2006年には約120億ドルに達し、この時点でアンゴラは中国にとって南アフリカを超えてアフリカ最大の貿易相手国となり、2008年時点では約253億ドルに達した。その後は経済減速もあってほぼ横ばいであるが、2022年で約270億ドルとなっている。

一方、図3および図4に示されるように、2021年の統計で、中国はアンゴラの輸出先の58.2％を占める最大の輸出国である（第2位はインドの8.7％、日本は0.3％）。また、中国からの輸入は中国への輸出ほど多くはないが、2021年の統計で輸入額の14.8％を占める最大の輸入国であり、それに続くのが旧宗主国のポルトガルで約11.9％を占める（日本は1.2％）。2021年の中国への輸出額は約233億ドルで前年比41％増、中国からの輸入額は約25億ドルで前年比43％増となったとされている[9]。

アンゴラから中国への輸出の大半（95％超）は石油であり、2008年にはその輸出額がピークに達し、アンゴラは中国にとってサウジアラビアに次いで2番目に大きな石油輸入国になった。2008年の中国のアンゴラ産原油への依存度は17～18％で、その年のサウジアラビアへの依存度約20％に次ぎ（Vines et al.,

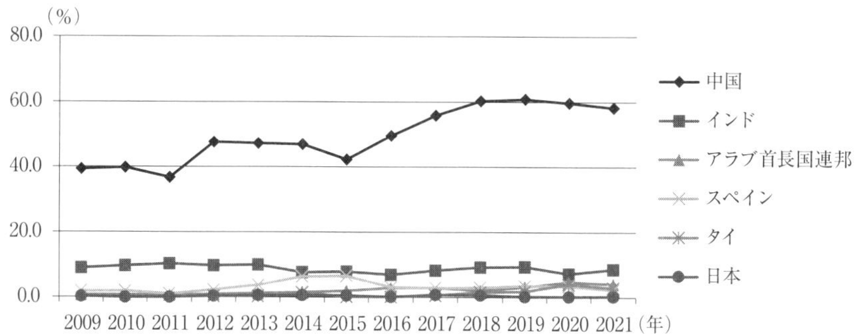

図3　アンゴラの輸出相手国の推移（2009〜21年）

（出所）World Bank (2022), *World Integrated Trade Solution* より作成。

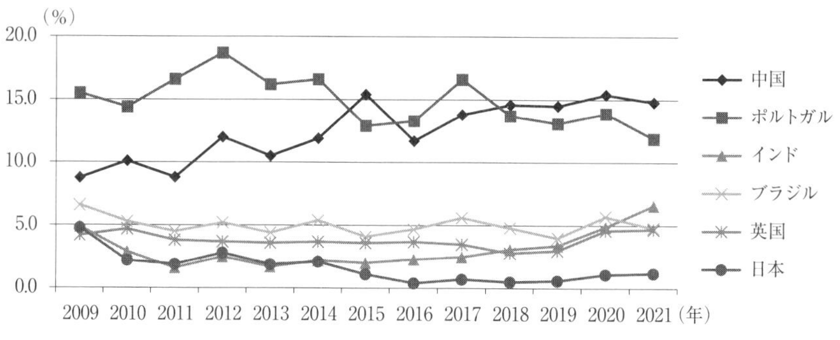

図4　アンゴラの輸入相手国の推移（2009〜21年）

（出所）図4と同じ。

2009: 40)、2000〜16年の平均で中国の石油輸入の12〜17%を占めた（Begu et al., 2018: 10)。なお、ウクライナ戦争の影響で2022年ではロシアが中国にとっての石油の最大の輸入先となった。

また、こうした貿易取引の拡大とともに、中国企業のアンゴラへの投資も急拡大してきた。2009年には、アンゴラ進出中国企業は100社を超え、2022年末時点では約400社にまで拡大している。とくに投資規模が大きいのは、石油開発分野であり、2004年3月の中国輸出入銀行の融資供与とともに、アンゴラの国営石油会社ソナンゴール（Sonangol）との合弁企業であるSonagol Sinopec Internationalが、アンゴラ沖合の海底油田の石油探査を始めた。中国輸出入銀

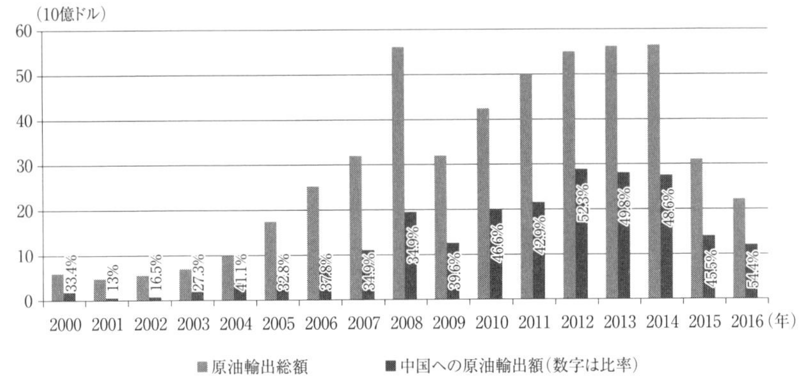

図5　アンゴラの原油輸出と中国向けの比率（2000〜16年）

（出所）Begu et al.（2018: 10）より引用。

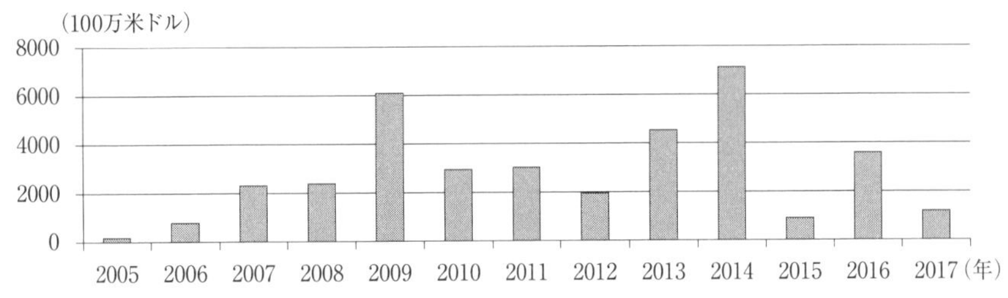

図6　アンゴラに対する中国の直接投資の推移（2005〜17年）

（出所）アンゴラ商務省統計（www.ceicdata.com）より作成。

行による巨額の対アンゴラ借款の多くは石油の輸出代金で返済されることになっており（Vines et al., 2009)、石油資源は両国の関係強化の中核を占めている。

世界銀行によれば、IBRD（国際復興開発銀行）融資に際しての規制条項として、「石油をクレジットの対価としてはいけない」という条文があり、世界中で適用されている原則である。しかしながら、現在に至るまで中国はこうした国際的ルールには拘束される様子はなく、引き続き石油とある種のバーター取引となるような形で経済復興・開発のための多額の融資を供与している。中国の優遇借款はこうした国際的な規範形成の方向と逆行するものであるが、アンゴラの石油に対する中国の重大な関心（国益）とアンゴラ側の復興資金に対する膨大なニーズという双方の利害が一致し、中国とアンゴラの密接な関係の強化は双方の経済的利益にかなうものであった。

ただし、両国の経済関係の強化は、石油分野にとどまるものではない。中国の融資による開発案件はインフラ整備を中心に経済建設のあらゆる分野に広がっており、こうした開発事業を中国企業が受注することで、中国企業の投資や関連中国企業の現地での活動も広範囲である。図7はアンゴラに対する中国の直接投資の推移を示した図である。中国企業の投資は2002年以降、とくに2006年から2009年にかけて急拡大した[(10)]。なお、たとえば2011年のアンゴラへの投資に占める中国のシェアは、ポルトガルに次いで2番目で12.4%であるが、香港のほか、ケイマン諸島（8.6%）やバージン諸島（1.3%）経由の投資のかなりの部分も中国関連企業と推測される。

ただし、アンゴラのビジネス環境においては、汚職の蔓延、金融システムの未整備、道路などのインフラの未整備、高いビジネスコストのほか、港湾の混雑、輸入手続きの煩雑さ、非効率な行政手続きが問題点として指摘されている。ビジネスの実施しやすい環境を順位づけした世界銀行の「Doing Business」では、2020年時点でアンゴラは190カ国中177位ときわめて低い位置づけにある。アンゴラの海外からの投資環境については、依然として課題が多い。

2017年に新大統領となったローレンソ政権のもとで、汚職対策や税制改革、

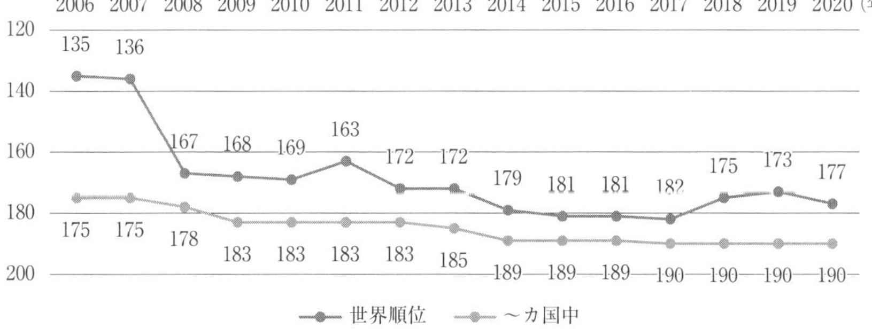

図7　ビジネス環境の世界ランキングの推移

（出所）World Bank, *Doing Business* 2006-2020各年版より筆者作成（Ease of Doing Businessのデータ）。

近代的な金融政策・財政政策の導入、IMF（国際通貨基金）など国際金融界との関係の改善などの改革を進めている。また、2018年5月に改正民間投資法が成立し、投資最低額やアンゴラ人出資比率の制限が撤廃されるなど、外国投資家にとっての条件は改善されつつあるが、引き続き改善が必要である。

(2) 圧倒的な中国の支援

近年のアンゴラに対する最大支援国は圧倒的に中国である。アンゴラは2002年の和平合意以降、復興が急速に進んでいるが、中国のアンゴラ支援はこの2002年から本格化した。中国とアンゴラとの間の経済関係の急速な拡大については、米国のシンクタンクであるCSIS（戦略国際問題研究所）が2008年3月にレポートを出しており、これによれば、中国輸出入銀行による支援額は、2002年から2007までの6年間だけで合計25億6000万ドルにも達する。インフラ分野だけでなく、教育・保健医療分野に対する支援金額も大きいが、これは主として全国の学校・病院などの建設・整備にあてられている。その後も、2008年には約25億ドル、2009年に約20億ドルが供与され、2014年までの中国の借款を含めた全体の支援額は、約165億ドルに達するといわれている（AID DATA, Research Lab at William & Maryより）。また、2000年から2017年の間に428億ドル相当の融資（譲許・非譲許の両方）を供与したという数値もある（China-Africa Research Initiative, 2020）。

その資金は中国輸出入銀行融資や中国開発銀行の融資が大半を占めるとされるが、中国はOCED/DACに加盟しておらず、援助統計等について公表していないため、正確なところはわからない。また、こうした多額の借款の返済の多くは、アンゴラで産出する石油を中国に輸出する代金によって返済する契約になっているとされる（Vines et al., 2009）。また、経済支援のうち大半を輸出入銀行や中国開発銀行の借款（その資機材調達および建設工事は中国タイド）が占め、それとあわせて（無償を含む）政府援助が供与される方式は「アンゴラ・モデル」あるいは「アンゴラ方式」と呼ばれ、他の国でも同様な支援パッケージが見られる。この支援方式に「アンゴラ」の名がつけられるのは、それが最も大規模な形で典型的に行われてきたからである。

また、中国による借款は機材・機器が中国タイドとなっている。機材や労務の調達は中国タイドであるが、使途はアンゴラ側の政策に従い、アンゴラ政府は鉄道・道路などのインフラのリハビリ、通信設備（光ファイバー）の敷設などに使われた。鉄道・道路・電力の整備など、中国からの借款だけでは足りず、ブラジル、ポルトガルなどからの支援もある。中国は多くの分野で多額の支援を行っており、工事が早く、また資機材の金額や建設費も相対的には安いので、即効的な復興を進める上で評価されている面もある。また、「安かろう悪かろう」という批判もあるが、質も必ずしも悪くないという見解もある。

鉄道・道路といった分野で多くの中国人がアンゴラに建設労働者としてやってきた。アンゴラに滞在している中国人の人数については明確な統計はないが、中国案件がピークに達した2010年前後には、大きな推計値としては40万人、少ない推計値でも5万人ともいわれた。工事建設の労務者として来ている中国人が多いことから、その時点で実施されているインフラ事業の数にもよる。こうした建設工事の労務者まで連れてくる形の支援方式に関しては、地元の雇用拡大につながらないとか、技術移転がなされないとの批判が強いが、その一方で、現地の技術能力や人材不足を考えると、復興事業を短期間に進める上では効率的な支援方式であるというのも一面の真理ではある。なお、2022年時点では、在アンゴラ中国人の数は2～3万人と推測されている[(11)]。

一方、香港をベースとする中国国際投資公司（China International Fund: CIF）も多額の資金を供与した。2005年に29億ドルのアンゴラへの復興資金を供与することが合意され、その具体的な支援内容は、高速道路および鉄道の復旧、ルアンダの排水改善、国際空港の建設など、交通インフラの復旧や都市開発が主である。これは、GRN（Gabinete de Reconstrução Nacional：国家復興院）に対して供与されたものである。GRNはアンゴラ大統領直属の組織で、その意思決定メカニズムや活動の実態は不透明であり、大統領の軍事アドバイザーであるコペリパ（Kopelipa）将軍が実権を握っていたとされる。

近年では、2018年9月に，習近平国家主席が北京で、2017年に新大統領となったローレンソと会談し，「中国は『一帯一路』構想をアンゴラの経済多元化戦略と緊密にマッチングさせ、アンゴラの国家発展戦略に合致する重大プロジェクトに対して、引き続き政治的条件をつけない支援を提供していく」と述

表1　主要二国間ドナーODA金額（支出総額ベース）

国／年	2006	2007	2008	2009	2010	2011	2012	2013	2014	2015	2016	累計（2006～16）
米国	40.8	47.6	50.1	48.4	61.5	73.1	84.0	65.8	62.3	64.6	54.2	652.3
日本	12.8	24.5	16.7	5.8	30.7	8.7	10.5	14.2	8.0	220.0	4.5	356.4
韓国	10.1	16.6	28.7	34.8	20.6	17.5	8.7	10.7	5.6	13.5	12.1	179.1
ポルトガル	19.9	17.1	15.8	15.3	13.4	17.3	27.0	15.8	4.2	8.6	5.2	159.6
ノルウェー	22.3	18.1	13.2	15.4	10.4	8.9	8.3	6.9	8.8	6.3	7.8	126.4
スペイン	15.3	21.7	18.3	21.8	11.3	8.6	5.1	5.8	1.5	0.1	0.1	109.6
DAC諸国 計	186.9	211.6	212.6	174.8	187.0	155.5	159.6	169.9	117.6	341.1	104.7	2021.2

（出所）OECD/DACのODA統計より作成。
（注）単位：100万米ドル。

べた[(12)]。

なお、表1に示したように、中国以外のアンゴラにおける主要な二国間ドナーは、拠出額（2006～16年累計）の多い順から、米国、日本、韓国、ポルトガル、ノルウェー、スペインである。中国のアンゴラに対する非譲許的融資を含む金額が年間およそ20億ドルと推定されることを考えると、中国以外のドナーの支援額は1桁少ない金額であることがわかる。

旧宗主国のポルトガルについては、援助額は多いとはいえないものの、アンゴラに進出しているポルトガル企業は約2000社程度といわれており、経済的なつながりは強固である。アンゴラの公用語がポルトガル語である点がプラスとして作用しており、また2011年にポルトガル―アンゴラ間でビザの緩和がなされたことも、ポルトガル企業の進出をよりいっそう促進させたとされる。

(3) 日本とアンゴラの経済関係

これまで、アンゴラにおける中国の圧倒的な経済的プレゼンスについて述べてきたが、おそらく読者は、日本とアンゴラの経済関係はどの程度なのかという疑問を持つであろう。以下で簡単に述べておこう。

日本はアンゴラの独立直後の1976年に外交関係を樹立したが、大使館を開設したのは2005年と比較的最近である。日本のアンゴラ復興支援は1998年の国連機関を通じた緊急人道支援から始まり、今日まで、無償資金協力を中心に支援を供与してきた[13]。平均すると、無償資金協力が毎年20億円程度、技術協力が毎年2〜3億円程度であり、中国と比べると、無償と有償の違いはあるが、資金規模で見るとおよそ100分の1程度ということになる。無償援助は学校や病院の建設などに向けられてきた。円借款は2015年に初めて電力セクターの政策支援借款をアフリカ開発銀行（AfDB）との協調融資の形で供与した。

また、アンゴラには以前はJICA事務所がなく、南アフリカのJICA事務所が管轄していたが、2009年には現地事務所が設立された。ただし、アンゴラは外部勢力が介入して長い内戦を経験したことから、外国からの支援について「援助」という言葉すら好まない中で、日本の支援も低姿勢での生活改善重視の援助をしているものの、アンゴラ国内ではあまり認知されているとはいえない。

貿易関係も、アンゴラの輸出入に占める日本の割合は、図4および図5で示したように、輸出に関しては2009年の0.2％から2021年の0.3％とほぼ増えておらず、輸入に占める割合は2009年の4.8％から2021年の1.2％とむしろ減っている。

2017年に発足したアンゴラ新政権（ローレンソ大統領）は、汚職撲滅や世界最悪レベルと指摘されるビジネス環境の整備に向けた取り組みを進めつつあるが、日本との経済関係強化はなかなか進んでいないのが実態である。地理的な遠さ（日本からはほぼ地球の裏側に位置する）に加え、ポルトガル語圏ということもあり、日本側人材の不足・言葉の制約等がネックになっている。

しかし、2008〜11年に在アンゴラ大使であった越川和彦大使の尽力もあって、2011年には日本・アンゴラ投資協定の締結が大筋で合意に至り、その後の両国間の投資の拡大に向けての大きな一歩となった。地道ではあるが、日本も着実にアンゴラとの経済関係強化に向けて努力をしてきた。中国の圧倒的な経済的プレゼンスと比較すると、その比重は100分の1程度で比べようもないが、日本は支援国および投資国としてアンゴラ側の期待も小さくない。中国だけに経済・技術支援や投資を依存するのではなく、多角化したいという思惑もあり、金額や規模はいまだ小さくとも日本が果たしうる役割は少なくなく、今後の発展が期待される。

4. 中国の経済支援の実例

以下で、アンゴラにおける中国の支援の実例を見ていくことにしよう。中国の支援が圧倒的に大きな分野は、とくに鉄道・道路・空港・港湾などの交通インフラと電力などのエネルギー分野である。

(1) 鉄道

鉄道は基幹インフラである。ポルトガル植民地時代にポルトガルは鉄道網の整備に力を入れ、なかでも港町のベンゲラから内陸につながるベンゲラ鉄道は、内陸の資源輸出にとっても重要なアンゴラの中央部を横断する大動脈であったが、このベンゲラ鉄道は内戦によって完全に破壊されてしまった。

2002年以降、鉄道網の復旧が進められたが、その復旧の中核を担ったのが中国の支援事業である。中国は、首都ルアンダから郊外に延びるルアンダ鉄道の復旧事業を行ったほか、ベンゲラからウアンボを経てクイトに延びるベンゲラ鉄道（約1344km）およびモサメデス鉄道（約1003km）の復旧を担った。

首都ルアンダから郊外に向かって東に延びるルアンダ鉄道はすでに完成し、近郊の住民にとってルアンダとつなぐ幹線鉄道として大きな役割を果たしている。また、そのルアンダ鉄道の沿線にあるルアンダ近郊のヴィエナには工業団地が建設され、多数の中国企業が進出し、そこで生産された製品の搬送やその工場で必要な物資をルアンダ港から運ぶ重要な役割も担っている。ルアンダ鉄道はその後、内陸のマランジェまで延伸されている。

一方、ベンゲラ鉄道は、2009年3月には、ベンゲラから内陸の中心都市ウアンボまでが完成した。さらにウアンボからクイトまでの区間を2010年時点で建設中で、その後、クイトからさらに内陸に延び、国境を越え隣国のザンビアまでつながる計画であったが、2014年についにザンビアまでの区間も完成したと報じられた[(14)]。ザンビアからタンザニアまでは、かつて中国が膨大な資金と人員を送り込んで建設したタンザン鉄道（タザラ鉄道）があり、アンゴラ側のベンゲラ鉄道の完成によって、アフリカ大陸の西側にあるベンゲラから東

写真3（左）　首都近郊のルアンダ鉄道
写真4（中央）　内陸につながるベンゲラ鉄道
写真5（右）　内陸の中国人用道路標識（Sumbe-Kuito）
（いずれも2009年3月筆者撮影）

側にあるタンザニアのダルエスサラームまで、アフリカ大陸を横断する鉄道がつながったことになる[15]。それは、まさに中国の支援によるアフリカにおける万里の長城のような壮大なプロジェクトともいえよう。

かつてベンゲラ鉄道があった沿線地帯は、内戦中に多量の地雷がばらまかれており、その工事にあたってこの地雷は大変な障害であった。資料によれば、2002年に供与されたベンゲラ鉄道復旧のための中国の借款のうち、約1割は地雷除去のために使われ、それを担ったのはFAA（アンゴラ陸軍）の地雷除去部隊であるとされる。アンゴラ陸軍にとっては、この資金は内戦後に仕事のなくなった兵士に仕事と給料を与える大きな事業であったと考えられる。

また、鉄道建設工事自体は中国企業が請け負った中国タイドの事業であるため、必要資材は中国から輸入し、工事現場では多数の中国人労働者が働くこととなった。大型トラックは中国製であり、そのドライバーも中国人であるため、工事中は道路標識も中国語で書かれ、またその工事現場周辺の自動車修理会社の看板も中国語であった。工事現場事務所には、中国でも見られるような門が作られ、「中国とアンゴラの友好のため」といったスローガンが書かれていた。

（2）道路

道路も経済社会生活にとっての基幹インフラであり、ポルトガル植民地時代に道路網はそれなりに整備されていた。しかし、これも長い内戦を経て維持補修が長期にわたり全くなされなかったことでボロボロの状態となり、その復旧は急務であった。

基幹道路の復旧は必ずしも中国だけが担ったわけではなく、ポルトガルやブラジルあるいは南アフリカの企業も道路整備事業を請け負っている。しかし、やはり道路の復旧整備のために最大の支援（融資）を供与したのは中国である。中国は、海岸沿いの首都ルアンダからスンベを経てロビトに至る道路（約498km）の復旧のほか、マランジェ—サウリモ間、サウリモから南に延びるルエナまでの間、サウリモから北に延びるドゥンドまでの間の道路、合計1107kmの復旧も担った。2010年以降は、ルアンダ—ソヨ（北部カビンダ州）間のほか地方都市をつなぐ多くの道路復旧・建設資金を中国開発銀行が融資した。

ルアンダからロビトまでの海岸沿いの道路は2010年時点ですでに完成しており、約500kmを5時間ほどで移動することができた。高速道路と称しており、片側一車線で合計二車線の比較的狭い道路であるが、路面はけっこう良く、交通量が少ないこともあって、どの車も時速120kmから140km程度で走っている。中央分離帯もない道路で対抗車のいずれもがこのようなスピードで走るわけであるからけっこう危険である。動物が飛び出してきてブレーキを踏んだりハンドルを切ったりすることによって事故が多発しており、このくらいのスピードでは死に至る大事故になることも多く、道路脇には事故車の残骸がところどころに打ち捨てられていた。

アンゴラの国土は広大であり、道路網の復旧整備は、バラバラになっている地方都市や農村を結び全土のバランスある発展のためにも、また内陸にある資源の開発のためにもきわめて重要である。その復旧のスピードは驚くばかりであり、内陸のウアンボからさらに内陸のクイトまでは200kmばかりの距離であるが、2009年3月時点ではまだ舗装されていない道が多く丸一日がかりであった。しかし、翌2010年8月時点ではこの区間が車でわずか1時間半ほどで行けるようになっていた。ことほどさように、アンゴラにおける道路復旧整備のスピードの速さは驚異的である。

他方で、道路の維持補修が十分になされていないことも事実であり、2010年8月にウアンボ—ルアンダ間を走った際には、その2年前に比べ、道路のと

写真6（左）　ウアンボ―ルアンダ間の道路
写真7（右）　ウアンボ―クイト間の工事中の道路
（いずれも2009年3月筆者撮影）

ころどころに穴があり、高速で走行中にこうした穴にはまると相当に危険であり、実際、穴の多いところでは道路脇に横転した事故車両が打ち捨てられていることも少なくなかった。こうしたことを取り上げて、中国の工事のずさんさを示すものであるという論調もないではないが、ウアンボ―ルアンダ間の道路は中国のみによる工事ではなく、また、この道路の維持補修は基本的にはアンゴラ側の政府担当省庁の問題であり、こうしたアンゴラ側の維持管理能力にはまだ課題がある。

(3) 空港・港湾

アンゴラの首都ルアンダにある既存の空港は満杯状態である。空港敷地はかなり広いが、多くの航空機がところ狭しと駐機している。このように混雑しているのは、外国から陸路でルアンダに入ることがきわめて困難であり、空路で入る以外に選択の余地がないことと関連しているだろう。したがって、新空港の建設の必要性は高く、首都ルアンダ南部近郊に新しい空港を建設する事業を中国は支援してきた。また、2017年には新空港とルアンダ市内を結ぶ鉄道事業に中国銀行が資金を供与した（1億5000万ドル）。また近年では2016年にクイトやカビンダなどの地方都市の空港の整備のための支援（中国開発銀行、それぞれ2600万ドル、6000万ドル）も実施している。

中国の借款は中国企業タイドであり、多くの中国人技術者と労働者がそのためにアンゴラに来ている。多くの中国事業が実施中であった2010年頃には、中国とアンゴラの関係の緊密化と中国人の往来の増大に伴って北京とルアンダを結ぶ直行便が就航していた。ルアンダに到着する飛行機に乗ってくる中国人は多く、その中には作業着を着てヘルメットをかぶった工事労働者も多数いて、彼らはルアンダ空港に到着したらそのままの姿で工事現場に直行する。そうした、アンゴラの経済建設に関わる中国人の多さとその活力を象徴する面白い逸話もある。

また、アンゴラでは、2002年まで続いた内戦により国内インフラの破壊と老朽化が進んだ結果、同国の主要商業港では港湾施設が劣化し物流の妨げとなっていた。他方で、内戦終結後、同国は天然資源による収入を梃子に急速な経済成長を遂げ、資材や生活雑貨等の輸入貨物が急増しており、劣化した港湾施設では対応が難しく、また、近年の海上輸送の中心であるコンテナ輸送に対応した港湾施設の整備が必要となっていた。アンゴラ経済の成長と急速に進む復興に伴って輸入資材や物資に対する需要は急拡大しており、港の荷揚げ処理能力も圧倒的に不足している。

2008～10年頃は、とりわけルアンダの港では荷揚げを待つ船の渋滞ぶりはひどく、常時100隻を超える船が接岸を待機している状態で、待機期間は1カ月以上に及んだ。こうした状況を受けて、港の改修・拡充の必要性は切迫し、首都ルアンダの港だけでなく、中部のロビト、ベンゲラ、および南部のナミベの港の改修整備事業が進められた。中国はルアンダ、ロビト、ベンゲラ等の港の拡充事業に融資をした。他方、日本もこうした港の整備事業には2002年以来関わってきており、とくに南部のナミベ港の拡張工事をJBIC（国際協力銀行）を通じて支援した。ただし、その後、ナミベ港でも中国が大規模に港の整備事業を実施するようになったことで、日本の存在はやや影が薄くなってしまった。

近年の中国の巨大港湾整備事業として、北部カビンダ州のカイオ（Caio）港整備事業がある。カビンダは石油産出地域にも近いことから比較的工業が発達した地域であるが、まともな港がないのがネックであった。中国輸出入銀行の多額の借款（9億3200万ドル）が2016年に供与されたものの、債務問題のため

写真8　カビンダ州カイオ港整備事業
（*Construction Review*, 2023.5.14. より）

しばらく工事が中断していたが、2020年1月に再開され、現在も建設途上である(16)。

(4) 電力・通信

電力も住民の生活に不可欠な基幹的なインフラである。ポルトガル植民地時代に水力発電を中心に主要都市では電力供給のためのインフラ整備がなされていたが、こうしたインフラも内戦で破壊されたものが多く、残っているものも相当に老朽化が進んでおり、電力ネットワークの整備は急務であった。

電力分野の復旧整備支援は、中国のほかポルトガルやブラジル、南アフリカなど多くの国が関わっており、電力分野は外国政府・国際機関の融資や外国企業の関与も少なくない。たとえば、アフリカ開発銀行（AfDB）や南アフリカ開発銀行はウアンボなどの電力供給のため、数多くの巨大な発電機設置への融資を提供した。

中国は、首都ルアンダの電力ネットワーク復旧拡張事業のほか、地方の重要都市であるルバンゴの電力ネットワーク復旧事業やナミベ―トンボワ間の電力ネットワーク復旧事業等に関わってきた。海岸の都市スンベの電力供給事業も支援し、スンベにつながる道路も中国の支援で整備がなされ、中国の存在感はきわめて大きい。

日本のJICAや商社も電力分野の開発事業には大きな関心を持ってきた。2008～09年にはJICAの委託調査で筆者を含む調査チームが情報収集し、2010年秋には、電力分野のコンサルタント会社が詳細な事業調査を実施した。2015

年から2017年にかけて、日本政府はAfDBとの協調融資で、円借款「電力セクター改革支援プログラム」を実施した。同事業では、アンゴラ政府が日本政府およびAfDBとの協議のもと、五つの政策分野（目的）に基づく政策アクションを整理し政策マトリクスを作成、AfDBおよびJICAはこれら政策アクションの達成を確認し、AfDBは10億米ドル，JICAは2億米ドルの資金供与を行った。これは日本がアンゴラに供与した最大規模の支援である[(17)]。

一方、実際の発電所の建設に関しては中国が巨額の融資を供与している。北部ソヨの火力発電所には中国商工銀行が2015年に8億3800万ドルを融資したほか、2016年には中国開発銀行が首都ルアンダの30万戸の電化事業に4億5200万ドル、ウアンボ州の電化に3億4000万ドルを供与した（Boston University China Research Initiative, 2023）。

また、中国企業の存在感が大きい分野の一つに電気通信分野がある。近年の世界的な携帯電話の普及には、華為（Huawei）のような中国企業の存在があり、この分野での中国企業の競争力はきわめて高い。アンゴラでは、全土に光ファイバー網を広げていく事業が進められ、第1期として3000km、長期的には全土に7000kmの光ファイバー網を敷設する計画を中国が支援し、主として中国企業が工事を進めてきた。光ファイバー網は、幹線道路に沿って敷設されつつあり、いたるところで工事が進んでいるのを見ることができ、時折中国人の技術者や労働者を見かけた。

(5) 都市開発

都市の再開発も切迫したニーズの高い分野である。

首都ルアンダは、ポルトガル植民地時代には人口約60万人であり、その程度の人口を想定した都市づくりが行われ、今日でもポルトガル風の立派な建物のいくつかは存在しており、植民地時代はポルトガルの趣を持ったきれいな都市であったと推測される。しかし、内戦時にはルアンダでも市街戦が行われ、多くの建物が廃墟ないし弾痕だらけになった。また、内戦を通じて、多くの人々が戦火を逃れて首都ルアンダに集まり、内戦終結後は、仕事や生活の糧を求めて、さらに多くの人々がルアンダに集まってきた。そのため、今日では

写真9　ルアンダの都市再開発事業
(2009年3月筆者撮影)

ルアンダ市内および近郊に住む住民の数は900万人くらいまで膨れ上がっているといわれ、アンゴラの全人口が3500万人程度といわれる中で（いずれも2022年時点の国家統計院の推計値)、この数字は、いかにルアンダに人口が集中してしまったかを物語っている[(18)]。

このことによって、当然のことながらルアンダの都市機能は破綻をきたし、慢性的な住宅不足と交通渋滞、住民に対する水や電気などの基礎的サービスの不足を招いていた。アンゴラ政府は、そのため都市の再開発計画を打ち出し、さまざまな関連事業を進めてきた。中国はこうした都市再開発計画にも深く関わり、ルアンダ新都市プロジェクトのほか、新しい住宅地域の開発、ルアンダ市の排水改善事業、道路の拡幅工事など、さまざまな事業を実施している。

また、都市の再開発のニーズはルアンダ以外の地方都市でもきわめて大きい。ウアンボやクイトなど地方の中心都市は、UNITA側の勢力下にあったこともあり、内戦で激しい市街戦を経験し徹底的に破壊された。今日、急速に復旧・復興しつつあり、そのための再開発計画や関連事業の計画が進められている。

こうした地方都市では、必ずしも中国企業だけが圧倒的な存在感を示しているわけではなく、ポルトガルやブラジルなどの開発コンサルタント会社や関連企業が深く関わっている場合も少なくない。水や電力の供給、交通基幹の整備、建物の復興・建設など、必要な関連事業には事欠かず、アンゴラ政府もこうした地方都市の復興と再開発を重視し、多くの予算をつけて事業を進めており、中国輸出入銀行や中国開発銀行が多くの地方都市の水供給事業などに資金を提供している。

(6) スタジアム建設

そのほかにもアンゴラではさまざまな事業が実施されており、その中で中国が関わる事業も少なくない。すべてを詳細に取り上げることは不可能であるし、また本書でそれらをすべて取り上げる必要もないと考えられるが、話題になったサッカー・スタジアムの建設については、興味深いエピソードであるので言及しておくことにしよう。

アフリカでは2009年にサッカーの「アフリカ・カップ」(翌2010年の南アフリカでのワールドカップの予選大会)が開催され、アンゴラはそのホスト国となった。アンゴラ政府は、このアフリカ・カップのサッカー・スタジアムをアンゴラ全土の主要都市に合計10前後建設するという巨大な投資を行った。

このスタジアムの建設に中国企業が関わり、その建設工事のために中国人労働者が大挙してアンゴラにやってきた。建設工事は完成までの期間が短く、まさに突貫工事が要求され、この期間は最も多くの中国人がアンゴラを訪れたピークの時期であったと推測される。中国企業は中国人労働者を雇い、地元ではアンゴラ人の雇用につながらないという不満も出され、アンゴラ人の雇用も試みられたが、アンゴラ人では仕事がなかなか進まず、目指した完成期日に間に合わないため、完成期日が近づくに伴い中国人主導とならざるを得なかった。完成したスタジアムは外観を見た限りでは立派な施設である。

写真10　ベンゲラ近郊のスタジアム建設
(2010年9月筆者撮影)

中国は、2008年の北京オリンピックを経験して、こうしたスタジアムや大型施設の建設の経験を数多く積み、この分野の建設工事ではおそらく世界で最も競争力のある国といえよう。2010年には、南アフリカでワールドカップ・サッカーが開催され、南アフリカでも数多くのスタジアムが建設された。南アフリカはアンゴラよりは技術力があり労働力も豊富であるが、南アフリカでも同様に中国企業が工事を請け負い、多くの中国人労働者が働いた。2010年2月に南アフリカのヨハネスブルグの空港を経由する機会があったが、入国審査のゲートには、中国人専用のゲートが別に設置され、数百人の中国人が列をなしていた（ワールドカップ終了後はそうした特別ゲートは撤去され今はない）。アフリカの経済建設における中国のプレゼンスの大きさを象徴する光景でもあった。

5. 中国の支援の評価

アンゴラに対する中国の膨大な額にのぼる支援に対する評価はさまざまである。以下でいくつかの論点を整理しておくことにしよう。

(1) 中国の経済支援のインパクト

中国の2002年以来の巨額の支援により、内戦で破壊されたインフラの急速な復興・再建が進んだことは間違いない。アンゴラ駐在の中国大使の言によれば、「2002年以来（2022年まで）、2800kmの鉄道、2万kmの道路、10万戸の住宅、100の学校、50の病院の建設を支援した」とのことである。また、「400の中国企業がアンゴラに進出し、投資総額は240億ドルを超える」とされる(19)。

中国がアンゴラに援助する最大の目的が、アンゴラの持つ石油等の資源獲得であることは明瞭である。援助の目的の観点からは、資源獲得という要素が色濃く見える。必ずしも貧困層を対象に支援をしているわけではなく、ODAに関するDAC諸国の方針を共有しているわけでもない。

アンゴラは国際社会からその腐敗や汚職などの問題を指摘されているにもかかわらず、中国が多額の支援を供与していることに対し、その不透明さや腐敗を温存させるのに役立っている、との批判もある(20)。中国のアンゴラへの支援に関しては、アンゴラ財務省を通じた融資にはある程度の透明性があるが、国家復興院（GRN）を通じた支援は全く不透明であった。中国のアンゴラ政府への具体的な支援案件の決定は、中国政府ないし中国側の融資・支援機関とGRNのコベリパ将軍との間で密室で最終決定がなされたといわれ、その決定過程は外部からは全くうかがい知れない。相手国政府・支配層との間で不透明な形で支援が決定され、それが腐敗を温存ないし助長する側面があることは否めず、これは中国がとっている「内政への不介入」方針の負の側面である。

他方で、こうした支援方針は、相手国政府の基盤強化にもつながり、こうした支援を通じた政治的効果の別の側面として、中国とアンゴラとの外交関係の強化にもつながってきたことも事実として否定できないであろう。2000年以来3年ごとに開催されているFOCAC（Forum on China-Africa Cooperation：中国・アフリカ協力フォーラム）にはアンゴラ代表も毎回呼ばれており、2010年11月下旬には、習近平副首席（当時）がアンゴラを訪問し、エネルギー開発などでの協力強化等で合意している。また、中国からの借款は金額が大きいこともあって、中国の借款受け入れについてはアンゴラ財務省内に専門の部局がつくられている。

その一方で、受け手国の視点に立てば、中国の支援はアンゴラのインフラ建設や物資の流入を促進し、人々の生活改善に直結し、しかも足の早い目に見える成果を上げていることは否定できない。中国の近年の援助や経済協力は「フルセット型支援」方式をとり、中国タイドで工事建設のため中国人労働者が送られることから、現地の雇用につながっていないという批判もある(21)。他方で、中・長期的にはいずれにせよそれは中国との貿易取引の拡大や中国企業の投資拡大につながっているものであり、製造業や雇用の創出という点で、長い目で見れば肯定的な効果をもたらしているとの見方もできよう。

中国の支援が拡大している多くの国で、中国の過剰なプレゼンスへの警戒感が徐々に強まっているということも指摘されている。すなわち、資源開発や中国への輸出の拡大、中国の物資や労働者の流入を通じた中国との経済関係強化が目に見えて進展している一方で、民衆レベルでの対中意識はアンビバレントな面もあり、中国の過剰なプレゼンスへの警戒感にもつながっている。また、現地調査の際、中国への過度の依存を避けるため融資・援助の分散化を目指している、と述べるアンゴラ政府側高官が何人か存在した。

(2)「Win-Winの関係」とバランス外交

アンゴラの内戦終了後の急速な経済復興を支えてきたのは、良くも悪くも中国である[(22)]。28年にもわたる長期の内戦を経たあと、2002年よりようやく経済復興が始まったが，膨大な復興需要に必要な資金を提供してくれる国はほとんどなかった。そうした中、アンゴラは（ナイジェリアに次ぐ）アフリカ第二の石油産出国であり、急速な経済成長とともに石油を必要とする中国が膨大な復興開発のための資金をアンゴラに提供し、アンゴラが中国に石油を提供するという、それは両国にとってまさに「Win-Winの関係」であったといえよう。

2000年から2014年にかけて中国がアンゴラに実施した経済支援の額は165億米ドルを超えるともいわれ、アンゴラの道路・鉄道・電力・通信などのインフラ建設において中国は圧倒的な存在感を発揮してきた。しかし近年は、アンゴラ側にもあまりに中国に偏重した依存に対する警戒感もあり、石油価格の低迷による経済停滞を打開するためにも、よりバランスのとれた経済発展と国際経済関係の構築を目指す方向にある。

他方、中国との圧倒的な経済関係や、歴史的経験に基づく欧米諸国への依存への警戒感などから、これまでアンゴラでは他の開発途上国で見られるような国際援助協調の取り組みがなされてこなかった。欧米ドナーを中心とする国際援助協調自体が近年低調になってきている情勢の中で、アンゴラで国際援助協調が進むとも考えにくいが、アンゴラの債務の拡大に対処する必要からも、以前よりは欧米日などのドナーとの協議の枠組みに対してはより協調的になっていくのではないかと期待される。また、日本の援助当局としても、依然としてアンゴラに対する最大の資金供与国である中国との間で開発・援助の対話の促進がなされれば双方にとって有益であろう[(23)]。

(3) アンゴラの債務問題と中国の役割

アンゴラ経済は、2014年下半期からの油価の下落により不況に陥り、税収

表2　アンゴラの債務関連指標

項目／年	2010	2016	2017	2018	2019	2020	2021
対外債務総額（100万ドル）	26,796	57,827	59,176	63,218	64,446	67,287	67,277
IMF借入額（100万ドル）	1.302	396	389	1,374	1,861	2,992	5,872
対輸出債務比率（%）	52	202	165	151	180	312	198
対GNI債務比率（%）	36	124	92	89	103	138	101
GNI（100万ドル）	75,713	47,214	64,734	71,783	63,043	49,106	66,834

（出所）World Bank, *International Debt Statistics* 2022: Angolaより。なお、IMFの統計とは計算方法の違いで数値は多少異なる。

の減少は国内外からの借入によりまかなった。政府債務の急増は、政策金利の上昇を招き、アンゴラにおける経済活動の阻害要因となった。これを受け、アンゴラ政府は2018年1月3日に「マクロ経済安定化計画」を発表し，変動為替相場制の導入を行った(24)。2015年以降、石油価格の低下などにより、アンゴラの輸出額・輸入額はともに減少傾向にあり、そのため、輸出額に対する対外債務比率は急速に高まった。なお、IMFの統計によれば、対GDP債務比率は、2020年の130%から、2021年には86.4%、2022年には56.6%と近年は次第に低下傾向にある(25)。

アンゴラは世界最大の債務国である（図8）。アンゴラの中国に対する債務残高は、2017年末には215億ドルに達したとされ、アンゴラの総債務残高のおよそ半分を占める。そのうち約145億ドルが中国開発銀行、約50億ドルが中国輸出入銀行への債務だとされている(26)。また、2021年末時点では、中国開発銀行に136億ドル、中国輸出入銀行に40億ドルとされる(27)。

アンゴラは2018年12月にIMFとの間で総額370億ドルにのぼるExtended Fund Facilityの支援を受けることで合意し、2020年末時点で290億ドルの支援を受けており、サハラ以南のアフリカで最大の支援対象国となっている。

アンゴラ政府は大手債権者である中国輸出入銀行や中国開発銀行などに債務返済の繰り延べを求めたが、中国は当初それに応じなかった。2020年にG20の債務支払猶予イニシアティブ（Debt Service Suspension Initiative: DSSI）で、3年間の元本返済の猶予について合意がなされ、IMFはこの合意の履行を中国の二大銀行に求めた(28)。こうした国際金融界の圧力により、中国輸出入銀行への債務については繰り延べを認めたものの、中国開発銀行への多額の債務に

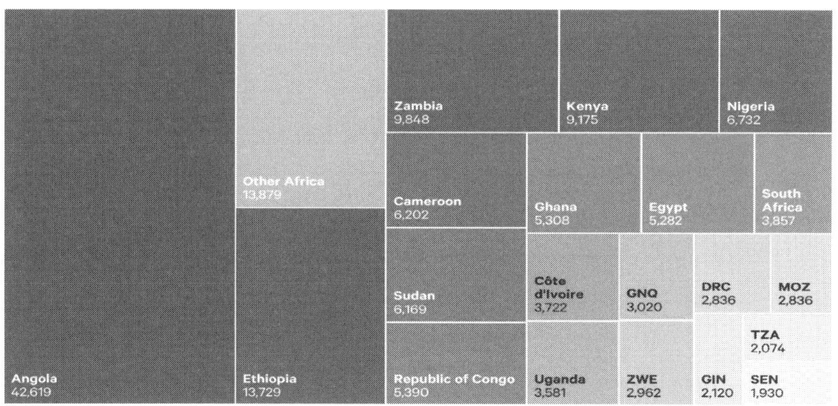

図8　アフリカにおける中国融資借入（2000〜20年）の累計額

（出所）Vines et al.（2022: 8）より引用。
（注）面積はアフリカの中の当該国の債務の比率、数値は中国融資借入累計額（単位：100万米ドル）を示す。なお、DRC＝Democratic Republic of the Congo; GNQ＝Equatorial Guinea; MOZ＝Mozambique; ZWE＝Zimbabwe; GIN＝Guinea; TZA＝Tanzania; SEN＝Senegal。

ついては認めなかったが、その後、元本返済の3年間繰り延べに応じた[29]。この両者の対応の違いは、中国輸出入銀行は財政部の傘下である一方、中国開発銀行は人民銀行の傘下にあり、前者は国際協力に相対的に宥和的であるのに対し、後者は自身の組織の会計に損失が生じることに抵抗したためであると推測される。

いずれにせよ、中国の姿勢は次第に柔軟さを見せ始めているように見える。

注記

(1) 稲田（2014）を参照されたい。

(2) アンゴラ内戦の経緯については、青木（2001）が詳しい。

(3) こうした背景と経緯については、ゲスト（2008）の、とくに第2章「ダイヤを掘る、墓穴を掘る」58-65頁、を参照。

(4) African Development Bank (2017), Angola Country Strategy Paper 2017-2021より。

(5) 計画省傘下の国家統計局（NSI）が経済統計を収集・整理・管理しているが、NSIの能力はまだ十分ではなく、世界銀行やUNDP（国連開発計画）がアンゴラ政府の家計調査などを支援している。輸出入統計などは中央銀行が有しており、これをもとに世界銀行統計が作成されている。

(6) IMF (2018), *World Economic Outlook Databases* より。

(7) 首都ルアンダのホテル宿泊費の実勢為替レートは、2008年11月では1米ドル＝78クワンザ、2018年9月では1米ドル＝355クワンザであった。

(8) 外務省（2019）『アンゴラ国別評価（第三者評価）報告書』別冊に「所感」として所収。

(9) *Macao News*, 2022.3.15.

(10) 吉田栄一（2010）「アフリカにおける中国の経済進出」、平和安全保障研究所（2010）第3章、87頁。

(11) *Macao News*, 2023.8.1.

(12)「習主席、アンゴラ大統領とエチオピア首相と会談」中国国際放送局、2018年9月2日、より。

(13) 日本の対アンゴラODAの概要や評価については、外務省（2019）『アンゴラ国別評価・（第三者評価）報告書』（平成30年度外務省ODA評価）を参照されたい。

(14)『日本経済新聞』2014年8月14日。

(15) 最終的には2019年7月30日に全面的に開通したと報じられた（『日本経済新聞』2019年8月2日）。

(16) "Caio Deep Water in Angola," *Construction Review*, 2023.5.14. https://constructionreviewonline.com/projects/caio-deep-water-port-angola

(17) JICA（2015）「アンゴラ共和国 電力セクター改革支援プログラム」事業事前評価表、JICA（2017）「電力開発計画策定能力向上プロジェクト」業務指示書、AfDB (2017), Project Completion Report on Power Sector Reform Support Program など。

(18) 2002年時点での人口は約1700万人であったので、20年間で2倍以上に膨れ上がったことになる。

(19) 2023年に首都ルアンダで開催されたAngola-China Business Forum（FONAC）での発言。*Macao News*, 2023.8.1.

(20) たとえば、ミッシェル＆ブーレ（2009）。

(21) 現地のニュース記事ではこうした批判がよく見られる。

(22) 中国の経済協力事業については、現地雇用につながらない、不透明な手続き、汚職等の指摘もなされている。

(23) 2019年10月のアンゴラでの日本のODA評価調査の際、在アンゴラ中国大使館の公使にヒアリングをすることができた。彼は、日本の技術協力について、その実施と成果を高く評価していた。

(24) 在アンゴラ日本国大使館『アンゴラ共和国月報』2018年1月号より。

(25) International Monetary Fund (2022), "Fiscal Monitor: Helping People Bounce Back," October.

(26) Reuters, 2021.1.11.

(27) 前掲、International Monetary Fund (2022).

(28) *South China Morning Post* 2021.1.18. "Lack of detail in Angola's debt deals with China could hide future risk."

(29) Kachkova, Elena (2022), "Angola takes advantage of higher oil prices to accelerate $18bn debt repayment plan to China," *Intellinews*, 19 October.

参考文献

青木一能（2001）『アンゴラ内戦と国際政治の力学』芦書房。

稲田十一（2014）『紛争後の復興開発を考える――アンゴラと内戦・資源・国家統合・中国・地雷』創成社。

稲田十一（2012）「中国の四位一体型の援助――アンゴラ・モデルの事例」、下村恭民・大橋英夫編『中国の対外援助』日本経済評論社。（Inada, Juichi (2013), "Evaluating China's 'Quaternity' Aid: The Case of Angola," Shimomura, Oohashi and the JIIA, *A Study of China's Foreign Aid*, Palgrave.）

ロバート・ゲスト（伊藤真訳）（2008）『アフリカ――苦悩する大陸』東洋経済新報社。（Robert Guest (2004), *The Shackled Continent: Power, Corruption, and African Lives*, Smithsonian Books (Washington D.C.).）

平和安全保障研究所（2010）『中国のアフリカおよびオセアニアにおけるプレゼンス』平和安全保障研究所（平成21年度防衛省委託研究）。

水田慎一（2012）『紛争後平和構築と民主主義』国際書院。

セルジュ・ミッシェル、ミッシェル・ブーレ（中平信也訳）（2009）『アフリカを食い荒らす中国』河出書房新社。（Michel, Serge et Michel Beuret (2008), *La Chinafrique*, Grasset & Fasquelle.）

Alden, Chris (2005), "Red Star, Black Gold," *Review of African Political Economy,* 32,104/5.

Begu, Liviu Stelian, Maria Denisa Vasilescu, Larisa Stanila, and Roxana Clodnitchi (2018), "China-Angola Investment Model," *Sustainability*, 10(8):2936, MDPI.

Boston University China Research Initiative (2023), *Chinese Loans to Africa Database* (Angola).

Brautigam, Deborah (2009), *The Dragon's Gift: The Real Story of China in Africa*, Oxford University Press.

China-Africa Research Initiative (2020), "Chinese Loans to African Governments 2000-2017," *Policy*

Paper, Johns Hopkins University SAIS (Washington D.C.).

Collier, Paul (2008), *The Bottom Billion: Why the Poorest Countries are Failing and What Can Be Done About It*, Oxford University Press.（ポール・コリア著，中谷和男訳（2008）『最底辺の10億人』日経BP社。）

CSIS (2008), *Angola and China: A Pragmatic Partnership*, Center for Strategic and International Studies (Washington D.C.), March.

Easterly, William (2006), *The White Man's Burden: Why the West's Efforts to Aid the Rest Have Done So Much Ill and So little Good*, The Penguin Press.（ウィリアム・イースタリー著，小浜裕久・織井啓介・富田陽子訳（2009）『傲慢な援助』東洋経済新報社。）

Eizenstein, Zoe and Patrick Smith (2019), "Angola: Where did all the money go? Part 1 (Family feast), Part 2 (Parallel economy), Part 3 (China connection), Part 4 (The golden age), Part 5 (The fight back)," *The Africa Report*.

Leokowitz, Lee, Martella McLellan Ross, and J. R. Warner (2009), *The 88 Queensway Group: A Case Study in Chinese Investors' Operations in Angola and Beyond*, U.S.-China Economic & Security Review Commission.

Tull, Denis M. (2006) "China's engagement in Africa: scope, significance and consequences," *Journal of Modern African Studies*, 44(3).

Vines, Alex, Lillian Wong, Markus Weimer, and Indira Campos (2009), *Thirst for African Oil: Asian National Oil Companies in Nigeria and Angola,* A Chatham House Report.

Vines, Alex, Creon Butler, and Yu Jie (2022), *The response to debt distress in Africa and the role of China*, Research paper (December), Chatham House.

中华人民共和国国务院新闻办公室（2010）『中国与非州的経貿合作』（中国とアフリカの経済貿易協力）。

中华人民共和国国务院新闻办公室（2011, 2014）『中国的対外援助』（中国の対外援助）。

中华人民共和国国务院新闻办公室（2021）『新時代の中国アフリカ協力』。

中国商務部・国家統計局・外為管理局（2022）『対外直接投資統計公報』。

第7章

アフリカ紛争後国と外的介入の影響
―アンゴラとルワンダの比較研究―

はじめに：本章の論点

内戦の終了後、複数政党による選挙制度が導入されたものの、着実な経済発展と並行して、与党の権威主義的な体質が続いている国が少なくない。本章の第一の論点は、「アフリカの多くの国々は、貧困、紛争、権威主義体制に直面している。この三つの要因は相互にどう関連しているのだろうか」という点である。

この論点は、SDGsの第16目標「平和と公正をすべての人に」と密接に関連するテーマでもある。SDGs第16目標では「持続的な開発のための平和で包摂的な社会を促進する」とされ、あくまでも開発が主眼になっているが、経済開発と安定・平和と民主的社会の三つの価値のうちどれを優先度の高い目標とするかについてはさまざまな議論がありうる。本論では、必ずしも「開発」を中核的価値とする前提には立たず、より具体的・客観的にその相互関係を分析しようとするものである。

また、第二の論点は、これらに影響を与える要因として、外的な介入がどの程度のインパクトを有するのか、というテーマに焦点を当てる。

本章では、アフリカの代表的な紛争後国であるアンゴラとルワンダについて考察する。この2カ国はともに内戦の歴史を持つが、紛争要因および紛争後のプロセスは異なっており、とくに民主主義制度の導入や欧米諸国との関係においてかなり大きな違いがある。アンゴラは、内戦が終了した2002年以降、中国の巨大な経済的プレゼンスの中で、ガバナンス上の問題を抱えながらも与党アンゴラ解放人民運動（MPLA）の強力な政権のもとで、最近まで比較的良好な経済パフォーマンスを示してきた。一方、ルワンダはジェノサイドのあった1994年以降、カガメ政権（2000年から大統領）が今日まで政権を維持し、欧米を中心とする国際社会の支援を受けながら国家再建の課題に取り組んでいる。

また、ルワンダでは伝統的な国際ドナー（英国・EU・米国・世界銀行等）による国際援助協調が進んでいる一方、アンゴラでは中国が最大の経済支援国である。問題は、国際ドナーが被援助国の開発・民主化のプロセスにどのような影響を与えてきたのかである。民主主義を定着させることは容易ではなく、また、それぞれの国には社会に根ざした政治文化や伝統があり、両国を取り巻く国際情勢も異なっている。

このように、本章では、アンゴラ、ルワンダの2カ国の事例を取り上げるが、より具体的には、以下のような疑問が生じる。

経済発展と「ガバナンス」との間にはどのような因果関係があるのか。両国は、政治的安定を確保しながら開発を進めてきた。これまでの国際的な議論では「ガバナンス」には2種類あると指摘され、すなわち「民主的ガバナンス」と「開発ガバナンス」である。UNDPやOECD/DAC、米国が重視する前者と、世界銀行が重視する後者では、その着眼点が異なる。アンゴラとルワンダの「ガバナンス」状況は類似するのか異なるのか。

また、両国の民主化移行に影響を与える主な要因は何か。被援助国の民主主義の進展・後退に対して、国際ドナーはどのような影響力を持ち、どのような役割を担っているのだろうか。アンゴラの復興過程では、中国の強い影響が見られたが、中国の巨大な経済的プレゼンスがアンゴラの権威主義的政権の持続力に影響を与えたといえるのか。ルワンダの国家建設過程では、欧米の主要ドナーによる強力な援助協調の枠組みが存在したが、国際ドナー・コミュニティが植え付けた民主主義制度の持続力を確認することはできるのか。

あるいは、両国の違いは外的要因（中国、欧米との関係の違い）によるものというよりは、資源依存の度合いや歴史的、政治・社会的な独自要因の方が大きいのか、両国で固有の政治力学を見出すことができるのだろうか。ルワンダの紛争には民族的要因（フツ族とツチ族）が大きく作用し、ジェノサイド後の国づくりにおいても少数派ツチ族による安定した統治体制が模索されてきた。アンゴラの紛争は、民族紛争というよりもMPLAとアンゴラ全面独立民族同盟（UNITA）との間の権力闘争の様相を呈してきた一方で、近年の経済不況の中で改革が進められているが、その要因は何であろうか。

最後に、両国の経験を比較して、どのような教訓を得ることができるのか。本章は、アンゴラとルワンダという典型的な紛争後の二つの国の事例を比較対照することで、これらの点を検証することを主な主題とする[1]。

1. いくつかの重要な概念と議論

はじめに、本章で取り上げる基本的な概念や主張、仮説を整理しておきたい。

ガバナンスには二つの異なる概念がある。一つは、有能かつ適切な政治的リーダーシップと効率的な経済運営を行う政府行政の能力を中核とする政府の「開発ガバナンス」であり、もう一つは、国家として安定的に発展するための前提条件ともいえる民主主義体制、法の支配、個人の政治的自由の保護等を含む「民主的ガバナンス」である。両者は矛盾も相互排除もせず、「透明性」「説明責任」「腐敗のないこと」は両者に共通する要素であるが、両者の概念を対比させることで、その2種類の概念がどのように使われているかを明らかにしておこう。

(1)「開発ガバナンス」

この30年間、国際開発援助界で「開発ガバナンス」が経済発展に重要であるという議論を主導してきたのは、世界銀行であった。1989年に発表されたサハラ以南のアフリカ開発に関する報告書では、「開発にはガバナンスが重要である」と述べ、ガバナンスの要素とは何かということを整理した（World Bank. 1989）。

そこでは、ガバナンスとは、透明性、説明責任、法的枠組み、公共部門の効率性、情報公開などの要素を含む開発行政に関わる狭義の概念として用いられていた（World Bank, 1992）。1998年に世界銀行が発表した*Assessing Aid*と題する報告書では、援助を受ける国の「開発ガバナンス」（報告書の言葉では「良い政策と制度」）の程度と援助の開発効果との間には因果関係があるとして、ガバナンスの悪い国への援助を減らし、良いガバナンスの国への援助を強化するという「選択的援助（selectivity）」の方針が示されている（World Bank, 1998）。

また、世界銀行は、民主主義と経済成長との間の因果関係は証明されていないものの、透明性、説明責任、法の支配などのガバナンス要素は、市場経済が機能し、良好な投資環境のために重要な要素であるとしている（Williamson, 1992）。

(2)「民主的ガバナンス」

一方、UNDPやOECD/DACは、「民主的ガバナンス」をグッドガバナンスの重要な構成要素として考えている。具体的には、DACはグッドガバナンスの概念について、民主的な政治システム、法の支配、市民社会の意思決定への参加、人権の尊重、汚職の防止、過剰な軍事費の削減などを含む、世界銀行よりも広い概念を用いて議論した（OECD/DAC, 1995）。ガバナンスをより広く定義し、参加型民主主義を高く評価する議論もある（Leftwich, 2008）。

また、内戦後の国家建設の議論では、パリスらの用語である「liberal peacebuilding（自由主義的平和構築）」（Paris & Sisk, 2009）の概念を応用して、民主主義体制そのものの強化が国際社会の全体目標であるとの主張も見られる。

しかし、学術的な議論では、「民主的ガバナンス」が経済発展にどのような影響を与えるかについて、まだ信頼できる結論を得るには至っていない。バローは、民主主義の程度と経済的自由度・所得水準との間に相関があることを統計的手法で示したが、両者の因果関係を証明することはできないと指摘した（Barro, 1999）。さらに、経済発展・成長と政治的自由化がどのように影響し合っているかを分析する研究も多く、各国の事例を詳細に比較した研究もある（Haggard & Webb, 1994）。

(3)「開発国家」論

異なるタイプのガバナンスとの関連で再検討する必要があるのは、「開発国家」とその開発モデルとしての有効性に関する議論である。「開発国家」や「開発主義」という概念は、アジアのNIEs（新工業経済圏）やASEAN（東南アジア諸国連合）諸国、中国の高い経済成長を説明する重要な要因としてしばしば用いられてきた。この用語を最初に広めたジョンソンは「開発国家」を「経済発展に注力しその目的達成のために必要な政策手段を動員する国家」という意味で使った（Johnson, 1982）。末廣昭は「工業化による経済成長で国家の強化を実現するために、国家や民族の利益よりも開発を優先して、物的・人的資源を集中的に動員・管理する方法」と定義した（東京大学社会科学研究所, 1998）。

「開発国家」仮説を東アジアに適応させた研究はいくつかあり、たとえばジョンソン、アムスデン、ブォーゲル、ウェイドの業績は、日本、韓国、台湾、シンガポールなどを分析の対象としている(2)。東アジア経済の高い経済パフォーマンスは、有能な官僚と「開発志向のイデオロギー」を持つ強い国家によるものだとする議論もある（大西, 2004）。

ウー・カミングスやレフトウィッチといった研究者は、「強い国家」による開発モデルは東アジアに限ったものではなく、世界中に存在する開発モデルであるとも指摘している（Woo-Cummings, 1999; Leftwich, 2008）。経済成長の観点から「開発国家」を有効なモデルとして評価する研究者もいるが、開発国家は「民主的な行政」のもとに構築されるべきであると指摘する研究者もいる（Robinson & White, 1998）。彼らはこのモデルを「民主的開発国家」と呼んでいる。

(4)「中国式発展モデル」と「北京コンセンサス」

世界銀行は、「ワシントン・コンセンサス」と呼ばれる自由化、規制緩和、民営化の政策に基づく自由主義的な経済運営によって経済成長を実現すべきであると主張してきた。それに対して、中国の台頭とともに「中国式発展モデル」という言葉が出てきたが、それが何であるかについては、どういった点に着目するかによって異なってくる。

「改革・開放政策（FDI受け入れ、輸出志向の工業化）」や「投資、貿易、融資・援助の三位一体の経済協力」を取り上げる人もいる。中国の開発経験は、政府の強力な経済介入のもとで外国からの融資や投資を受け入れることが経済的成功の源であることを強調し、貿易と投資による経済関係の拡大を通じて工業化を促進しようとするアプローチを「中国式発展モデル」と呼ぶ議論もある。

欧米の専門家の中には、中国の開発モデルや外国からの援助・融資、外国企業による貿易・投資の拡大がもたらす影響を肯定的にとらえる人もいる(Brautigam, 2009; Moyo, 2009)。また、政府の介入と指導のもとでの工業化の有効性を強調する「新構造主義経済学（New Structural Economics)」を論じる者もいる（Lin, 2016)。

政治学や国際関係の分野では、国家の経済発展と権威主義的な性格を持つ「強い政府」との相関に着目しつつ、権威主義的な政府の中での国家主導の開発体制といった開発モデルの是非を議論することが多い。このような観点から、中国の経済的台頭とその発展モデルが国際関係の文脈で途上国に与える影響に関して警鐘を鳴らした代表的な文献として、ハルパーの『北京コンセンサス』がある（Halper, 2010)。

実際、たとえばフリーダムハウスはその報告書の中で、世界の自由（政治的権利と市民的自由）が2014年以降とくに悪化していると指摘しているが、この「民主主義の後退」の原因については諸説あるものの、権威主義体制とみなされている国の多く（アンゴラ、エチオピアといった国がその例としてよく取り上げられる）は、近年、中国との経済関係が拡大している国である。したがって、中国のプレゼンスが高まっている国の発展や政治に対する中国の影響をどう見るかも大きな論点となる。

2. アンゴラとルワンダの政治的発展の概要

表1で整理したように、アンゴラもルワンダも紛争（内戦）を経験した国であり、内戦終結後は順調に経済成長を遂げているものの、政治面では権威主義体制が指摘されている。

アンゴラは1975年に独立したが、MPLAやUNITAなど複数の政治勢力が独立後の国の権力追求のために争い、2002年まで長く続く内戦を経験した。1975年から2002年まで27年間続いた長い内戦を経て、アンゴラは中国の圧倒的な経済的関与と石油資源への依存により急速な経済復興を遂げてきた。内戦で勝利したMPLA（与党）中心の政治は続いているが、近年は変化の兆しが見られる。

表1　1991〜2022年の主な政治・経済イベントの年表（アンゴラとルワンダ）

年	ルワンダ	アンゴラ
1991		和平協定（ビセッセ合意） 国連アンゴラ検証団（UNAVEM II）が5月に設立
1992		選挙が実施されMPLAが議席の過半数を占める
1993	8月にルワンダの各政党が調印したアルーシャ和平合意の履行を支援するため国連ルワンダ支援団（UNAMIR）を設立（1996年終了）	
1994	ハビャリマナ大統領搭乗の飛行機が墜落、フツ族急進派が権力を掌握しツチ族への組織的な虐殺を実行。ツチ族主体のルワンダ愛国戦線（RPF）が7月に権力を掌握し新政府を組織	ルサカ合意を結ぶがUNITAは選挙結果を拒否し内戦が再開
1995		UNAVEM IIIが2月に設立
1996	RPF政権はコンゴ民主共和国東部に住むルワンダ難民キャンプを攻撃（これは1998〜2003年のコンゴ民主共和国の第2次内戦の一因となる）	国連アンゴラ監視団（MONUA）設立（1999年終了）
1999	国民和解委員会の設置	MONUAの撤退
2000	カガメが大統領に就任 「ルワンダ・ビジョン2020」の策定	
2002		UNITA指導者サビンビが戦死、停戦協定が結ばれる（ルエナ覚書） 中間PRSPの策定
2003	新憲法が成立、カガメが大統領に選出される	
2004		長期的な開発政策として「ビジョン2025」を策定
2005	JICAルワンダ事務所開設	在アンゴラ日本大使館設立
2007	東アフリカ共同体（EAC）への参加	「ビジョン2025」（第2版）を発行
2008	第1次経済開発・貧困削減戦略（EDPRS 1）（2008〜12年）	第2回国会議員選挙が実施されMPLAが圧勝（第1回議員選挙は1992年に実施）
2009	教育言語をフランス語から英語に変更、英連邦に加盟	5カ年計画（2009〜13年）の策定
2010	カガメ大統領が再選 在ルワンダ日本大使館の設立	新憲法制定、大統領・議会制導入（国会議員の間接投票により大統領を選出） 改訂版PRSPの公開 JICAアンゴラ現地事務所設立
2012	日本政府が（第1次）対ルワンダ援助方針の策定	1992年以来20年ぶりの大統領選挙 第3回国会選挙が実施されMPLAが72%の議席を獲得、ドス・サントスが大統領に再選
2013	第2次・経済開発・貧困削減戦略（EDPRS 2）（2013〜18年）	
2014		PDN（国家開発計画2013-2017）を策定
2015	「ビジョン2050」の策定 憲法改正で3回目の大統領就任が可能になる	
2017	カガメ大統領が三選（2024年まで） 第1次「変革のための国家戦略（NST 1）」（2017〜24年） 日本政府の（第2次）対ルワンダ開発協力方針策定	8月に第4回総選挙が実施されMPLAが61%の議席（150）を獲得、9月ローレンソ新政権が発足 アンゴラに対する日本の「開発協力方針」策定
2018		新PDN（国家開発計画2018-2022）策定
2022		第5回総選挙が実施され（8月）MPLAが得票率を減らすも与党にとどまる（124議席、得票率51%）、UNITAは90議席を獲得し得票率は44%

（注）筆者作成。

一方、ルワンダは、1994年の大虐殺後に政権を握ったルワンダ愛国戦線（RPF）の指導者であるカガメの強いリーダーシップのもと、着実な経済発展を遂げてきたが、依然として欧米中心の経済援助に依存している状況である。

この二つの国を比較することで、本章の「はじめに」で述べた論点に関する従来の議論の妥当性と現実の検証を試みる。

(1) アンゴラの政治展開の概要(3)

アンゴラの内戦の歴史や2002年以降の復興開発の歴史については、第6章ですでに説明したので重複する部分もあるが、以下では、ルワンダとの比較の観点で押さえておかなくてはならない政治面での変化を中心に説明したい。

アンゴラは、1975年にポルトガルから独立したのち、内戦が長く続き、所得水準が急速に低下した。独立前は、ポルトガルからの投資や入植者の拡大により着実な経済発展を遂げていたが、長く続いた内戦によりインフラや農業生産の基盤は破壊された。

アンゴラ内戦が長期化した最大の理由は、同国の豊富な資源にあったと考えられる。アンゴラ内戦の両陣営、すなわちMPLAとUNITAは、それぞれ石油とダイヤモンドという天然資源を売って得た資金で戦費をまかなっていた。このように、資源の存在は内戦に大きな影響を与えた。また、旧ソ連がMPLAを、南アフリカがUNITAを支援するという、異なる国際勢力による支援も内戦を長期化させた要因である。

1991年の和平合意（ビセッセ合意）を経て1992年に選挙が実施され、ようやく平和が訪れると期待された。選挙自体は実施され、選挙の結果MPLAが過半数の議席を確保したが、選挙で敗れたUNITAが選挙結果を認めず再び内戦に突入した。

2002年に停戦協定であるルエナ覚書が締結され、独立後27年間続いた内戦はようやく終結し、国家再建のプロセスが開始された。1994年のルサカ合意に基づく国民和解と国家再建のプロセスは、与党MPLAのもとで実践され、政治状況は比較的安定している。

ドス・サントスがMPLAの党首になったのは1979年で、1992年に実施された第1回大統領選挙で就任し、20年後の2012年に実施された第2回大統領選挙で再選された。ドス・サントス率いるMPLAの政権は、2017年まで25年間続くことになる。一方、1992年に第1回全国議会選挙、2008年に第2回議会選挙が実施され、いずれもMPLAの圧勝となった。2010年、憲法により大統領制議会制が導入され、国民の直接投票によって大統領を選出する形から、最多議席を獲得した政党の党首が大統領になる仕組みに変更された。2012年には、第3回国会議員選挙が実施された。この2012年の選挙は、選挙での勝利によってMPLAの圧倒的な力を安定的なものとするための手段であったと理解することができる。

2017年8月に行われた第4回議会選挙でもMPLAが多数を占めたが、1979年から38年にわたり大統領を務めたドス・サントスに代わって、ジョアン・ローレンソが第3代大統領に就任した。ローレンソ新大統領は、行政改革や汚職撲滅、投資環境の改善などの改革に取り組んでおり、欧米諸国との関係は以前より強化される方向にある。夫人がもともと世界銀行職員でもあることもあり、前大統領の時代よりは欧米寄りとみなされている。

直近では、2022年8月に総選挙が実施された。MPLAは過半数を占め引き続き与党となったが（124議席、得票率51%）、UNITAも90議席を獲得し、得票率は44%だった。この選挙結果は、アンゴラの政治的変化（政治的分極化）の兆しと解釈できるかもしれない。

(2) ルワンダの政治展開の概要

ルワンダでは、ツチ族はもともと人口の約15%と少数派であるが、ベルギーの植民地支配体制下では支配的な民族集団であった。しかし、1962年にベルギーから独立したルワンダでは、人口の多数派（約84%）であるフツ族が支配的地位を占めるようになった。1972年に大統領に就任したハビャリマナは、ツチ族に対して融和的な姿勢をとっていたが、1980年代後半になるとフツ族の強硬派との対立が激化する。1994年4月、ハビャリマナ大統領を乗せた航空機が首都キガリ空港の端で撃墜され、事件直後からフツ族の過激派が政権を掌握。彼らは、軍隊や民兵を使い、ツチ族や反政府の指導者たちを組織的に虐殺した。大混乱のなか、2カ月間で80万人から約100万人が殺害されたといわれている[4]。

カガメ率いるルワンダ愛国戦線（RPF）はまもなくフツ族の武装勢力を駆逐し、同年（1994年）7月、新政権を樹立し権力を掌握した[5]。RPFが支配する地域ではフツ族に対する報復が行われた。同時に、旧フツ族政府軍はザイール（現コンゴ民主共和国）へ、民兵や兵士を含むフツ族難民は周辺国へ逃亡した。その後、カガメ政権（2000年より大統領）が今日まで政権を維持し、民族に基づく政党の禁止など、フツ族との融和の上に国家再建に取り組んできた。新政権は平和のために努力し、国の安定をもたらすために努力している。

カガメ大統領の強力なリーダーシップのもと、行政機構の改革も進んできた。具体的には、ジェノサイドの経験を踏まえ、地方における意思決定への住民参加が国の安定に不可欠であるとの認識のもと、地方への分権を推進し、従来存在した12県250地区を4県（+首都）30地区に統合し、地方行政基盤の強化、予算・人材の有効活用を目指した[6]。2010年から2011年にかけては、歳入改革、オンブズマン事務所や調達窓口の設置など、とくにガバナンスの分野でさらなる改革を推進した。このような行政・ガバナンスの迅速かつ大幅な改革を推進する上で、カガメ大統領の政治的リーダーシップが果たした役割は非常に大きかった。

カガメは、2017年8月の大統領選挙において、99％近い得票率を獲得し3期目を確保したが、不正や脅迫が疑われるとの指摘もある。内戦後のルワンダの国家建設は、RPFが主導する政治秩序を軍事的影響力を用いて制度化する過程であり、国際社会は資金を提供したものの、その権威主義的傾向にブレーキをかけることはできなかったという議論もある（武内, 2009: 32）。他方で、カガメ大統領のリーダーシップに加え、カガメ大統領から指示を受けた幹部もそれぞれ率先して改革を進め、汚職や甘えの少ない国づくりに力を入れている。そのため、ルワンダは強権的な体制ではなく、政府関係者の私利私欲の肥大化を回避しているとする議論もある[7]。

治安面では比較的安定しており、犯罪や汚職が少なく政府の能力も高いと推定され、世界銀行などの国際開発援助コミュニティは、ルワンダをガバナンス改革の成功例（グッドプラクティス）ととらえている[8]。

3. 経済開発、ガバナンス、民主主義、脆弱性の移行プロセス

以下では、民主主義・ガバナンス、経済開発、国家の脆弱性の各要素について、その進捗状況や状況を定量的に評価する指標をもとに、両国の状況を見ていきたい。両国のこれらの指標の経年変化を以下の図に示した（図1〜7）。

経年変化を比較するために、二つの国の変化の値を一つのグラフの形に整理した。一人当たりGDP、HDI（人間開発指数）、CPIA（国別政策・制度評価）、CPI（腐敗認識指数）、民主主義指数、Polity IVスコアは、数値が高いほど良好であることを示し、一方、FSI（脆弱国家指数）のスコアは数値が高いほどより脆弱であることを示す。

(1) 経済発展の代表的な指標

石油収入のおかげで、アンゴラは高い経済成長率を維持し、比較的良好なマクロ経済状況を享受してきた。2002年以降2010年までのアンゴラの平均経済成長率は15％を超え、これはアフリカのみならず世界で最も高い成長率の一つであった。しかし、マクロ経済の安定と構造改革が大きく進んだものの、アンゴラは2015年以降、原油価格と生産水準の低下の影響を受けるようになり、その後の5年間（2016〜21年）の年間平均GDP成長率はマイナス1.5％となった。石油部門はGDPの約3分の1を占め、輸出の90％以上を占めている。国家主導の石油経済から民間主導の成長モデルへの転換は複雑かつ長期的なプロセスであり、同国は、石油への依存度の低減と経済の多様化、インフラの再構築、制度的能力・ガバナンス・公共財政管理システムの向上、国民の生活環境の改善など、大規模な開発課題に引き続き直面している（World Bank, 2019）。

一方、ルワンダについては、2007年から2017年までの経済成長率は年平均7.5％（2007年7.6％、2012年8.8％、2017年6.1％）で、直近4年間（2019〜22年）の年平均成長率は5.7％となっている。このように経済は着実な改善を見せているが、ルワンダは依然として低所得国である。

①一人当たりGDP

「経済開発の度合い」を測る代表的な指標として、一人当たりGDPがある。

ルワンダの一人当たりGDPは、1994年の125米ドルから2007年の405米ドル、2017年の748米ドル、2022年の890米ドルと、過去30年間、全体的に改善傾向にある。しかし、ルワンダは依然として一人当たり所得が1000ドル未満の低所得国である。一方、アンゴラは2006年以降、現在まで「上位中所得国」に分類されている。しかし、アンゴラの一人当たりGDPは、2015年以降、国際市場における石油・ガス価格の下落を主因として急速に低下している（図1）。

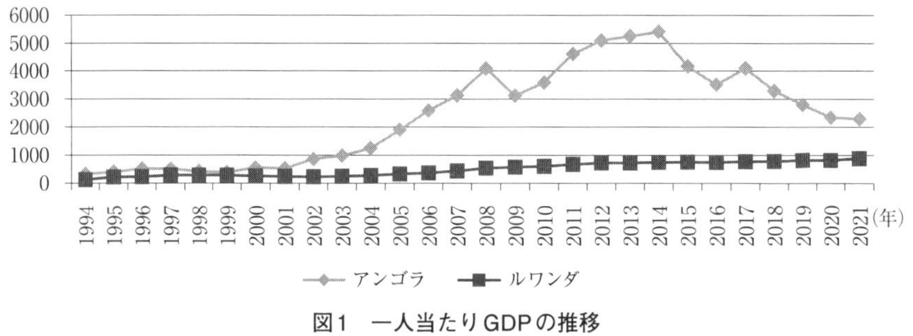

図1　一人当たりGDPの推移

（出所）世界銀行国民経済計算データ、OECD国民経済計算データファイルより作成。

②HDI（人間開発指数）

HDI（Human Development Index）も、より包括的に開発の進捗を示す代表的な指標である。

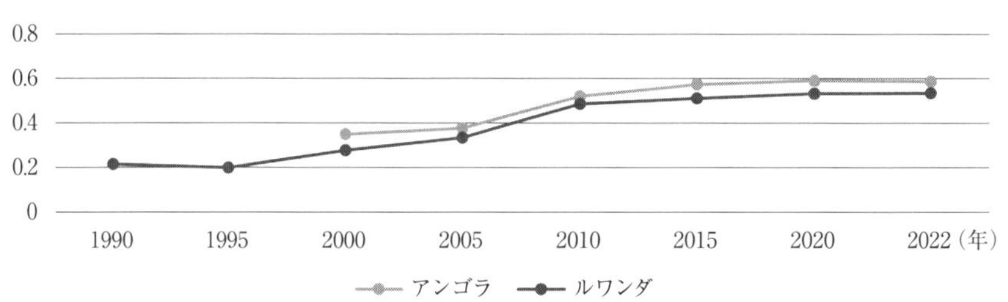

図2　HDIの推移

（出所）UNDP「人間開発報告書」のデータに基づいて作成。

両国のHDIは、図2に示すように、共通の課題として地方開発の遅れがあげられるものの、一国全体としては着実に向上している。

(2) 開発ガバナンスの指標

①世界銀行CPIA（国別政策・制度評価）

ガバナンスの度合いに関連する指標にはいくつかの種類があるが、評価基準により推定されるガバナンス能力の数値は異なってくる。世界銀行のCPIA（Country Policy and Institutional Assessment）は、政策や制度の良し悪しを示す「開発ガバナンス」を測る代表的な指標とされ、世界銀行が途上国への融資を行う際の主な参考指標として使われている[(9)]。

アンゴラのCPIAスコアは、2006年から2015年の間のみ入手可能である（その後の数値はアンゴラ政府の協力が得られず数値がない）。アンゴラのCPIAは、2000年に汚職の程度が悪化したことなどが原因で1.7と低い値であった。その後は改善傾向にあるものの、ルワンダよりも低い2.7前後の水準で停滞しており、「脆弱国家」に分類されている。

一方、ルワンダのCPIAは1995年に1.5であったが、2000年には改善されて「脆弱国家」の水準を上回り、2015年には4.0に達した（図3）。

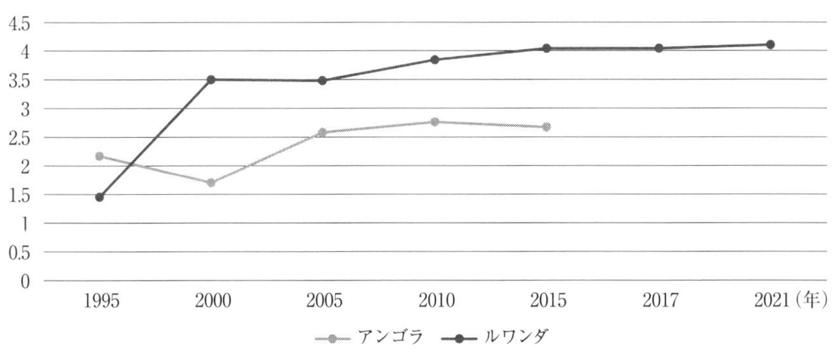

図3　世界銀行CPIAの推移

（出所）CPIAに関する世界銀行ホームページのデータに基づく。
（注）数値の範囲は1～6で、高いほど良い。

②トランスペアレンシー・インターナショナルのCPI（腐敗認識指数）

トランスペアレンシー・インターナショナル（TI）は国際NGOであり、毎年CPI（Corruption Perceptions Index）を発表しているが、これは国のガバナンスのレベルを評価するための基準として汚職に着目した指数である。汚職という要素は「開発ガバナンス」の一部とみなせるが、「民主的ガバナンス」の要素の一つとも考えられる。

アンゴラの腐敗レベルは、そのCPIスコアによるとかなり悪く、賄賂や汚職の観点から世界最低レベルに分類される。アンゴラのCPIは2008年に1.9、2018年も同じ数値で、この年は世界で悪い方から10番目であった。しかし、2019年には2.7、2022年には3.3と改善されつつあり、これはローレンソ大統領による新政権が発足し、改善に取り組んだためと推測される。

一方、ルワンダのCPIは、2006年の2.5から2011年以降は5.0以上と改善傾向にあり、CPI水準はそれほど悪くはない。ルワンダの場合、政府の強力な改革の取り組みにより、2011年以降、比較的良好なガバナンスが定着しているといえる。途上国の中では最も良い水準にあり、「グッドプラクティス」であると考えられている（図4）。

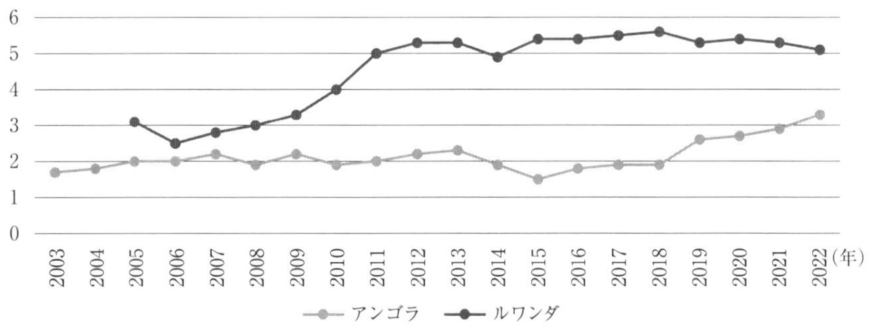

図4　TIのCPIの推移

（出所）トランスペアレンシー・インターナショナルのウェブサイトからCPIに関するデータをもとに作成。
（注）数値の範囲は0〜10で、高いほど良い（＝汚職が少ない）。

(3)「民主主義」「民主的ガバナンス」の指標

両国の「民主主義」「民主的ガバナンス」の動向を検討するために、いくつかの民主主義・民主的ガバナンスの水準を評価する指標を確認してみよう。

①EIUの民主主義指数

EIU（*Economist*誌のインテリジェンス・ユニット）は、2006年からすべての国を対象とした「民主主義指数（Democracy Index）」を発表している。

同指標によると、2000年代にはアンゴラの民主主義指数はルワンダよりも低かったが、2018年以降は民主主義の傾向が改善されている。アンゴラの民主主義指数が改善した理由は、2017年に実施された総選挙により、2017年9月にローレンソ新政権が発足したためと考えられる。一方、ルワンダでは2018年以降、民主主義指数はむしろ悪化している（図5）。

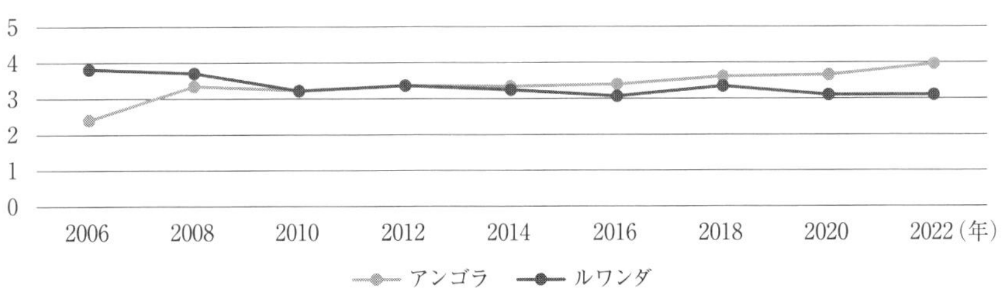

図5　民主主義指数の推移

（出所）*Economist*誌ウェブサイト「民主主義指数」のデータに基づく。
（注）数値の範囲は0～10で、高いほど民主的といえる。

②Polity IVスコア

政権の性質に着目し政治学者がよく引用する指標の代表例として、政治体制をタイプ別に分類した「Polity IV」（Country Report, Center for Systemic Peace）があげられる。

アンゴラ、ルワンダともに紛争後に民主化が進んだが、アンゴラのスコアは2002年から2018年までの17年間横ばいであり、民主化の度合いはまだ低い（-2：Closed Anocracy）。「Closed Anocracy」とは、民主主義政権と独裁政権の

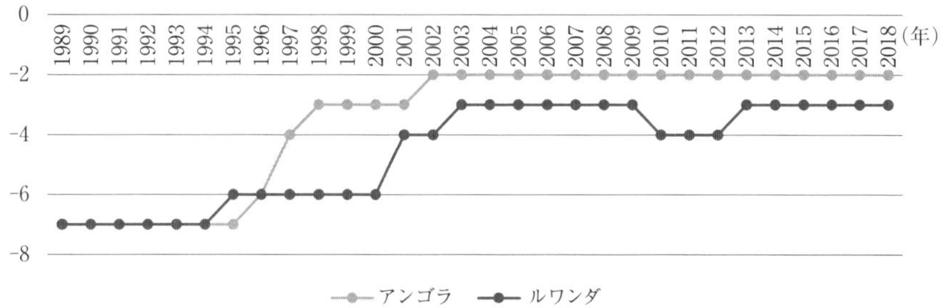

図6　Polity IVスコアの推移

（出所）Center for Systemic Peaceのウェブサイトから Polity IVのデータをもとに作成。
（注）数値の範囲は-10〜+10で、高いほど民主的である。

ハイブリッド（中間形態）を意味する。

ルワンダは、1994年以降2003年まで、民主主義の水準が向上している。しかし、1997年以降の20年間、ルワンダのPolity IVのスコアはアンゴラより低い（図6）。これは、少数民族であるツチ族が率いるカガメ政権が、強権的な国家統治を行うことで政治的安定を保ってきたためと考えられる。

(4) 国家としての脆弱性：FSI（脆弱国家指数）

アンゴラは2008年から2017年まで、より脆弱な状態にあったが、2018年以降はアンゴラのFSI（Fragile (Failed) State Index）は改善した。これは、ローレン

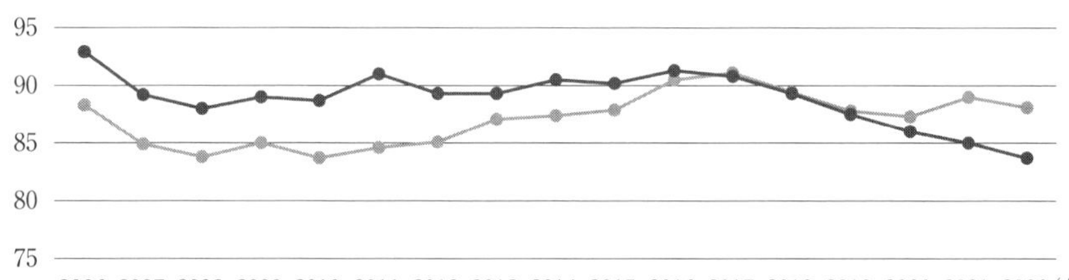

図7　両国のFSIの推移

（出所）Fund for Peaceの「Fragile States Index」のデータに基づく。
（注）数値の範囲は0〜100で、高いほど脆弱である。なお、初期には「Failed States Index」と呼称していた。

ソ新政権による比較的健全な経済政策と安定した政治状況によるものと考えられる。一方、ルワンダのFSIも2006年から2017年の間は比較的高い（すなわち脆弱な）状態であったが、2018年から最近5年間は改善傾向にある（図7）。カガメ政権は、民主主義指数の推移に見られるように独裁的とされるが、国の政治的安定に寄与してきたと解釈される。

4. アンゴラとルワンダの政治過程に内在する政治力学

(1) アンゴラ：MPLAによる長期的な支配

アンゴラの正式な国名には「社会主義共和国」の文字が含まれている。MPLAは2002年の選挙を機に、当初の党綱領にあった「社会主義のもとでの国家建設」というイデオロギー的な文言を撤回したが、アンゴラの国家体制や行政には社会主義的な性格が色濃く残っている。

アンゴラの場合、1991年の停戦時に締結されたビセッセ合意で選挙に合意したものの、選挙の勝者が全国の知事ポストや閣僚を独占する「勝者総取り」の方式をとっていた。1992年の選挙でMPLAに敗れたUNITAは、選挙結果を拒否したため内戦が再開された。1994年のルサカ合意では、アンゴラ中央部のUNITAの勢力が強いいくつかの州で政府または副知事のポストが約束され、一定の権力分有が行われることになった（実現するのは2002年の停戦協定後）。アンゴラは天然資源が豊富なため、権力分立は天然資源の開発権と密接な関係があり、この点が政治協定のとりまとめを左右する大きなポイントであった。

内戦は結局2002年にMPLAのUNITAに対する完全勝利として武力により終結したが、現政権は、国民の不満を国家の強制力によって抑え込む独裁体制とは異なるという見方もある。MPLAを中心とする政府は、農村の開発や貧困層の生活改善にとくに力を入れており、その意味では、現政権に対する国民の不満は一定程度改善されている。とはいえ、経済資源や富は少数の有力者が握っており、少数の富裕層と多くの貧困層の間の格差は非常に大きい（稲田, 2014: 104-112）[(10)]。

アンゴラの政治体制は実質的にはMPLAによる一党支配である。ドス・サントスがMPLAの党首になったのは1979年で、1992年に実施された第1回大統領選挙で就任し、ドス・サントス大統領によるMPLA政権は25年間続いた長期政権だった。2017年に実施された総選挙ではMPLAが引き続き勝利したが、MPLAの指導者の交代により、同年9月にローレンソ新政権が発足した。政権交代の背景には、2015年以降の原油価格の下落に伴う経済停滞があり、経済低迷を打開する必要があったためと考えられる。また、新世代の政治指導者には、欧米のドナーコミュニティとの関係改善やアンゴラの次の経済発展に向けた改革の開始が期待され、2015年以降の原油価格下落による国内外環境の変化の中で、固有の改革推進運動が機能したと解釈できる。

(2) アンゴラの特殊性

アフリカでは、多くの国が内戦を経験しており、そこには部族・民族対立やパトロン・クライエント関係といった共通の特徴が指摘されることが多いが(Jackson, 1990)、アンゴラはそうした他のアフリカの状況とは異なる面がある。アンゴラとルワンダの内戦と内戦終結後の復興プロセスおよび国際社会の支援の特徴を比較する中で、アンゴラの事例の特徴的な点（他のアフリカの事例と異なる点）について、まとめておきたい。

まず第一に、アンゴラはポルトガル植民地としての時期が比較的長く（16世紀からおよそ3世紀半）、それは内戦の要因・経緯や、その後の国民国家意識の形成に、やや特徴的な影響を与えている。つまり、1975年までポルトガル海外州として存在したことは、アンゴラの国家としてのある種の一体性を高めた面があり、長い内戦下でも、多くの海外勢力が介入したにもかかわらず、MPLAとUNITAという二大アンゴラ勢力は継続的に存在し続けた。結果的にMPLAが勝利したが、ある意味でのアンゴラ人の「オーナーシップ」は今日に至るまで強く保持されている。

第二に、MPLA主導の現政権は、政治的な権力を独占し、その意味ではきわめて政治的に安定している。その反面として、政策の透明性に欠け、政府上層部とその関係者が権限・利権・情報を独占し、一部の裕福な層と多くの貧しい人々の間の貧富の格差はきわめて大きい。ただ、MPLAの持つある種の社会主義的なイデオロギーのゆえに、地方農村の開発や貧困層の生活改善に関しては比較的力を入れており、その意味では、現体制に対する不満はある程度懐柔されている。他のいくつかの途上国のように、人々の不満を強権によって抑圧しているといった独裁体制とは異なる。

また第三に、部族・民族間の対立があまり見られないのもアンゴラの特徴である。政府上層部を中核とする、いわゆる「パトロン・クライエント関係」は見られるが、それは他の多くのアフリカ諸国に見られるような部族・民族を基盤としたものでは必ずしもなく、その最大の理由は、アンゴラの国家としての一体的な国民意識が比較的強く形成されているからであると思われる。それがなぜ可能となっているかは、仮説的に、比較的長いポルトガル植民地としての経験、アンゴラの共通語としてのポルトガル語の普及、部族・民族対立ではない形の内戦の継続、支配政党であるMPLAの社会主義的なイデオロギー、などを要因としてあげておきたい。

(3) ルワンダ：ガバナンス評価の二つの異なる視点

ルワンダでは、1994年の未曽有の大虐殺後、RPFが内戦を終結させ、カガメをトップリーダーとする政権のもと平和と経済成長を確保してきた。図4が示すように、ルワンダでは、内戦を経験した他国と比較して汚職が非常に少ない。また、カガメ大統領の強力なリーダーシップのもと行政機構の改革も進んでいる。一方、内戦後のルワンダの国家建設は、RPFが主導する政治秩序を軍事的影響力を用いて制度化する過程であり、国際社会は資金を提供したもののその権威主義的傾向にブレーキをかけることはできなかったという議論もある（武内, 2009: 32)。

すなわち、ルワンダは典型的な「権威主義的開発国家」であり、「開発ガバナンス」は良好とされているが、「民主的ガバナンス」には問題があると考えることができる。実際、1994年のジェノサイド後のルワンダの国家建設過程を評価する視点は2種類ある（木村, 2016)。一つは、世界銀行や英国、EUやOECD/DACが主張した肯定的な見方であり、もう一つは、ルワンダに関する国際的な専門家が書いた*Remaking Rwanda*と題する書籍で主張された否定的な見方である（Straus & Waldrof, 2011）。

OECD/DACが2009年に発表した援助効果に関する報告書は、ルワンダの開発進捗を肯定的にとらえた典型的な文書である（OECD, 2009）。報告書は、たとえば政治的空間の漸進的な開放など、ドナーは政治的変化の漸進的なプロセスに影響を与えることができたと述べ、独立メディアの役割、地方分権プロセス、議会組織やオンブズマン事務所への支援提供など、ルワンダ政府の高い組織能力と治安の確保に関する成果を大いに評価している（OECD, 2009: 45, 26-27）。ルワンダ政府は、欧米のドナーからの援助が国家再建に不可欠であったこともあり、貧困削減、サービス向上、行政改革、地方分権、女性の地位向上、民営化、参加、民主化などのスローガンを掲げ、アフリカで最も優れた実践の一つであると評価されるほどの実績を示している。先見性のあるリーダーシップ、政治的安定、経済成長、親ビジネス環境、相対的な透明性、議会における女性の割合の高さ、教育やヘルスケアの改善などは、ルワンダの否定できない成果として高く評価されている。

一方、*Remaking Rwanda*の寄稿者の多くは、ルワンダ国家の復興プロセスが本当に成功モデルであったかどうかを疑問視し、国際ドナーコミュニティからの高い評価とは対照的に、国の成果を認めながらも、その権威主義のトップダウン・アプローチに対して大きな懸念を示している（Straus & Waldrof, 2011: 7）。また、ルワンダのジェノサイド後のモデルがもたらす中・長期的な社会的・政治的影響についても、政府は政府に対する国民の批判を抑圧し、メディアの声や市民社会組織の活動を制限しているとして懸念を示している。著者らは、抑圧、排除、不平等の拡大、恐怖と脅迫の風潮、ルワンダで行われた人道に対する罪と戦争犯罪に対する不処罰の社会的・政治的コストに注意を促し、これらの抑圧と排除を無視するドナーの姿勢は、国家建設の非自由民主的プロセスの継続をもたらすと主張した[(11)]。

ルワンダ政府は、本書がルワンダの政治状況を否定的に解釈していることに反論している。ルワンダにおける「強権的体制」の必要性については、少数派であるツチ族が多数派であるフツ族を支配するためには強力な政府が必要であり、とくに1994年の大量虐殺後の緊急事態のもとでは正当化されていた[(12)]。

ルワンダの国家建設の過程を先の関連指標で見ると、ルワンダのCPIA（すなわち開発ガバナンス）は改善されており、とくにアフリカにおける汚職の削減において良好な成果を示している。他方で、ルワンダの民主主義の状況は、Polity IVスコアやEIUの民主主義指数の評価に見られるように低いものであった。Polity IVでは2000年代に「閉鎖的アノクラシー（-3）」に分類され、EIUの民主主義指数では2018年に「権威主義」（世界で上から135番目）との評価である。

最新の2023年のフリーダムハウス報告書に書かれた「政治的自由度指数」では、ルワンダは「自由ではない」国に分類され、メディアの自由度は6（1が最も自由、7が最も不自由）と評価され、政治的権利／市民の自由の評価も6である[(13)]。2018年の報告書では、「政権が平和と経済成長を維持する一方で、監視、脅迫、暗殺の疑いなど、政治的な反対意見を抑圧してきた」と書かれている[(14)]。

なお、ルワンダのジニ係数は2005年に0.52、2010年に0.47、2016年に0.44と、ルワンダの貧富の格差は減少傾向にある[(15)]。

5. 外部アクターの介入が民主主義移行に与える影響

アンゴラの復興過程では、中国の影響が強く見られるが、ルワンダでは中国のプレゼンスは近年増加傾向にあるもののそれほど大きくはない。ルワンダの国家建設過程では、世界銀行や欧米ドナーによる強力な援助協調の枠組みが存在した。

被援助国の民主化の進展・後退に対して、国際ドナーはどのような影響を与えどのような役割を担っているのだろうか。中国の巨大な経済的プレゼンスは、被援助国の権威主義体制や開発・民主化のプロセスにどのような影響を与えたのだろうか。

(1) 中国の経済プレゼンスがアンゴラの政治プロセスに与える影響

アンゴラの欧州ドナーや米国からの援助への依存度は低く、ドナー間の援助協調はアンゴラでは効果的とはいえない。アンゴラ政府は、国内政治への国際的介入を嫌い、民主化とより良い統治を求める欧米からの圧力から自由であることを好み、アンゴラが石油やダイヤモンドなどの天然資源に恵まれていることが、その選択を可能にしてきた。その資源収入を元手にして、アンゴラでは中国が圧倒的に大きな融資国となっている。腐敗や人権侵害で評判の悪い国への中国の多額の融資・援助は、国際社会からの民主化への圧力を妨げ腐敗した体制の持続を助長しているとして、国際社会からは批判もある（Michel et Beuret, 2008）。

アンゴラでは、2002年の和平合意以降、経済復興が急速に進んだ。2000年から2014年の間に、中国のプロジェクト数は110件、プロジェクト総額は約165億5600万米ドルと推定されている（AID DATA, Research Lab at William & Maryより）。また、「China-Africa Research Initiative」によると、中国は2000年から2017年の間に428億ドル相当の融資（譲許・非譲許の両方）をアンゴラに提供し、北京からの資源担保融資は中国企業が建設する道路や発電所の資金調達に使われたとされる（Eisenstein & Smith, 2019）。アンゴラの経済復興は中国の巨額の援助に依存しており、それは中国にアンゴラの石油を与えるための一種のバーター取引として提供された。

中国は国内の政治問題には介入せず、中国の資金を使った多くのプロジェクトは、とくに国家復興院（GRN）が開始したプロジェクトの場合、高官によってブラックボックス的に決定されたという批判がなされている（CSIS, 2008）。GRNはアンゴラ大統領直轄の組織で、大型プロジェクトを実施するために2005年に設立されたが、その意思決定の仕組みや活動内容は国民には不透明だった（Leokowitz et al., 2009）。その意思決定プロセスに透明性がなく、少数の政府関係者や政治家が権力や経済的利益、情報を独占している点が批判されている（Vines et al., 2009）。

ここで議論になるのは、アンゴラの悪い統治指標と中国の融資・援助との間に関係があるのかどうかということである。中国の融資・援助がアンゴラの腐敗につながったことを示す証拠はあるのだろうか。

アンゴラ財務省は、中国輸出入銀行融資を含む外国融資の受け入れ窓口となっており、中国の対アンゴラ支援について、財務省経由の資金提供は透明性があるが、GRN経由の資金提供は透明性に欠ける。また、CIF（中国国際投資公司）融資プロジェクトの建設工事はCIF関連企業の下請けとなっており、品質管理に欠け、プロジェクト終了後の運営・管理の持続性に問題があるとの批判も多い。実際、CIFが請け負った大型建設プロジェクトの中には、2008年後半の国際金融危機で予算不足に陥ったものがあり、CIFの資金を使ったプロジェクトの継続に中国輸出入銀行の融資による追加資金が使われた（Vines et al., 2009: 53-54）。CIFプロジェクトに参加していた中国企業も、プロジェクトの縮小によって損害を受け、中国政府もCIFとGRNの関係が不明確であることに懸念を示し、CIFプロジェクトで契約していた中国の建設会社が中国証券監督管理委員会（CSRC）の査察を受けた。

つまり、中国の融資や経済活動は、アンゴラの根深い腐敗構造と結びついており、一部の融資契約やプロジェクト選定は、GRNのトップレベルで決定されてきた。しかし、これはアンゴラ政府や中国政府にとっても頭の痛い問題であり、彼らもまたこうした汚職問題に対処しようとしていた。

一方、中国のアンゴラ支援は、相手国の政府基盤の強化にも寄与していることは否定できない。したがって、この支援によって得られる政治的成果とは別の次元で、中国との外交関係の強化にもつながってきた。中国は2000年から3年ごとにFOCAC（中国・アフリカ協力フォーラム）を開催し、毎回アンゴラ代表を招待している。また、2010年11月には習近平副主席（当時）がアンゴラを訪問し、両国の経済関係を強化することを表明した。最近では2019年9月に、習近平が北京でアンゴラのローレンソ新大統領と会談し、中国が「一帯一路構想」をアンゴラの経済多様化戦略と合致させ、中国は政治的条件なしにアンゴラ国家発展戦略の重要プロジェクトに対する支援を継続すると表明した[16]。

しかし、COVID-19の流行による世界経済の急減速などで、ブレント原油価格は1990年代後半以来の低水準に落ち込んだ。この価格下落により、国家収入の3分の1を石油から得ているアンゴラは経済的に脆弱な状態に陥った。アンゴラの最大の債権国は中国であり、アナリストによると、アンゴラは200億ドル以上の二国間債務を抱えており、その大部分は中国に負っているとされる。そのため、国際金融界との関係改善にも動き、アンゴラは2020年にIMFから37億ドルの融資を受けたと報告されている[17]。

(2) ルワンダにおける国際ドナーによる強力な国際援助協調

一方、ルワンダは国家予算の半分近くを国際社会からの援助に依存している。また、ルワンダでは国際ドナーによる援助協調が進んでいる。問題は、国際ドナーが被援助国の開発と民主化のプロセスにどのような影響を与えたかである。

ルワンダは、1994年の大虐殺後、国家機関の再建に尽力し制度改革を進めてきた。また、政府は援助の調整と国家システムとの整合性を推進してきた。この姿勢は、2010年に策定された『ルワンダにおける役割分担』と題する政策文書に典型的に示されており、政府は財政支援（一般財政支援またはセクター財政支援）およびバスケットファンドを用いた援助様式を推進してきた[(18)]。PFM（公共財政管理）改革と政府のPFM能力強化の努力は、政府と開発パートナー間の援助協調の拡大という政策方針と並行している[(19)]。また、ドナーコミュニティの中で財政支援に熱心なドナーは、世界銀行、英国（DFID：国際開発省）、AfDB、EUである。また、14の開発セクターごとに定期的に政府との会合を開くセクター・ワーキング・グループ（SWG）がある。

なお、図8で、2012～13年の世界銀行の支援額が減少しているのは、ルワン

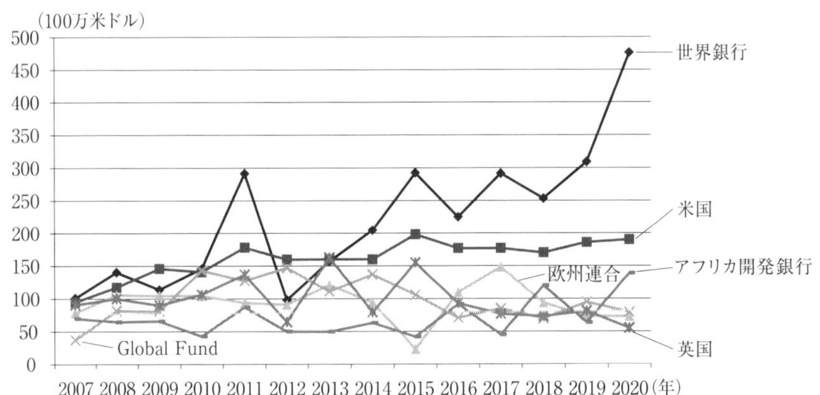

図8　国際ドナーからルワンダへのODA額の推移（2007～20年）

（出所）OECD/DAC統計より作成。
（注）ODAの支出純額。

ダの隣国のコンゴ民主共和国との関係の悪化（ルワンダがコンゴ民主共和国の東部の反政府勢力を支援したとされる）により、世界銀行が中心となって供与していた財政支援がとりやめになったことが影響している。しかし、日本を含め他の二国間ドナーの支援額には大きな変化はない。

ルワンダの援助協調への取り組みとその行財政改革は、その取り組みに強いオーナーシップがあり、財政支援やセクターワイド・アプローチといった新しい援助様式を採用しているという意味で、世界銀行も「グッドプラクティス」と評価している。背景には、ルワンダ政府、とくにカガメ大統領の強い政治的リーダーシップが存在し、これを可能にしてきた。また、1994年のジェノサイドを阻止できなかったことに対する国際社会の一種の贖罪意識に基づき、ルワンダ政府の能力強化のための国際援助が熱心に行われてきた。世界銀行、英国（DFID）、EUはこうした援助協調に関連するイニシアティブを積極的にリードしてきた。ちなみに、ルワンダは錫などを産出するが典型的な資源国ではなく、中国の援助拡大がルワンダで顕著でないことから、中国の影響力の増大とルワンダ政府の権威主義的性格の強まりとの間に直接的な関係を見出すことはできない。

6. 結論と政策的含意

(1)「開発国家」は有効なモデルなのか？

レフトウィッチは、1990年代から2000年代にかけて途上国で起こった民主化は未成熟であり、第三世界のほとんどの社会は選挙制民主主義・代表制民主主義の基本条件を欠いている、と指摘していた（Leftwich, 2008: 129）。その後、2010年代に入ると世界的に「民主化の時代」が後退し、政府の強力なリーダーシップを正当化しながら「開発国家」型の国家運営が広がっていると指摘されている。また、紛争後の安定した国家建設には「開発国家」が有効であるとする議論もある。

実際、アンゴラ・ルワンダ両国では、政府の強力なリーダーシップのもと開発が着実に進む一方で、民主主義や民主的ガバナンスが停滞するという現象が観察され、その意味で、両国とも「(権威主義的) 開発国家」と特徴づけることができる。両国とも内戦を経験し、その後選挙によって政府の正統性が強化され、与党の強権的支配が続いてきた。選挙による政権交代の可能性はきわめて低く、与党の強力な支配のもとで開発が進んできた。ただし、アンゴラで近年、野党票が拡大しており、これをどう評価するかは新たな論点として存在する。

「開発ガバナンス」の重要性については、世界銀行が途上国のパフォーマンス指標としてCPIAを使い続けているように、国際的に一定の合意が得られているといえるが、他方、「民主的ガバナンス」については、経済成長との因果関係を否定する議論もある。「強い国家」が開発に有効であるとする「開発国家」論が再び台頭してきているように見えるが、「開発国家」の有効性の議論は必ずしも十分に検証されてはいない。両国の国づくりの歴史を振り返ってみても、それが成功したのかどうか疑問が残る。紛争後の状況において、「開発国家」体制は安定した国づくりに有効であったかもしれないが、アンゴラでは近年、原油価格の低迷による経済停滞で、与党政治への批判や改革への機運が高まっている。

また、ルワンダは過去10数年間、経済的には着実に発展し政治的にも安定しているが、「開発が進んだから国が安定した」という因果関係が証明できるわけではない。政治的安定はカガメ大統領の強力なリーダーシップによるところも大きく、大局的には、権威主義的な政治体制の問題には深入りを避け、政治的な安定のもとでの着実な経済開発を重視してきた国際社会全体の支援の成果でもあると見ることもできる。また、ルワンダはこれまでカガメ大統領のもとで安定した国づくりを進めてきたが、次世代の指導者の行く末は不透明である。

(2) 中国からの経済支援の影響

拡大する中国の援助が、援助先の国内政治情勢にどのような影響を与えるかは大きな論点の一つである。DACや世界銀行を中核とする国際開発援助コミュニティは、援助政策やその実態の情報公開、ルールの標準化と遵守、途上国の民主化と腐敗・不正行為の根絶といった、ある種の共有する価値を掲げてきた。しかし、中国の援助は、これらすべての面で国際的な潮流から明らかに逸脱しており、その意義と影響については、今後も大きな議論の対象となるであろう。中国の援助供与国としての台頭が、国際援助協調の枠組みに与える潜在的な影響は決して小さくない。

援助を受ける側の立場からは、中国の援助がアンゴラのインフラ整備や物資の流入につながり、国民の生活向上に直結し、迅速かつ目に見える成果を上げているという見方もある。中国の経済協力は、援助、融資、投資、労働力の輸出を組み合わせた「フルセット型支援」形式をとっているため、中国企業とタイアップし、建築・建設工事に中国人労働者を送り込むことから、現地で雇用を生み出していないという批判もある。

また、中国からの経済開発やインフラ整備のための巨額の支援は、これまでの長年の与党MPLAの政権基盤強化に貢献してきたし（Corkin, 2011）、2017年以降のローレンソ政権になっても、その基本的な構造としては何ら変わっていないという指摘もある（Corkin, 2020）。

他方で、国際社会がアンゴラに関して指摘している批判の一つは、「中国がアンゴラに大量の援助をしていることが、透明性の欠如や不正を維持する役割を果たしている」という不正・腐敗の問題である。支援の決定は相手国の政府・支配層と不透明な形で行われ、これが不正を温存・助長する側面があることは否定できない。MPLAが長年にわたって与党であり続けているアンゴラにおいても、大物政治家の失脚といった政権内の政変は少なからずあり、そのたびに（中国など）外国企業からの賄賂が表沙汰になるという事例が頻発している。これは、中国の「他国の内政に干渉しない」あるいは「融資・援助事業の契約を公開しない」という政策の暗部であるといえよう。

(3)「民主的開発国家」を目指して

「民主的ガバナンス」をも備えた「民主的開発国家」が望ましいという規範的な議論も当然可能であり、そうした議論もなされている（Robinson & White, 1998）。ただし、国際社会は「民主的開発国家」の実現をどのように促進すべきなのか。

まず、2015年に新たに策定されたSDGs（持続可能な開発目標）において、「民主的ガバナンス」の向上がどのように扱われているのか検証してみよう。2000年に策定された従来のMDGs（ミレニアム開発目標）には、ガバナンスに関する項目は導入されていなかったが、2015年のSDGsにはガバナンスの項目が盛り込まれた。SDGsの目標16に「持続可能な開発のために平和で包摂的な社会を促進し、すべての人に司法へのアクセスを提供し、効果的で説明責任を果たし、包摂的な制度を構築する」という一文がある。これには「民主的な統治」の要素や「民主主義」の要素も含まれている。

しかし、SDG-16のモニタリング指標は合意されておらず、外部による各国のガバナンスの状況の検証を拒否する姿勢もある。そもそも、民主的ガバナンスの水準や進捗状況をどう把握・評価するかが最も重要かつ困難な課題であり、民主的ガバナンスのモニタリング指標を適切に設定することは技術的にも非常に難しい。また、「民主的ガバナンス」のどの要素をどのように検証し、それをどのようにモニタリングするかは、コンセンサスを得にくい政治的に非常に困難な課題である。

現実的なアプローチとしては、SDGsの開発目標のもとで、「民主的ガバナンス」が重要であるという国際社会のコンセンサスを形成することであろう。さらに、国際NGOが、それぞれの視点に基づき、独自のモニタリング指標を用いて民主的ガバナンスの進捗状況をモニタリングし、その評価結果を公開することが期待される。これは、ガバナンスの改善に圧力をかける国際社会における一種の「ベンチマーク・システム」として機能するのではないか。

一方で、アンゴラでは、欧米などの外からの民主化圧力はほとんど機能せず、むしろアンゴラ政府を中国依存に追いやる結果につながったと見ることも可能であろう。他方、ルワンダで欧米・国際機関が支援する中で「開発ガバナンス」改革が進んだことは間違いないが、欧米への援助依存が改革の原動力であったとはいえ、ルワンダ自身の熱心な取り組み（すなわち強いオーナーシップ）の成果でもある。

国際社会の共通の価値として、「民主的ガバナンス」をも有する「民主的開発国家」が望ましいという規範的な議論には筆者も賛同するものである。国際ドナーコミュニティは、援助を梃子として明示的に圧力をかけるか、あるいは受益国政府の顔を立てながら有益な助言を提供するといった低姿勢で対応するかの違いはあっても、途上国の民主化を奨励し、民主主義社会への状況の改善を支援することは継続されるべきであろう。ルワンダのケースは、国際社会によるガバナンス改革への支援が、被援助国の意思と必要性に合致する場合には有効であるという教訓を示している。

しかし、権威主義的な政治体制のもとで開発が進み政治的な安定も維持してきたというのが、アンゴラとルワンダのこれまでの歴史でもある。民主的な社会づくりが開発の促進や政治的な安定の向上につながるかどうかの因果関係は、本章では十分に検証することができてはいない。これらの論点については、今後も継続的に研究を進めていきたい。

注記

(1) ルワンダに関しては、2012年にJICAの公共財政管理やガバナンスに関する調査を実施し、2015年に、文部科学省科学研究費（基盤研究B）「開発途上国のガバナンスに関する調査」の一環としてルワンダ全土を縦横に調査する機会があった。また、2021年度に、外務省ODA評価室の第三者評価「対ルワンダ国別ODA評価」の評価主任として関わった。

(2) Johnson, Chalmers (1982), *MITI and the Japanese Miracle*, Stanford University Press.（矢野俊比古監訳『通産省と日本の奇跡』TBSブリタニカ、1982年。）Amsden, Alice H. (1989), *Asia's Next Giant: South Korea and Late Industrialization*, Oxford University Press. Vogel, Ezra F. (1991), *The Four Little Dragons*, Harvard University Press.（渡辺利夫訳『アジア四昇龍』中公新書、1993年。）Wade, Robert (1990), *Governing the Market: Economic Theory and the Role of Government in East Asian Industrialization*, Princeton University Press等。

(3) アンゴラの復興過程におけるいくつかの重要な論点について、以下の文献で詳細に分析した。稲田（2014）。2002年以降のアンゴラ開発における中国の影響については、稲田（2013）を参照されたい。

(4) ルワンダ研究者の武内進一は、1991年センサスから当時の在ルワンダ・ツチは人口の8.26%で59万人、そのほかに50万人以上が亡命中だったとし、両者を合わせると約15%となる。また、殺害された者の数は外務省ホームページに記載の数値を採用したが、武内は50万人以上としている（武内, 2003:「ブタレの虐殺――ルワンダのジェノサイドと『普通の人々』」312頁）。50万人以上説は佐々木（2016）ほか多くの学術論文に見られる。

(5) コンゴ民主共和国の紛争状況は、米川（2010）で詳しく紹介されている。ルワンダの状況については、武内による著書などがある（武内, 2009）。

(6) ルワンダ政府文書（2012）「ルワンダにおける地方分権政策の概要」に基づく。

(7) 2013年3月、JICAルワンダ事務所に取材。

(8) たとえば、“Rwanda: From reconstruction after conflict to development,” *IDA at Work*, August 2009.

(9) この数値は、「経済運営」「構造政策」「社会正義」「公共部門運営」の四つのクラスターの平均値で評価される。世界銀行は、この数値が3.2未満の国を開発ガバナンスが弱いとされる「脆弱国家」とみなしている。

(10) 2008年のアンゴラのジニ係数は、世界銀行のデータでは42.7であったが、CIAの調査では60程度と推定されており、この違いは貧富の差に関するデータが十分に公開されていないためであると考えられる。

(11) ルワンダの人々が政治状況について自由に議論できない状況下で、本書は必読の書であるとの以下の書評がある。ピーター・ユヴィン（タフツ大学）、*H-Africa* 2011年9月号掲載。https://www.h-net.org/reviews/showpdf.php?id=33141

(12) ルワンダ・キガリでガバナンス問題を担当するUSAIDスタッフへのインタビュー（2015年9月3日）。

(13) Freedom in the World 2023. https://freedomhouse.org/report/freedom-world/2023/rwanda

(14) Freedom in the World 2018. https://freedomhouse.org/report/freedom-world/2018/rwanda

(15) 世界銀行統計。https://data.worldbank.org/indicator/SI.POV.GINI?locationss=RW

(16) “Xi Jinping met Angolan President and Ethiopian President,” China International TV, September 2nd, 2018.

(17)「アンゴラ、中国への原油出荷を削減 債務救済を目指す」by Julia Ayne, Dmitry Zhdannikov, REUTERS, June 5th, 2020.

(18) Republic of Rwanda (2010), *Division of Labour in Rwanda*.

(19) ルワンダのPFM改革と援助協調が進んだ理由としては、①ルワンダの国家予算は依然として開発パートナーからの援助に依存しており、援助を得るため、また援助を有効に活用するためには健全で有効なPFMが不可欠である、②国際社会は、開発パートナー間の援助調和やルワンダ政府のPFM能力の強化など、ルワンダを支援する姿勢を継続している、③ルワンダの経済規模は比較的小さいため、予算支援やバスケットファンドの影響はより大きくなる、④国家システムの包括的改革に取り組む一貫した政治的リーダーシップが、PFM改革への取り組みをより効果的なものにしている、といった要因も指摘されている。

参考文献

(1) 一般的論点について

東京大学社会科学研究所編（1998）『20世紀システム・4・開発主義』東京大学出版会。

大西裕（2004）「グッド・ガバメントからグッド・ガバナンスへ？――東アジアの経験再考」、黒岩郁雄編『開発途上国におけるガバナンスの諸課題』JETROアジア経済研究所。

Barro, Robert J. (1999), "Determinants of Democracy," *Journal of Political Economy*, Vol.107, No.6.

Brautigam, Deborah (2009), *The Dragon's Gift: The Real Story of China in Africa*, Oxford University Press.

Carothers, Thomas and Diane De Gramont (2013), *Development Aid Confronts Politics: The Almost Revolution*, Carnegie Endowment for International Peace.

Easterly, William (2006), *The Whiteman's Burden: Why the West's Efforts to Aid the Rest Have Done So Much Ill and So Little Good*, Oxford University Press.

Haggard, Stephan and Steven B. Webb (eds.) (1994), *Voting Reform: Democracy, Political Liberalization, and Economic Adjustment*, Oxford University Press.

Halper, Stephan (2010), *The Beijing Consensus: How China's Authoritarian Model will Dominate the Twenty-first Century*, Basic Books.（ステファン・ハルパー著，園田茂人・加茂具樹訳（2011）『北京コンセンサス――中国流が世界を動かす？』岩波書店。）

Jackson, Robert H. (1990), *Quasi-States: Sovereignty, International Relations, and the Third World*, Cambridge University Press.

Johnson, Chalmers (1982), *MITI and the Japanese Miracle: The Growgh of Industrial Policy, 1925-1975*, Stanford University Press.

Kaufmann, Daniel, Aart Kraay, and Massimo Mastruzzi (2009), *Governance Matters*, World Bank.

Leftwich, Adrian (2008), *Developmental States, Effective States and Poverty Reduction*, UN Research Institute for Social Development.

Lin, Justin Yifu (2016), "New Structural Economics: A Framework for Rethinking Development," *World Bank Research Working Paper*, No.5197.

Michel, Serge et Michel Beuret (2008), *La Chinafrique*, Grasset & Fasquelle.

Moyo, Dambisa (2009), *Dead Aid: Why Aid is Not Working and How There is Another Way for Africa*, Allen Lane.

OECD/DAC (1995), *Orientations on Participatory Development and Good Governance*, OECD (Paris).

Paris, Roland and Timothy D. Sisk (2009), *The Dilemmas of Statebuilding: Confronting the Contradictions of Postwar Peace Operations*, Routledge.

Ramo, Joshua Cooper (2004), *The Beijing Consensus*, The Foreign Policy Center.

Robinson, Mark and Gordon White (eds.) (1998), *The Democratic Developmental State*, Oxford University Press.

Schedler, Andreas (ed.) (2006), *Electoral Authoritarianism: The Dynamics of Unfree Competition*, Lynne Rienner Publishers.

Serra, Narcis and Joseph E. Stiglitz (2008), *The Washington Consensus Reconsidered: Toward a New Global Governance*, Oxford University Press (Chapter 4, Stiglitz, Josepf E., "Is there a Post-Washington Consensus?").

Tapscott, Chris, Tor Halvorsen, and Teresita Cruz-Del Rosario (eds.) (2018), *The Democratic Developmental State: North-South Perspectives*, ibidem Press.

Williamson, John (1992), "Democracy and the Washington Consensus," *World Development*, Vol.21, No.8.

Woo Cummings, Meredith (ed.) (1999), *The Developmental Sate*, Cornell University Press.

World Bank (1989), *Sub-Saharan Africa: From Crisis to Sustainable Growth*, The World Bank.

World Bank (1992), *Governance and Development*, The Wold Bank.

World Bank (1998), *Assessing aid: what works, what doesn't and why*, The World Bank.（世界銀行著、小浜裕久・冨田陽子訳（2000）『有効な援助――ファンジビリティと援助政策』東洋経済新報社。）

（2）ルワンダについて

外務省ODA評価（2022）『ルワンダ国別評価（第三者評価）・報告書』。

木村宏恒（2016）「ルワンダの開発と政府の役割――開発ガバナンスと民主的ガバナンスの相剋」Discussion Paper No.200, GSID.

佐々木和宏（2016）「ルワンダのジェノサイドと移行期正義」、遠藤貢編『武力紛争を超える――せめぎ合う制度と戦略のなかで』京都大学学術出版会。

武内進一編（2003）『国家・暴力・政治――アジア・アフリカの紛争をめぐって』アジア経済研究所。

武内進一編（2008）『戦争と平和の間』アジア経済研究所。

武内進一（2009）『現代アフリカの紛争と国家』明石書店。

米川正子（2010）『コンゴ――世界最悪の紛争』創成社。

Booth, David and Frederick Golooba-Mutebi (2012), "Developmental Patrialism? The Case of Rwanda," *African Affairs*, Vol.111/444.

Caryl, Christian (2015), "Africa's Singapore Dream: Why Rwanda's president styles himself as the heir to Lee Kuan Yew," *Foreign Policy*, April 2.

Clark, Phil (2021), (Review Essay) Two Rwandas: Development and Dissent Under Kagame, *Foreign*

Affairs (May/June).

Gökgür, Nilgü (2012), *Rwanda's ruling party-owned enterprises: Do they enhance or impede development?* Institute of Development Policy and Management, Universiteit Antwerpen (Belgium).

Mutesi, Florence (2014), *A viewpoint of Rwanda's Governance*, Rwanda Governance Board.

OECD (2009), *Statebuilding in fragile situations: How can donors 'do no harm' and maximize their positive impact? Country case study: Rwanda*, Joint study by the London School of Economics and Pricewaterhouse Coopers.

Prunier, Gerard (2009), *Africa's World War: Congo, the Rwandan Genocide, and the Making of a Continental Catastrophe*, Oxford University Press.

Reyntjens, Filip (2013), *Political Governance in Post-Genocide Rwanda*, Cambridge University Press.

Straus, Scott and Lars Waldorf (eds.) (2011), *Remaking Rwanda: State Building and Human Rights after Mass Violence*, The University of Wisconsin Press.

Thomson, Susan (2013), *Whispering Truth to Power: Everyday Resistance to Reconciliation in Postgenocide Rwanda*, The University of Wisconsin Press.

Wrong, Michela (2023), "Kagame's Revenge: Why Rwanda's Leader Is Sowing Chaos in Congo," *Foreign Affairs*, My/June.

（3）アンゴラについて

稲田十一（2013）「中国の四位一体型の援助――アンゴラ・モデルの事例」、下村恭民・大橋英夫編『中国の対外援助』日本経済評論社。（Inada, Juichi (2013), "Evaluating China's 'Quaternity' Aid: The Case of Angola," in Shimomura Yasutami & Ohashi Hideo, *A Study of China's Foreign Aid*, Palgrave, pp.104-121.）

稲田十一（2014）『紛争後の復興開発を考える――アンゴラと内戦、資源、国づくり、中国、地雷』創成社。

外務省ODA評価（2019）『アンゴラ国別評価（第三者評価）・報告書』。

Center for Strategic and International Studies (CSIS) (2008), *Angola and China: A Pragmatic Partnership*, CSIS (Washington D.C.).

Corkin, Lucy (2011), "China and Angola: Strategic partnership or marriage of convenience?," *Angola Brief*, Vol.1, No.1.

Corkin, Lucy (2020), "Financing regime stability?: The role of Chinese credit lines in post-wat Angola," in Christof Hartman and Nele Noesselt (eds.) (2020), *China's New Role in African politics: From non-intervention towards stabilization?*, Routlege, pp.77-87.

Eisenstein, Zoe and Patrick Smith (2019), "Angola: Where did all the money go? Part 1 (Family feast), Part 2 (Parallel economy), Part 3 (China connection), Part 4 (The golden age), Part 5 (The fight back)," *The Africa Report.*

Leokowitz, Lee, Martella McLellan Ross, and J. R. Warner (2009), *The 88 Queensway Group: A Case Study in Chinese Investors' Operations in Angola and Beyond*, U.S.-China Economic & Security Review Commission.

Vines, Alex, Lillian Wong, Markus Weimer, and Indira Campos (2009), *Thirst for African Oil: Asian National Oil Companies in Nigeria and Angola*, A Chatham House Report.

World Bank (2008), *The Economy of Angola: Where to Go From Here?*, World Bank Angola Office, October.

World Bank (2019), *Country Partnership Strategy 2020-2022 for the Republic of Angola.*

終章

国際開発金融体制と中国

はじめに：国際開発援助体制の中の中国

開発援助を「国際公共財」としてとらえる見方や、開発援助をめぐる国際援助協調の進展を「グローバル・ガバナンス」の一側面ととらえる見方は、近年の国際関係論や国際政治経済学の主要なテーマでもある。こうした議論の進展の背景には、21世紀を迎える頃から、主要先進国と国際機関による国際援助協調が広がりを見せ具体化してきたことがある。

2000年前後に、HIPCs（重債務貧困国）イニシアティブやMDGs/SDGs（ミレニアム開発目標／持続可能な開発目標）など、主として欧米先進国が主導してきた国際的な援助協調強化の動きがある一方で、中国を筆頭とする非DAC（開発援助委員会）ドナーが台頭し、それは既存の国際援助レジームに対する新たな挑戦となってきている。序章で述べたように、経済的に台頭してきた中国が、これまで大きな影響力を持ってきた「ワシントン・コンセンサス」とは異なる開発モデルを提供しつつあることの影響についての議論も大きな論点である。

他方、第二次世界大戦後につくられた米国を中心とするブレトンウッズ体制が中国の経済的台頭とともにどのように変容しつつあるのかというのは、近年の大きなテーマであるが、現在進行中のプロセスでもある。とくに、中国は、米国中心のブレトンウッズ機関を中核とするこれまでの国際開発金融体制に対する反感を隠そうとはせず、むしろ積極的にそれに対抗する政策あるいは戦略をとってきた。

以下では、こうした国際開発金融体制に中国の台頭がもたらすインパクトとその変容過程に焦点を当てて、現状と課題について整理することにしたい。

1. 国際開発金融機関での中国の台頭

(1) 世界銀行における中国の地位

中国の経済的な台頭と、開発途上国への援助・融資・投資の拡大は、既存の国際開発金融機関における中国の地位にも大きなインパクトを及ぼすようになっている。

2008年には、世界銀行のチーフ・エコノミストとして、当時中国の北京大学の教授であったリン（林毅夫）を招聘した（2012年までの4年間）。リンは在任中に、世界銀行でそれまでの主流であった「新古典派経済学」に基づく経済開発の処方箋を修正する「新構造主義経済学（New Structural Economics）」と称する、経済開発に関してより政府介入の意義を強調する議論を展開している（Lin, 2012）。

また、中国のGDP（国内総生産）とその世界に占める比率の急拡大は、世界銀行やIMF（国際通貨基金）の出資比率およびそれと連動する投票権のシェアの見直しにもつながってきた。

表1は、世界銀行（IBRD）設立以来の投票権の長期的な変化を示したものである。1945年の設立以来、1970年代までは、中国の代表権は中華民国（台湾）にあった。国連での中国の代表権の中華民国から中華人民共和国への交代があった1971年10月に遅れはしたが、1980年には世界銀行においても中華人民共和国に代表権が移った。その後、長らく第6位の投票権を有する時期が続いたが、2010年にはついに独・英・仏を抜いて、米国・日本に次ぐ第3位の投票権を持つ地位となることが合意された。

こうした変更にあたっては、理事会での承認が必要であるが、2010年には中国のGDPがついに日本を抜いて世界第2位となった現実を受けて、投票権の第3位の地位への変更が実現したといえよう。その後も中国のGDPの拡大に伴って、増資のたびに中国の出資額と投票権のシェアの拡大が議論となったが、なかなかその再度の拡大は実現に至らなかった。

しかし、2010年4月以来、2018年に8年ぶりの変更の合意がなされ、中国の

表1　世界銀行（IBRD）とIMFにおける主要国の投票権シェアの推移

	世界銀行（IBRD）							IMF		
	1945年12月	1970年7月	1985年8月	1994年1月	2010年4月	2018年4月	2023年	2010年	2018年	2023年
米国	34.9	25.9	20.9	17.4	15.9	15.9	16.5	17.7	16.5	16.38
日本	0.0	4.0	5.2	6.2	6.8	6.8	6.14	6.6	6.2	7.71
ドイツ	0.0	5.4	5.2	4.8	4.0	4.1	5.31	6.1	5.3	4.4
英国	14.3	10.2	5.0	4.6	3.8	3.7	4.03	4.5	4.0	4.05
フランス	5.0	5.0	5.0	4.6	3.8	3.7	4.03	4.5	4.0	4.05
中国（台湾）	6.6	3.0	3.2	3.0	4.4	5.7	6.08	4.0	6.1	5.97

（出所）白鳥正喜（1993）『世界銀行グループ――途上国援助と日本の役割』国際開発ジャーナル社、40頁、および世界銀行・IMFホームページ（最新データについて）などをもとに筆者作成。
（注）単位：%。

投票権の比率は4.4%から5.7%に引き上げられた。出資比率に応じた投票権の割合は、増資後も日本が米国に次ぐ第2位の座を維持するが、中国の発言力が一段と高まった。2010年以降は、中国のGDPがすでに日本を超えている状態なので、中国の出資比率と投票権を拡大する案は、何度も議論されているが、最大出資国である米国の反対により、中国の投票権が日本を抜いて第2位になることはまだ実現していない。重要事項の議決には投票権で85%以上の賛成が必要で、15%超の比率を維持している米国が事実上の拒否権を持ち続けているからである。

また、第2位の出資比率・投票権比率を維持したい日本政府の立場は、以下のようなものである。

「世銀グループのガバナンスの根幹をなす投票権を調整する際には、責任ある株主による貢献が適切に評価され、その発言力に十分に反映されるべきです。（中略）新興国や途上国の投票権シェアが国際経済におけるウェイトの増加を反映し上昇することは歓迎されますが、他方、投票権シェアの調整がこれまでの貢献の歴史を反映しつつ漸進的に行われることが、世銀のガバナンスの在り方として最も望ましいものと考えます」（第96回世界銀行・IMF合同開発委員会　日本国ステートメント〈2017年10月14日〉）。

(2) IMFにおける中国の地位

また、IMFにおいても、同様な変化が生じている。世界銀行・IMFはいずれも1945年に設立され、その設立が合意された場所の地名にちなんで「ブレトンウッズ機関（体制）」と呼ばれているが、いずれも米国ワシントンDCに本部があり、世界銀行総裁は米国から、IMF専務理事は欧州から出すという慣行が、いまだ踏襲されている。IMFについては、2019年10月より、ブルガリア人のクリスタリナ・ゲオルギエヴァが総裁となっている。

表1の右側に、IMFにおける2010年、2018年および2023年時点の投票権シェアを記載した。世界銀行と同様、IMFの重要政策は、187の加盟国の85％以上の投票率を獲得しなければ可決されない。米国はIMFでも重要事項への拒否権を持つ「15％」以上を維持している。IMFにおける中国の出資比率・投票権比率の拡大は、世界銀行よりもさらに難航してきた。

IMFの資本増強は2010年に決まり、中国は独・英・仏を抜いて第3位の地位になることが予定されたが、中国の議決権が大幅に増すため、対中警戒感の強い米議会が反対して5年にわたって棚ざらしになっていた。米議会が2015年末に資本増強案をようやく承認し、翌2016年1月に発効した。中国人民銀行（中央銀行）は、IMF改革を歓迎するとともに、中国の出資比率が第6位から第3位に浮上すると指摘。「改革プランはIMFにおける新興国および発展途上国の代表権と発言力を向上させ、IMFの信頼性、正当性、有効性を守ることになる」と評価した。第2次世界大戦後の設立以来で最も大きなIMFの統治改革となった。

ところが、2018年にIMF理事会に提出された、中国の投票権をさらに引き上げる案に関しては、2019年、加盟各国の出資比率見直しを伴う増資を2023年12月以降に先送りする方針を決定した。増資が実現すれば、経済規模が拡大している中国の出資比率が日本を抜き米国に次ぐ第2位に浮上することになるが、とりわけ当時のトランプ米政権が中国の影響力拡大を警戒するなど、各国の理解を得られず、2023年時点で、米国が首位で日本第2位、中国第3位の体制を維持している。

2. 開発援助の国際規範と中国

(1) これまでの欧米中心の共通ルールの圧力と限界

世界銀行が各国財務当局を中心に国際開発金融の国際的枠組みの中核を担ってきた一方で、各国外交当局を中心とする国際援助コミュニティでは、OECD/DACを中心に、援助に際しての共通ルールの追求に長年取り組んできた。たとえば、援助政策・実態に関する情報公開、ルールの共通化・遵守、途上国の民主化や汚職・腐敗の撲滅といった事項である。さらに、1990年代末から、いわゆる「援助協調」の枠組みと財政支援を中核とする援助志向が、英国や北欧諸国のいわゆる「like-minded countries（立場を同じくする国々）」のイニシアティブもあって、DACを中心とする伝統的ドナーの主導で急速に進展してきた。

一方で、国際援助協調の進展の中で、途上国側で開催される主要ドナーが一堂に会して議論するセクター会合には中国は参加せず、こうした国際的潮流とは一線を画し、相手国政府との二国間の交渉を重視してきた。近年、欧米各国の国益志向、それに加え非伝統的ドナーとしての中国の台頭もあって、援助協調や財政支援の潮流は退潮気味になっている（第1章参照）。また、DACや世界銀行を中心に進んできた援助ルールの共通化や効率化に向けた協調の枠組みに中国が入らないことは、開発に関わる途上国の政策改善圧力を低下させることにつながってきたとの指摘もある。

さらに、中国はその援助や融資などの経済協力に際して「内政不干渉」を原則として打ち出し、援助にあたって相手国の意思決定プロセスの透明性や腐敗のないことや民主的な手続きを求める欧米の姿勢とは一線を画していることから、中国の援助の拡大は、途上国の腐敗と汚職を助長したり、権威主義的な政権を結果として支えるものであるといった批判もある（第2章参照）。

そのため、最低限、情報の公開やルールの共通化やその遵守を中国に対して求める国際的圧力は高まっている。実務的な面でも、事業にあたっての適切な資金計画の判断や経済合理性に基づく決定、決定プロセスの透明性の確保や汚職の排除、適正な環境アセスメントの実施などに関して、中国の途上国での開発案件の実施プロセスについては、さまざまな課題が指摘されてきた。近年、中国が途上国で進めるインフラ整備に関して、「質の高いインフラ」が国際的に求められるようになっているゆえんである（第5章参照）。

ただし、こうしたDACルールなどの伝統的ドナー中心の国際ルール・基準を守るかどうかの判断は、最終的には主権を持つ各国の判断にゆだねられており、圧力をかけることはできるが拘束力を有しているわけではない。

(2) 2000年代のHIPCsへの中国のフリーライド

他方、国際開発金融秩序との関わりの中で、とくに大きな問題は、債務問題への対応である。

欧米日のOECD/DACを中核とする国際援助コミュニティでは、2000年に重債務貧困国（HIPCs）に対してそれまでの債務を帳消しにすることで合意した。その後の支援は主として無償援助の形態で支援を行うようになった。たとえば世界銀行（IDA：国際開発協会）は1960年以来38年返済の条件で、日本の円借款は30年返済の条件で、長年にわたり低い金利の譲許的融資を途上国に融資してきたが、途上国の中にはそれらの資金をもとに経済発展を遂げた国もあるが、多くのアフリカの途上国など、こうした譲許的な条件でも長年の債務が累積し返済の見込みがつかない国が続出し、結局2000年にHIPCsイニシアティブで、債務の帳消しという形で対応せざるを得なくなったものである。

ところが、そうした債務帳消しが行われた途上国の多くに対して、2000年以降、中国は多額の融資を供与し始めた。その意味では、中国はHIPCsに対する債務帳消しの国際的枠組みにフリーライドして自国の経済的利益を追求した形である。HIPCsとして債務帳消しを認めた国々に対しては、原則として新たな融資はしないというのが、これら国際金融界の合意であったため、その国際的な枠組みの外にあった中国が、人権問題など内政問題への不干渉を謳いながら新たな資金供与国として登場したことは、そうした途上国にとってもありがたい資金提供ではあった。

しかし、やがて「債務の罠」といわれるように債務が急速に拡大し、中国支援の大規模事業の融資資金の返済が困難になる事例が増えている。第5章で示したように、中国による巨額の融資を原資とした巨大事業の将来の返済のリスクを問題視した新政権により、事業の見直しあるいは縮小がなされた事例も少なからず生じている。これは中国政府・国営企業にとっても悩ましい事態であった。しかし、中国政府は、多国間の協調した債務削減の枠組みには服せず、主として二国間のアドホックの対応をしてきた。

当初は、部分的であっても債務の帳消しに応じず、たとえば、第4章で取り上げたスリランカの事例のように、債務削減と事業運営権の移譲を取引の交換条件とするような姿勢を示していた。スリランカでは、事業の経済性などへの考慮から国際機関や他の主要ドナーから融資を断られたハンバントタ港に対して中国は13億ドルの融資を供与し、金利の支払いが延滞すると債務を出資に振り替えることに合意し、港の運営権が99年間にわたり中国国有企業に渡ったことは「債務の罠」として国際的非難を浴びた。

(3) 対アフリカの債務減免措置：中国の姿勢の変化の兆候

一方で、中国政府による債務減免の対応が見られないわけではない。中国による無利子借款の最初の債務減免は2003年に生じたとされ、この年は合計105億元、減免先はすべてアフリカ諸国であった。こうした事例はその後も毎年拡大し、2012年時点での承諾済み債務減免の累計額は838億元に達したとされる[(1)]。また、2018年9月の第7回中国・アフリカ協力フォーラム（FOCAC）に際しては、多くのアフリカ諸国に対する政府借款（商務部の無利子借款など）の帳消しに応じた[(2)]（ただし、中国輸出入銀行や中国開発銀行などの政府系金融機関の融資は別[(3)]）。また、アフリカ諸国の債務持続性に配慮する旨の宣言が出され、その後、エチオピア・ジブチ鉄道に対する融資の期間が10年から30年に延期されている。チャド、モザンビークに対する借款が債務再編されたという報告もある。

2020年6月の中国・アフリカ特別サミットでは、開発途上国でのコロナ禍の拡大に対応し、中国政府は、77の発展途上国・地域に対して債務返済の一時猶予措置をとること、および2020年末に満期を迎える中国政府の無利子貸付の返済免除を打ち出すことを表明した[4]。また、G20のDSSI（Debt Service Suspension Initiative：債務支払猶予イニシアティブ）での合意の実施に向けて努力することも述べられた。さらに、2020年五中全会（中国共産党第19期中央委員会第5回全体会議）では第14次5カ年計画に関連して、「国際的慣例と債務持続可能性原則に基づき融資体系を健全化」することを表明した。その一方で、その後のアフリカに対する融資にはより慎重になり、融資額は減少傾向にある。

2000年以降、中国は経済力の急速な拡大とともに、膨らんだ余剰生産力を開発ニーズと資金需要の大きな途上国への融資を拡大する形で向けていった。またそれは、欧米が主導する既存の国際金融秩序に対抗して中国が国際金融で占める地位を高めるという中国の国策が背景にあったこともあってか、経済的合理性を軽視してむやみに拡大してきたが、やがてその融資の返済期間を迎えるようになって、その無謀な融資がもたらす結果に直面し、その対応に苦慮するようになっているのが近年の状況であろう。2000年以来約20年の経験をへて、かつて伝統的ドナーが直面した途上国の債務問題に、同じような形で対応を迫られているのは、ある意味では皮肉である。

(4) パリクラブ：国際共通枠組みへの取り込みの必要性

パリクラブとは、主要な債権国政府が集まって、債務危機に直面した債務国の救済措置について協議する会合である。パリクラブはIMFや世界銀行のような国際機関ではなく、あくまで主要債権国政府が参加する非公式な集まりであり、会合がパリで開催されフランス財務省が事務局および会合の運営を担っていることからこう呼ばれる。2022年末時点では、G7加盟国を中心に22カ国で構成され、韓国・ブラジル・ロシアなどの新興国もメンバーであるが、中国やインドは加盟していない。

中国は、パリクラブを実質的に西側先進国が主導している国際的枠組みであると認識し、「Global South」の立場を外交的に重視する中国としては、こうした西側先進国が主導する枠組みとは距離を置く政策をとってきた。

しかし、中国輸出入銀行と中国開発銀行の対途上国融資の債権だけで、今やパリクラブのメンバーの有する約3000億ドルの債権のおよそ3分の2に相当する。巨大な債権国となった中国は、中国融資や中国事業に対する国際的な評判を悪化させないためにも、途上国の抱える債務の再編についてグローバルなルールと歩調を揃えることは不可欠であろう[(5)]。

こうした国際開発の課題に関する（伝統的な西側先進国を中核とする）国際社会との協調に関しては、外交部やその傘下にある中国国際開発協力機構（China International Development Cooperation Agency: CIDCA）は、どちらかというと宥和姿勢を示してきたが、実際の融資に関わる財政部や人民銀行は固い姿勢を示してきた。しかし、国際金融界の中国金融当局に対する圧力が高まる一方、実際に多くの途上国でこれまでの融資の返済が滞るようになる中で、国際金融界と共同して対処する必要性をより強く認識せざるを得なくなっている。

2018年3月に開催された20カ国財務大臣・中央銀行総裁会議（いわゆるG20）の声明では、「低所得国における債務水準の上昇はこれらの国々の債務の脆弱性に関する懸念をもたらす」「債権国と債務国の両サイドにおいてより透明性を求める」「新興債権国の幅広い参加に向けてパリクラブが進める作業への支持を再確認する」「IMFと世界銀行の債務の透明性に向けた取り組みに期待する」旨が謳われた。

途上国債務問題は「国際公共財」であり、単独の「抜け駆け」や「ただ乗り（Free Ride）」は許されない。他の主要債権国の場合には、先進国のみならずロシアやブラジルを含めパリクラブに加盟しており、債務救済や債務再編において債権にかかる情報を提供する義務を負い、連帯原則を守り個別債務再編交渉が禁止されている。中国はパリクラブの暫定メンバーとして議論には参加することが可能となっているが、正式メンバーとしての義務を負っていない。そのため、中国をパリクラブの正式メンバーに加えるべきであるとの議論も国際金融専門家の間で提案されているが、正式加盟がなくとも、既存の国際的な債務再編の枠組みに中国が実質的に加わる姿勢を示すことが望ましく、中・長期的にはその方向で進めざるを得ないのではないかと推測される[(6)]。

(5) AIIB（アジアインフラ投資銀行）による国際ルールの共有

実際、既存の国際開発金融機関との協調の事例も見られる。その一つは、

AIIBの行動規範である。中国は2015年12月に、中国主導でアジア地域のインフラ建設資金を供与する国際的な枠組みとしてAIIBを正式に設立した。世界銀行やIMFでの中国の拠出や投票権の拡大が、急速な中国のGDPの拡大ペースに見合う形では進まず、これらブレトンウッズ機関は結局のところ米国に牛耳られている国際機関であると認識した中国は、それとは異なる国際開発金融機関を独自に設立したものと位置づけられよう。先に述べたIMFでの中国の拠出比率を拡大し第3位に引き上げる案が実現したのは2015年末であるが、このタイミングは、しびれを切らした中国当局に対する妥協の産物であったと見ることもできなくはない。

AIIBの設立は、中国の経済的利益を実現するための、BRIといった二国間の経済協力の枠組みに続く中国主導の多国間の枠組みづくりであるが、そのガバナンスの不透明さが当初は問題視されていた。しかし、事業開始後のAIIBの融資案件は、世界銀行やADBとの協調融資が中心であり、これら国際開発金融機関と同じ環境・社会的配慮のガイドラインや調達のガイドラインを共有している（渡辺, 2019）。

ただし、AIIBは中国財政部の管轄であり、中国財政部はIMF／世界銀行やADBなどの国際開発金融機関を管轄し、長年、これら国際機関の理事室などで政策判断を共有してきた組織であり、中国の政策決定メカニズムの中では最も「国際協調派」の組織・人々である。その意味で、経済協力に際しての実務的な「国際規範」との協調は、中国国内の経済協力に関わる担当省庁や実施機関の政策・姿勢に関するものであって、中国の政府首脳や共産党組織の上層部の政策や外交姿勢は別のアジェンダである点は留意しておかなくてはならない。

(6) 多元的な中国国内の政策決定

実際、中国の対外援助や融資に関連する省庁・組織は多様である。

中国における最高の政策決定組織は共産党政治局であるが、BRIの表明や、上記の無利子借款の債務削減の表明など、高度な政治的決定を必要とする最終的な決定は、習近平国家首席の意向を踏まえ政治局で決定されるが、より実務的なレベルでは多様な組織が存在し、それぞれの組織の利害と政策の方向性は異なる。狭義の対外援助である無償援助は外交部、無利子借款は商務部が扱い、アフリカへの無利子借款の帳消しは商務部が了解しての対応であった。2019年に設立された中国国際開発協力機構（CIDCA）は外交部の管轄であるが、この機関はどちらかというとシンクタンク的な組織であって具体的な援助や多額の融資の予算を持っているわけではなく、こうした政策に関する権限は弱い。

中国の融資の大半を占める優遇借款のうち、中国輸出入銀行は財政部の傘下にある一方、中国開発銀行は中国人民銀行の傘下にある。途上国債務に関する国際的議論の場では、中国政府はこれらの銀行は民間銀行であり、これらの融資・債務は民間の融資・債務であるとして、政府としての債務削減などには応じてこなかった。しかし、それらの銀行は国営企業で、実際には中国政府の意向で動いている政府機関と同じであり、国際金融界はこれらの銀行の融資も公的な債務削減の範疇として議論することを求めてきた。その結果、近年は、財政部傘下の中国輸出入銀行に関しては債務繰り延べなどに関してより柔軟な姿勢に変化してきたが、人民銀行傘下の中国開発銀行の融資に関しては、依然として民間銀行であるとして固い姿勢を継続してきた。

いずれにせよ、中国政府としての債務削減に関する政策をとりまとめる上では、こうした多様な組織のそれぞれの異なる利害・意向を、より上位の政治的判断でとりまとめる必要があり、その調整のプロセスにかなりの時間を要しているのが現状といえよう。

3. 結語：中国と国際社会はどう対応すべきか？

(1)「責任ある大国」としての中国

中国の急速な経済的台頭が既存の国際開発金融の秩序にどのようなインパクトを与えつつあるのか、中国自身がこれまで欧米主導で形成されてきた国際秩序や国際的なルールに対してどのように対応しようとしているのかは、現在進行中の大きなテーマである。

世界銀行（IDA）が支援する低・中所得国の二国間債務に占める対中国債務の比率は、2010年の17％から2021年には29％に拡大し、とくに短期債務では59％に達しているとされる（World Bank, 2022）。世界銀行やパリクラブなどのような伝統的に形成されてきた国際開発金融と債務問題への対応の国際的枠組みと協調し、多角的なルールづくりの枠組みの中で中国に対する途上国の債務の問題を解決することは不可欠であるばかりでなく、中国自身の国益の観点からも真剣に検討せざるを得ない状況になってきていると考えられる。

中国は今や「責任ある大国」として相応の役割を果たすべきであり、日本としても国際社会と密接に協力しながら、中国に対してそのような主張を行い、中国を国際的な枠組みに引き込む努力を強化すべきであろう。中国自身の自発的な協調姿勢への変化が期待されるが、欧米諸国や世界銀行・IMFなどの国際機関と歩調を揃え、さまざまな機会をとらえて、中国に対して国際的な標準・ルールに従った行動をとるよう促していくことも必要である。

(2) 国際的枠組みへの中国の取り込み

債権国全体の枠組みに中国をいかに取り込むか、何が中国への圧力になりうるかについては、可能性のある具体的な手段の一つとして、第一に、国際金融問題の中での他の重要課題とのリンケージも考えられよう。たとえば、IMFや世界銀行の中での中国の出資比率・投票権比率を中国の経済力（GDP規模）に見合った水準へと引き上げることを容認することと、国際的な債務再編での中国のより積極的な協力と引き換えにするなどのリンケージである。

第二に、環境・貿易・安全保障などの他の課題での中国との協力と、国際債務問題や途上国への経済協力にあたっての国際ルールの尊重をあわせて交渉するといった、より広いイシュー横断的なリンケージ戦略も想定しうる。また、中国政府のこうした問題での国際協調姿勢を引き出すために、中国国内の国際協調派（たとえば財政部など）の発言力を強化するような配慮も有用かもしれない。

国際的な枠組みやルールに中国をいかに取り込むかについて上記で言及した方策は、あくまでも可能性としての仮定の方策である。要は、「質の高いインフラ」の推進にしても、途上国債務問題への対応にしても、国際的な協調した枠組みの中で議論を進めることが大切である。それが、既存の国際金融秩序を担ってきた欧米を中心とする伝統的ドナーの利益でもあり、また中国が共有するようになってきた利益でもあり、また、債務に困窮する途上国の利益でもあり、要は国際社会全体が共有する公共利益である。

日本自身もそうした国際的な枠組みを使った課題への対応を重視し、こうした国際的ルールづくりとその強化こそが、結局のところ巡りめぐって日本の「国益」につながるということであろう。

(3) 中国と国際開発援助体制の行方

また、債務問題に限らず、中国の援助国としての台頭が国際開発援助の枠組みに与える潜在的な影響はきわめて大きい。とくに、DACや世界銀行を中心に進んできた援助ルールの共通化や効率化に向けた協調の枠組みに中国が入るか入らないかは、他の先進国の援助のあり方や、途上国の政策改善圧力を左右する可能性がある。その一方で、情報の公開やルールの共通化やその遵守を中国に対して求める圧力は高まっている。

従来、国際援助コミュニティの中心的アクターであるOECD/DACや国際機関（とくに世界銀行）では、西欧諸国の視点の影響が強かったが、日本に続いて韓国がDACに加盟し、中国の援助が拡大するなど、非西欧援助アクターの比重が増大している。対外援助アクターとしての中国の影響力の拡大が注目されているように、欧米の主要先進国中心に形成されてきた国際開発援助体制にその他の新興経済圏諸国をいかに取り込んでいくかということも、今後の大きな課題となっている。

実際、中国自身は、非欧米ドナーとしての新しい協調のあり方を追求するのであろうか。あるいは日本自身が非西欧ドナーでありながら国際援助協調を重視する方向に変化してきたのと同様に、中国もそのように変化していくのだろうか。まだ現在進行中の大きな国際的課題であり、引き続き注視しながら今後も研究を進めていきたい。

注記

(1) 前掲（第3章の注15）、北野尚宏教授の研究会での報告より（専修大学社会科学研究所、2020年10月3日）。

(2) 具体的な対象国・金額は明らかではないが、たとえば、2017年にスーダンに対して1億6000万ドルの債務帳消しに応じたとされる。一方、アンゴラの中国からの借款の大半は中国輸出入銀行や中国開発銀行の融資であるため、アンゴラの対中国債務の大半は減免されなかった（2018年10月、アンゴラ財務省でのヒアリングに基づく）。

(3) 商務部の管轄である無利子借款が債務減免（帳消し）に応じた事例があるのに対し、中国輸出入銀行・中国開発銀行の優遇借款に関しては減免に応じていないのは、前者の場合は、すでに予算支出済みであり、減免に際して新たな追加資金が不要で、会計上、減免分を無償援助の形で相殺できるのに対し、後者の場合、資金回収が前提とされており、減免となった場合は追加的な予算支出が必要であって、こうした会計上の扱いの違いがその対応の違いの背景にあるとの指摘がある。

(4)「中国、77カ国・地域の債務返済を猶予」*Record China*, 2020年6月8日。「習近平国家主席、債務免除を含めたアフリカへの支援を表明」『JETROビジネス通信』2020年6月24日。

(5) 河合正弘は以下のように提言している。「また、中国の融資に際しては、借り手が融資条件を公表しないようにする秘密保持条項や、中国の銀行が他の債権者よりも優遇される非公式な担保の取り決めなどがあるとされ、こうした行為は国際的な債務削減にとって有害であり是正されなければならない」（河合（2019）「一帯一路とユーラシア新秩序の可能性」中国総合研究・さくらサイエンスセンター、28頁）。

(6) たとえば、米国Brookings研究所のDavid Dollarは、パリクラブのメンバーシップを中国など非OECD諸国にまで拡大すべきであると提言している（Chhabra et al., 2021: 290-291）。

参考文献

中国総合研究・さくらサイエンスセンター（2019）『一帯一路の現況分析と戦略展望』科学技術振興機構。

廣野美和編（2021）『一帯一路は何をもたらしたのか』勁草書房。

渡辺紫乃（2019）「アジアインフラ投資銀行の役割（中国の国内情勢と対外政策の因果分析）」『China Report』日本国際問題研究所、7月号。

AidData (2021), *Banking on the Belt and Road Insights from a new global dataset of 13427 Chinese development projects*, A Research Lab at William & Mary.

Chhabra. Tarun, Rush Doshi, Ryan Hass, and Emilie Kimball (eds.) (2021), *Global China: Assessing China's Growing Role in the World*, Brookings Institution Press.

Hurley, John, Scott Morris, and Gailyn Portelance (2018), *Examining the Debt Implications of the Belt and Road Initiative from a Policy Perspective*, CGD Policy paper 121.

Ikenberry, G. John (2008), "The Rise of China and the Future of the West: Can the Liberal System Survive?" *Foreign Affairs*, Jan/Feb.

Institute of Development Studies (Sussex University) (2014), "China & International Development: Challenges & Opportunities," *IDS Bulletin*, Vol.45, No.4, June.

Lin, Justin Yifu (2012), *New structural economics: A framework for rethinking development and policy*. The World Bank.

Parker, Sam and Gabrielle Chefitz (2018), *Debtbook Diplomacy: China's Strategic Leveraging of its Newfound Economic Influence and the Consequences for U.S. Foreign Policy*, Harvard Kennedy School.

Vines, Alex, Creon Butler, and Yu Jie (2022), *The response to debt distress in Africa and the role of China*, Research Paper, Royal Institute of International Affairs (Chatham House).

Walker, Christopher and Jessica Ludwig (2017), "From Soft Power to Sharp Power: Rising Authoritarian Influence in the Democratic World," in *Sharp Power*, National Endowment for Democracy.

World Bank (2022), *International Debt Report 2022*, The World Bank.

あとがき

本書は、2023年4月より2024年3月までの1年間、筆者の勤める専修大学から久しぶりではあるが在外研究の許可をもらい、米国ワシントンDCにあるJohns Hopkins大学SAIS（School of Advanced International Studies：高等国際研究学院）のライシャワー・センターに、客員教授として滞在中の機会を利用して執筆した。ワシントンDCは米国の政治・外交政策および関連研究の中心であり、多くのシンクタンクが存在し、本テーマに関連する多くのセミナーにも参加することができた。こうした米国の外交政策サークルでは、中国関連のテーマは最も関心の高いテーマである。米国がいかに中国の台頭と挑戦を深刻に受け止めているかをひしひしと感じることができる。

しかしながら、米国政府が中国を米国の世界経済・政治の「覇権」への脅威・挑戦と受け止め、本格的に強硬な対抗政策をとるようになったのは、トランプ政権が登場した2017年以降である。日本と中国の外交関係が、安倍政権が登場した2012年頃からすでに尖閣諸島問題などで緊張を高めていたのと比較すると、米国の対中姿勢の強硬化はむしろ遅いといえる。日中関係はその後も緊張した関係が継続しているが、2018年秋頃から多少の改善の兆候を見せているのとは逆に、米中関係はその頃からますます緊張を高めて今日に至っているのは、やや皮肉な現象ではある。

いずれにせよ、2017年頃までは、米国の対中認識は、中国の経済成長と国際経済への本格的な参入に伴って、中国の政治社会も次第に民主的なものになっていくとの考えから、中国の台頭をむしろ肯定的にとらえていたように思われる。欧米流の概念ではいわゆる「自由主義的国際秩序（liberal international order）」の広まりを楽観的に想定しており、また中国流にいえば、いわゆる「和平演変」の考えを強く持っていたように見える。

また、近年の米国の対中認識の悪化は、米国のトランプ政権の登場のみが原因とはいえない。2010年には中国のGDPが日本を抜いて世界第2位となるなか、2012年11月の第18期1中全会（中国共産党第18期中央委員会第1回全体会議）で習近平が国家主席となり、2013年に一帯一路構想（BRI）が打ち出され、IMF・世界銀行のブレトンウッズ機関に対抗するAIIB（アジアインフラ投資銀行）や新開発銀行の設立を表明するなど、中国政府は米国主導の国際秩序に対抗する意図をもはや隠すことなく、より中国主導の国際秩序形成に向けた政策を打ち出すようになった。

その頃から、すでに米国の一部の学者・政治家は警戒感を持って警鐘を鳴らすようになっていたが、中国の挑戦への対抗が米国政府の公式の政策として本格的に採用されるようになったのが、2017年のトランプ政権の登場であったということになる。その後の米国の政策は、経済面である種の中国に対する「封じ込め」政策ともいえる「de-coupling」や「de-risking」の政策をとるようになり、また安全保障分野でも、中国を最大の脅威として国家安全保障戦略を策定するようになっている。

一方で、中国の政策は、米国との対立・競争が顕在化してきた2017年頃からより慎重な姿勢を見せるようになってはいる。本書では、たとえば第4章や終章で議論したように、中国が途上国でのインフラ整備事業に際して環境・社会配慮や経済合理性への考慮など「質の高いインフラ」への意識を高め、また中国が貸し込んだ融資の返済が多くの国で困難となる中で、「債務再編」にあたってブレトンウッズ機関やパリクラブなどの国際金融界との協議・協力を深めつつあると指摘した。

こうした見方は、本質的には、国際経済・金融秩序は利益の共有の枠組みであり、そこでは協力・協調によって全体の利益を高めることができるのであるから、そこに参加するすべての主体は協力・協調に向かうはずであるという「自由主義的国際秩序」の考えに基づいているといえる。筆者は、国際経済・金融秩序を研究してきた学徒の一人として、こうした見方を共有する立場である。

しかし、こうした「リベラリズム」に依拠する見方が、中国の政策と国際社会の今後を占う上で、本当に普遍的な枠組みなのかについて、多くの疑問が出されているのが近年の国際社会の現状である。ロシアによるウクライナ侵攻は軍事力による秩序の変更が闊歩した20世紀前半の国際政治を思い起こさせるものであるし、ロシアと中国が接近して欧米の民主主義国と対峙する構造は

20世紀後半の東西冷戦を彷彿とさせるものである。

国際社会で急速に経済的・政治的に台頭してきた中国は、第二次世界大戦後の国際社会の基本的な理念であった「自由主義的国際秩序」とは異なる理念を持ってそれに挑戦するのであろうか。あるいは、本書で主張したようにやがて「リベラル化」の傾向を強めるのであろうか。率直にいって、筆者は決して楽観しているわけではない。むしろ、中国が国際社会の共通のルール・規範を共有し協力・協調の方向に向かうことを、国際社会全体が後押しする必要があると考えている。秩序は不断の努力があって初めて維持できるものである。日本がとるべき政策も、こうした国際社会の共通のルール・規範を共有する立場に立って、中国をも取り込む形で「自由主義的国際秩序」の実現に向けて歩調を揃えて努力することがあるべき方向であろう。

一方で、2013年頃から現在までの約10年間に生じた大きな変化の一つは日本経済の凋落である。中国は2010年に日本のGDPを抜いて世界第2位の経済大国となり、2022年には日本のおよそ4倍の規模にまで拡大した。日本の名目GDPが世界全体に占める割合は、2000年には約15%であったのが2022年には4.2%となる一方、中国の比率は2000年には約4%であったのが2022年には17.7%となり、日本と中国の世界におけるプレゼンスはこの20年間で完全に逆転した。こうした日本経済の急速な凋落は、国際開発における日本の役割・貢献の低下や日本人の国際認識・意識の内向き化につながってきたことも否定できない。日本経済の地位が低下する状況の中で、日本の資金量や技術的な優位を売りものにする時代は次第に過去のものとなりつつある。

しかし、それゆえにこそ、日本にとって、あるいは日本人にとって、国際社会との連携や国際的課題に外国人と一緒になって活動することの重要性と必要性が増しているといえるのではないだろうか。本書は、現時点での整理・分析としてもまだまだ不十分な面はあろうが、中国の急速な台頭によって変容しつつある国際開発協力の枠組みやその現実の姿を知ろうとする人々、国際社会との連携の中で開発途上国や国際機関・NGOなどで活動している方々、あるいはそうした仕事を目指す若い世代の学生や社会人にとって、多少なりとも役に立つことを願うものである。

［謝辞］

2023年4月より2024年3月までの1年間、米国での在外研究を許可してくれた専修大学、および客員教授として受け入れてくれたJohns Hopkins大学SAISライシャワー・センター長のKent Calder先生には厚く御礼を申し上げなくてはならない。この期間の研究に集中できる機会なくしては、本書を書き上げることはできなかった。

また、最後になるが、本書の出版を快諾していただいた明石書店の大江道雅社長と、出版に至るまでの編集などの大変な作業を請け負ってくださった小山光さんに、この場を借りて感謝の言葉を申し上げておきたい。

なお、本書は、以下の研究助成の研究成果の一部である。

(1) 令和3年（2021年）度・専修大学研究助成（個別研究）「中国の対外援助と開発途上国の政治変化・ガバナンスとの連関に関する研究」

(2) 平成30年～令和5年（2018～2023年）度・文部科学省科学研究費（基盤研究C・一般）「援助供与国としての中国の台頭と国際援助体制へのインパクトの分析」

(3) 令和4年～令和7年（2022～2025年）度・文部科学省科学研究費（基盤研究B・一般）「国際開発援助体制の変容と開発途上国のナショナル・ガバナンスの相互連関に関する研究」

2024年1月10日

在外研究中の米国ワシントンDC近郊のバージニアの自宅にて
稲田　十一

事項索引

■ A～Z

■ あ行

■ か行

■さ行

■た行

■な行

■は行

■ま行

■や～わ行

地名・人名索引

■地名

■人名

稲田 十一（いなだ じゅういち）

1956年広島県生まれ。東京大学教養学部国際関係論卒、同大学院社会学研究科国際学修士、同大学院総合文化研究科博士課程単位取得退学。野村総合研究所、日本国際問題研究所、山梨大学、ハーバード大学国際問題センター、世界銀行政策調査局（ガバナンス研究）および業務政策局（脆弱国家ユニット）を経て、現在、専修大学経済学部教授。専門分野は、国際開発の政治経済学、開発援助政策分析、ODA評価、紛争と開発、等。著書として、『社会調査からみる途上国開発――アジア6カ国の社会変容の実像』（明石書店、2017年）、『紛争後の復興開発を考える――アンゴラと内戦・資源・国家統合・中国・地雷』（創成社、2014年）、『国際協力のレジーム分析――制度・規範の生成とその過程』（有信堂高文社、2013年）、編著として、『開発と平和――脆弱国家支援論』（有斐閣、2009年）、『開発政治学を学ぶための61冊』（共編、明石書店、2018年）、などがある。

「一帯一路」を検証する
――国際開発援助体制への中国のインパクト

2024年3月31日　初版第1刷発行

著　者　稲　田　十　一
発行者　大　江　道　雅
発行所　株式会社　明　石　書　店
〒101-0021　東京都千代田区外神田6-9-5
電　話　03（5818）1171
ＦＡＸ　03（5818）1174
振　替　00100-7-24505
https://www.akashi.co.jp
装　丁　清水　肇（prigraphics）
印刷・製本　モリモト印刷株式会社

（定価はカバーに表示してあります）
ISBN978-4-7503-5749-2